本书受西北农林科技大学经济管理学院资助出版

生产环节外包对农业绿色发展的影响研究

——基于经济、环境与技术效益的评价

畅　倩　赵敏娟　著

中国农业出版社

北　京

　　本研究得到国家自然科学基金项目"西北地区耕地资源保护政策体系评价与完善：多目标协同与公众支持"（编号：72173097）和"'双碳'目标下服务外包对粮食生产生态效率的影响机制研究"（编号：72303168），以及中央农办 农业农村部乡村振兴专家咨询委员会软科学课题"农业农村减排固碳问题研究"（编号：202211）的资助。

　　面对农业资源约束趋紧、生态环境问题突出、生态系统功能退化以及由此引发的粮食安全问题严峻等挑战，农业绿色发展成为中国农业发展转型升级的总方向和总目标。但城市扩张中吸附效应及非农产业收益的强大吸引力加剧了农业劳动力老龄化和结构性短缺等问题，阻碍了中国农业绿色发展的进程。在这一系列现实约束下，中国农民自发形成了以农机服务为主、雇工为辅的具有中国特色的农业生产服务外包购买模式。这种模式有效缓解了劳动力约束、机械装备约束、知识技能约束，且具有易于为农户广泛接受等优势，在促进农业生产中，尤其是在粮食生产中发挥了重要作用。生产环节外包不仅极大地改变了中国农民的生产和生活方式，成为中国农业无法逆转的发展趋势，也为实现农业绿色发展带来了重要的历史机遇。相应的，国家也出台了一系列政策措施用于推广、扶持生产环节外包服务业发展，并积极推动生产性服务外包与农业绿色发展的深度融合，但生产环节外包的现实表现是否与政策预期一致尚未可知。学术界亦针对生产环节外包展开了大量的研究工作，然而，理论研究仍严重滞后于实践经验，生产环节外包能否以及如何影响农业绿色发展的探讨尚未形成系统的分析框架，其在经济、环境与技术等维度的影响效益及产生机制也仍不清晰。因此，无论是从现实背景、政策背景还是理论背景来看，都有必要对生产环节外包影响农业绿色发展的系统性展开分析。

　　鉴于此，本书按照问题提出、理论分析、现状分析、实证分析、政策分析的研究思路设计技术路线图。首先，从现实背景、政策背景和理论背景三个维度，提出本书的科学问题，即"生产环节外包能否推动农业绿色发展"，对应本书的第一章；其次，在界定研究对象和核心概念、梳理相关理论的基础上，从经济、环境与技术三个维度表征农业绿色发展状况，并构建生产环节外包影响农业绿色发展的理论分析框架，对应本书的第二章；再次，梳理中国生产环节外包的产生背景、发育环境、演化趋势、供求现状与发展困境等特征事实，从宏观层面研判中国生产环节外包的发展状况，并设计抽样调研方案获取调研数据，从微观农户层面统计分析研究区样本农户购买生产环节外包的现状特征、农业产出特征、家庭收入特征、农用化学品投入特征以及农业环境技术效率特征等，对应本书的第三章和第四章；又次，使用中国粮食主产区1208户农户的实地调研数据，实证检验生产环节外包对农业绿色发展的影响，对应本书的第五～七章；最后，在总结定性分析与定量研究结论的基础上，提出完善生产环节外包服务业发展规划、推动农业绿色发展等的政策建议，并总结本研究不足和提出未来研究展望，对应本书的第八章。本书的边际贡献是：①丰富了从服务视角破解农业生产资源环境与农户行为双重约束的理论分析体系；②丰富了生产环节外包影响效益评估相关领域的研究主体，强化了该领域研究对农业绿色生产实践的指导作用；③丰富了从生产服务市场化视角促进共同富裕、推进农用化学品减量施用以及统筹提升经济与环境协同效应的研究实践。

畅　倩

2024 年 7 月

第一章

导　论

一、研究背景

改革开放以来，中国农业取得了巨大成就，实现了粮食由产不足需到产需稳定、丰年略有余的历史性跨越，为中国经济社会平稳发展夯实了基础（普蕈喆等，2019）。但与此同时，农业资源约束趋紧、生态环境问题突出、生态系统功能退化等状况也愈演愈烈（Bünemann et al.，2018；Huang et al.，2019；Seneviratne and Kulasooriya，2013）。农业生产与资源环境约束之间呈现资源环境约束威胁农业生产，农业生产又反向加重资源环境约束（陈锡文，2002；何可和宋洪远，2021）。中国面临着越来越严峻的粮食安全问题（于法稳，2018；Liu et al.，2020；朱晶等，2021）。因此，单纯依靠增加物质投入提升边际产出的粗放型发展方式已不可持续，以资源环境为代价的经济增长模式也已不再适用（Zhou et al.，2020）。在此背景下，农业绿色发展的概念一经提出，便受到社会各界的普遍关注，并成为中国农业发展转型升级的总方向和总目标（魏琦等，2018）。

国家高度重视农业绿色发展问题。2016 年，中央 1 号文件正式提出农业绿色发展，标志着农业绿色发展上升到了战略高度。2017 年，中共中央办公厅、国务院办公厅出台第一个关于农业绿色发展的文件《关于创新体制机制推进农业绿色发展的意见》，明确指出农业绿色发展在中国生态文明建设全局中的突出位置。2019 年，农业农村部办公厅印发的《2019 年农业农村绿色发展工作要点》进一步将推进农业绿色生产、加强农业污染防治、保护与节约利用农业资源等作为农业绿色发展的工作要点。随后，国家更是先后在十九大、十九届五中全会以及连续多年的中央 1 号文件中对推进农业绿色发展进行了决策部署，并出台了一系列条例和规定来推动农业绿色发展的实现。遗憾的是，尽管全方位提高了农业绿色发展的战略地位和推广力度（付伟等，2021），目前中国农业绿色发展水平也已有所提升，但仍不理想（黄祖辉等，2016；赵会杰、于法稳，2019；dos Santos et al.，2009；魏琦等，2018）。

相应地，学术界从理论层面界定了农业绿色发展的内涵，并认为农业绿色发展既是农业发展的手段也是农业发展的目的（于法稳，2018）。同时，从稳定地权、推进土地集中规模经营、培育新型农业经营主体、成立农业专业合作社、推广生态种植养殖模式、提供政府补贴等方面提出并论证了实现农业绿色发展目标的可行路径（洪炜杰和罗必良，2018；徐鹏翔等，2020）。然而，实践发现，上述研究成果在短期内均难以快速推进并达到预期的农业绿色发展效果（郜亮亮，2020；张溪，2021；姜松等，2021）。更为紧迫的是，伴随着城市扩张中吸附效应及非农产业收益的强大吸引力，越来越多的农村劳动力选择进入城镇非农领域就业，这使农业生产老龄化和结构性短缺的趋势明显增强（陈哲等，2021）、农业"边缘化"问题突出，粮食生产更是逐步陷入了"谁来种粮、如何种粮"的困境（杨志明，2017），实现粮食产业的绿色发展面临更为严峻的挑战。为确保"中国人的饭碗任何时候都要牢牢端在自己手中，饭碗主要装中国粮""把住国家粮食安全主动权""筑牢国家粮食安全防线"，探寻并建立中国农业绿色发展的长效机制刻不容缓。

在这一系列现实约束下，近些年，农村出现了农户普遍将耕地、播种、收获甚至植保等生产环节外包给其他农户或专业生产性服务组织代理作业的现象（王志刚等，2011），并自发形成了以农机服务为主、雇工为辅的具有中国特色的农业生产服务外包购买模式。这种模式在促进粮食生产中发挥了重要作用。

基于此，国家对以生产环节外包为主的农业社会化服务同样给予了高度重视，不仅在连续多年的中央1号文件中反复强调发展农业生产性服务外包的重要性，还颁布了一系列政策文件为其体系建设提供坚实的制度保障，例如，《国务院关于加快发展生产性服务业促进产业结构调整升级的指导意见》（国发〔2014〕26号）、《农业部 发展改革委 财政部关于加快发展农业生产性服务业的指导意见》（农经发〔2017〕6号）、《新型农业经营主体和服务主体高质量发展规划（2020—2022年）》（农政改发〔2020〕2号）、《农业农村部办公厅财政部办公厅关于进一步做好农业生产社会化服务工作的通知》（农办计财〔2019〕54号）和《农业农村部关于加快发展农业社会化服务的指导意见》（农经发〔2021〕2号）等。2021年3月，全国人民代表大会审议通过的《中华人民共和国国民经济和社会发展第十四个五年规划和2035年远景目标纲要》也明确提出，要健全农业专业化社会化服务体系，实现小农户和现代农业有机衔接。

更进一步地，国家还积极推动农业生产性服务外包与农业绿色发展的深度融合，例如，《农业部办公厅、财政部办公厅关于支持农业生产社会化服务工作的通知》（农办财〔2017〕41 号）明确指出，要将"引导农户广泛接受农业社会化服务"作为推进绿色、高效、现代农业生产方式的重要途径，以着力提高农业综合效益和竞争力，促进农业绿色发展和资源可持续利用。《农业部办公厅关于大力推进农业生产托管的指导意见》（农办经〔2017〕19 号）重点强调，要充分认识到农业生产托管服务在促进农业绿色生产和可持续发展中具有重要意义。2021 年 12 月农业农村部 国家发展改革委 科技部 自然资源部 生态环境部 国家林草局印发的《"十四五"全国农业绿色发展规划》更是明确提出，要培育扶持一批专业化服务组织，开展肥料统配统施社会化服务，并推行统防统治、带动群防群治，还强调了推动绿色生产环节外包服务、实现农业绿色发展的可行性。那么，生产环节外包的现实表现是否与政策预期一致？

理论上，农业绿色发展就是要形成资源利用高效、生态系统稳定、产地环境良好、产品质量安全的农业发展新格局（尹成杰，2016；于法稳，2018），从而实现农业综合经济效益的提高和农业的可持续发展（胡雪萍和董红涛，2015）。《关于创新体制机制推进农业绿色发展的意见》也明确指出，农业绿色发展的总体目标是实现农业供给、农民收入和农村生态环境的协调统一（杨芷晴和孔东民，2020）。可见，评估"生产环节外包能否推动农业绿色发展"应综合考虑生产环节外包的经济效益和环境效益。进一步地，从中国农业绿色发展的内涵来看，农业绿色发展还要求重视科技创新和技术进步，以实现经济效益和生态效益的协调统一，因此还应关注生产环节外包的技术效益（马国群和谭砚文，2021）。Janker 和 Mann（2020）也强调，提升农业生产收入、改善农业生态环境、提高农业环境技术效率，均是粮食生产绿色转型升级的内涵和中国农业绿色发展的必然要求。鉴于此，根据农业绿色发展的基本内涵，结合中国农业绿色发展的政策预期以及效益产生机理，有必要从经济效益、环境效益和技术效益三个维度评估生产环节外包对农业绿色发展的可能影响。

纵观现有研究，国内外学者对生产环节外包的相关研究成果主要集中在内涵界定、影响因素分析、作用效果评估和发展方向预测四个方面。但综合来看，多数研究仍停留在农户是否外包、外包哪一环节以及如何引导农户广泛接受生产环节外包服务上（孙顶强等，2019；赵培芳和王玉斌，2020；Igata et al.，2008；胡新艳等，2016）。仅少数学者从成本收益视角进行研究，且其初步证实了生产环节外包在提高农业专业化生产效率、降低生产成本、提升农户种粮积极性、促进农民增收等方面的作用（Gillespie et al.，2010；畅倩等，

2021；杨志海，2019；赵鑫等，2021）。考虑生产环节外包增产与增收效果及其导致的收入差距问题的研究也较少。有部分学者指出，生产环节外包作为技术创新成果的重要载体，可能通过绿色要素输入和技术进步等方式，达到农资节约与污染减排的目标，从而有助于农业生态环境的改善（卢华等，2021；Lewis and Pattinasarany，2009；孙小燕和刘雍，2019；应瑞瑶和徐斌，2017）。但也有学者认为由于环境的公共物品特性（Arriagada et al.，2010），生产环节外包可能会加重农业生态环境问题（Zhang et al.，2015）。可见，生产环节外包对农业生态环境的影响未达成一致结论。此外，生产环节外包的技术效益同样尚不明朗（李翠霞等，2021；宦梅丽和侯云先，2020）。综上，目前的理论研究严重滞后于现实发展，对农户购买生产环节外包服务可能在经济、环境与技术等方面的服务效益进行全面系统评价的成果不仅尚未见到，而且"生产环节外包能否推动农业绿色发展"的评估结果也尚未可知。

鉴于此，本书在分析生产环节外包与农业绿色发展现状的基础上，从经济效益、环境效益和技术效益三个维度，构建了生产环节外包影响农业绿色发展的逻辑分析框架，对生产环节外包进行系统评价并回答"生产环节外包能否推动农业绿色发展"这一问题，从服务视角探寻破解资源环境约束与农户行为约束进而实现农业绿色发展的可行路径。具体而言，首先，本书利用实地调研数据统计分析中国粮食主产区农户购买生产环节外包的现状特征、农户粮食产量与家庭收入特征、农用化学品投入特征以及农业环境技术效率特征；并在界定研究对象和核心概念的基础上，依据农户行为理论、分工理论、交易成本理论、委托代理理论、可持续发展理论和外部性理论等构建生产环节外包影响农业绿色发展的理论分析框架。其次，基于中国粮食主产区 1 208 户农户的实地调研数据，综合运用多元线性回归、条件混合过程方法（下文简称 CMP 方法）、工具变量法、工具变量分位数回归、SBM-Undesirable 模型、倾向得分匹配法、中介效应检验模型等方法，围绕生产环节外包对农户农业产出与家庭收入的影响、生产环节外包对农用化学品投入的影响、生产环节外包对农业环境技术效率的影响三个议题进行实证研究，以评估生产环节外包的经济效益、环境效益和技术效益，并进一步检验效益产生的作用机制与异质性。最后，在上述研究结论的基础上提出相应的政策建议，以研判当前农业生产环节外包服务推广的适宜性，避免在农业生产环节外包服务业发展过程中出现违背农业绿色发展的现象，而且其对政府进一步制定农业绿色发展战略和农业生产环节外包服务业发展规划具有重要的理论和现实意义。

二、研究目的与意义

1. 研究目的

为探究"生产环节外包能否推动农业绿色发展",本研究从经济、环境与技术 3 个维度,对农户购买生产环节外包服务这一行为的影响效益进行综合评价,并进一步剖析影响效益的产生机制与异质性。具体而言,本研究基于中国粮食主产区的农户调研数据,聚焦中国主要粮食作物生产(玉米、小麦和水稻),以农户行为理论、分工理论、交易成本理论、委托代理理论、可持续发展理论和外部性理论为理论基础,运用定性分析与定量研究相结合的方法,依据生产环节外包影响农业产出与农户收入、生产环节外包影响农用化学品投入、生产环节外包影响农业环境技术效率的实证分析结果,评估生产环节外包的经济效益、环境效益和技术效益,回答"生产环节外包能否推动农业绿色发展"这一科学问题,预期为政府引导和规范农业生产环节外包服务业发展、加快粮食生产绿色转型升级、保障国家粮食安全以及促进农业绿色发展提供决策依据。围绕达到这一研究目的,本书需要实现以下四个具体目标:

第一,梳理生产环节外包的产生背景和发育环境,对中国农业生产环节外包形成总体认知。在此基础上,归纳中国农业生产环节外包的演化趋势、总结其供求现状、把握和刻画中国农业生产环节外包的发展特征,以及评述中国农业生产环节外包的发展困境。

第二,从微观农户层面,使用一手调研数据进行数据挖掘,测度并分析样本区农户的外包购买特征、农业产出特征、家庭收入特征、农用化学品投入特征以及农业环境技术效率特征,深入把握与刻画样本区农户农业生产经营现状,并初步判断生产环节外包与农业绿色发展之间的关系。

第三,从经济、环境与技术三个维度,系统构建评价生产环节外包影响农业绿色发展的理论分析框架,解析农业生产环节外包的经济效益、环境效益与技术效益的产生机理及作用路径;并基于实地调研数据,采用多元线性回归、CMP 方法、工具变量法、工具变量分位数回归、SBM-Undesirable 模型、倾向得分匹配法、中介效应检验模型等方法,实证检验生产环节外包的经济效益、环境效益和技术效益,以及生产环节外包影响效益的产生机制与异质性。

第四,基于定性分析与定量研究结论,以推动农业绿色发展为目标,从应对在农业生产环节外包服务中存在的问题、稳定并提高农户农业产出和家庭收入、改善农地生态环境以及提升农业环境技术效率等方面出发,为调整和完善农业生产环节外包服务业发展路径提出有针对性的政策建议。

2. 研究意义

本研究是一个理论与实际相结合的应用型研究课题，旨在探讨从服务视角推动农业绿色发展的可行性。总体来看，本研究在理论与现实层面均具有重要意义。

（1）理论意义

第一，本研究有助于充实生产环节外包领域的研究成果与研究内容。生产环节外包在农业生产中的作用日益凸显，并将在未来农业发展中持续扮演重要角色。但在生产环节外包服务过程中存在的问题尚不明确，生产环节外包可能产生的经济、环境与技术影响也未明晰。虽然学术界对农业生产环节外包的研究成果较多，但仍缺乏对生产环节外包影响效益的系统性评价。本研究从经济效益、环境效益与技术效益三个维度，系统构建评价生产环节外包影响农业绿色发展的理论分析框架，解析生产环节外包对农户农业产出、家庭收入、农用化学品投入与农业环境技术效率影响的理论逻辑及作用路径，拓宽生产环节外包的研究范畴，丰富影响效益的理论分析体系。同时，本研究也是对已有相关研究的补充和完善。

第二，本研究有助于增强中国农业绿色发展的研究基础。目前，中国农业正处于绿色发展的转型升级阶段，其指标构建和评价体系尚不成熟。本研究通过系统梳理农业绿色发展的相关理论和政策文件，明晰并深化农业绿色发展的概念与内涵，并结合农户行为理论、分工理论、交易成本理论、委托代理理论、可持续发展理论和外部性理论，从经济效益、环境效益与技术效益三个维度，评估生产环节外包在推动农业绿色发展中的作用，回答"生产环节外包能否推动农业绿色发展"这一问题。本研究不仅拓展从服务视角推动农业绿色发展的新思路，也是对已有相关研究的补充和深化。

（2）现实意义

第一，为评价农户购买生产环节外包这一行为的影响效益提供了经验证据。本研究基于实地调研数据，分析生产环节外包对农户的农业产出、家庭收入、农用化学品投入与农业环境技术效率的影响，这有助于学界和相关政府部门了解生产环节外包产生的多维效果，并采取措施提高农户农业产出、提升农户家庭收入、改善农地生态环境以及提高农业环境技术效率。

第二，为调整和完善农业生产环节外包服务业发展路径提供了科学依据。根据本书构建的生产环节外包影响农业绿色发展研究框架，从经济效益、环境效益与技术效益维度评价生产环节外包的作业效果，研究结果有助于相关政府部门更好地认识在农业生产环节外包服务业发展中存在的问题。这对于探讨适合中国农业发展的生产环节外包服务模式、构建更完善的生产环节外包服务组织、提升生产环节外包服务水平等具有重大意义。

第三，为实现农业绿色发展提供了新的思路。通过解析生产环节外包的经济效益、环境效益与技术效益的逻辑机理，系统评估从服务视角破解资源环境约束与农户行为约束进而实现农业绿色发展的可行性。所得研究结论与政策启示为促进农业生产方式转变和农业生态环境恢复、实现农业生产发展和生态环境保护双赢提供了一定的经验支撑。

三、文献述评

1. 生产环节外包的相关研究

近年来，生产环节外包的研究成果逐渐增多。通过对文献的梳理和总结，国内外相关研究主要集中在其概念界定、测度、必要性分析、影响因素分析、影响效益评估等方面。

（1）生产环节外包的概念界定

外包（Outsourcing）思想的根源是 Adam Smith（1776）提出的劳动分工理论，即生产环节具有可分性，允许拥有不同生产优势的主体共同完成原本只能由一个劳动者完成的任务。外包的概念最早源于 Coase（1937）、Williamson（1975）关于企业和市场边界的讨论。Prahalad 和 Hamel（1990）进一步明确了企业外包的概念，指出企业应该聚集优势资源投入自身核心业务的发展，而将非核心业务分包给具有专业化优势的其他企业，以维持并提升自身的核心竞争力。农业领域的生产环节外包是在企业外包的概念基础和理论框架下沿袭、拓展而来的，其基本前提是农事活动的技术可分性（曹峥林，2019；温小林等，2015）。从早期情况来看，由于农业生产特有的周期性与季节性、低市场需求弹性、易腐性、生产分散与监督困难、经验品特性等（陈江华，2018；罗必良，2008；罗明忠，2014；陈文浩等，2015），农业分工严重滞后于企业分工。但随着农业技术的进步、农业的设施化以及要素配置能力的提升，农业生产过程的可控性和工艺规范性大大增强，进一步改善了农事活动的技术可分性和农业可分工性（曹峥林，2019；薛蕾，2019），这才为生产环节外包在农业领域的应用提供了可能（江雪萍，2014）。

关于生产环节外包的概念，国内外学者基于不同的角度予以解析，但尚未形成统一认识（曹峥林，2019）。本书梳理了部分具有较强代表性的定义，其中，王志刚等（2011）提出生产环节外包是指将农业生产环节中的全部环节或部分环节以雇用、承包等形式交由农业生产种植大户、农业专业服务组织、农民专业合作社等能够为其提供服务的组织，同时也需要农民支付一定服务费用的农业生产方式。米巧（2020）指出生产环节外包是一种新型的农业生产方式，能够在农户土地承包权、经营权不发生改变的情况下，保障农民土地产出并增加其就业机会，从而改变农户家庭耕地面积少且分散的窘境，确保家庭收入只增不减。蔡荣和蔡书凯（2014）认为生产环节外包是指农户将农业生产中的部分生产管理工作交付给其他组织或农场，并支付一定费用的农业生产方式。陈江华（2018）则认为生产环节外包是指农业生产者将原本由家庭内部完成的生产环节以有偿方式交给农业生产服务的提供方完成，用来缓解家庭农业劳动力不足的约束、加快家庭农业生产进度的一种农业生产方式。

陈超和黄宏伟（2012）认为生产环节外包是指具有土地经营权的农户自身并不从事某个或某些环节的劳动，而选择雇用在技术、劳动效率等方面具有优势的家庭外劳动力（包括邻居、合作社、农技站）代替自己进行该环节的生产劳动，以获得更高收益的行为。温小林等（2015）指出生产环节外包是指农业生产经营中的部分环节，尤其是包含农业先进技术应用的环节，如农作物耕种收获阶段的农机跨区作业、技术托管、种苗代培及植物病虫害防护等，其主要委托专门的具有显著偏态技术特征的农业服务人员或组织来承担，从而提升农业科技水平和生产经营水平。陈思羽等（2014）指出生产环节外包实质上是指土地经营权的进一步细分与交易，是发生在农户与服务供给方之间的交易，其将经营权的某些操作职能分离出来并转让给具有比较优势的行为主体，带给交易双方合作剩余。Vemimmen等（2000）另辟蹊径，指出生产环节外包的相反面是农户自己执行的生产或管理任务。芦千文和丁俊波（2021）指出生产环节外包强调以现代服务业理念来提升农业效益、促进服务供给的市场化和产业化、增加服务增值、增强价值创造和促进产业培育。

此外，现有文献中有部分概念（例如：农业社会化服务、农业生产性服务、农业生产托管、农业土地托管）与生产环节外包表面上相关、但内涵不同，容易引起混淆（薛蕾，2019）。鉴于此，本书对农业社会化服务、农业生产性服务、农业生产托管、农业土地托管等概念进行了梳理与辨析，以进一步明确生产环节外包的概念和内涵。

首先，农业社会化服务是概念范围最广的词汇。国务院1991年发布了《关于加强农业社会化服务体系建设的通知》，在这个文件中给出了关于农业社会化服务的定义，它具体是指专业经济技术部门、乡村合作经济组织和社会其他方面为农、林、牧、副、渔各业发展所提供的服务。农业社会化服务包括产前服务（例如：农业生产资料供应、信息供应、咨询服务、信贷服务、人才培训等）、产中服务（例如：农业技术、农机耕作、植物保护、防疫治病、经营管理、农业保险等）、产后服务（例如：农产品加工、储藏、运输、销售等）。2008 年，党的十七届三中全会提出了"要加快构建以公共服务机构为依托，合作经济组织为基础，龙头企业为骨干，其他社会力量为补充，公益性服务和经营性服务相结合，专项服务和综合服务相协调的新型农业社会化服务体系"。2017 年，在《农业部 国家发展改革委 财政部关于加快发展农业生产性服务业的指导意见》（农经发〔2017〕6 号）文件中提出了"农业生产性服务是指贯穿农业生产作业链条，直接完成或协助完成农业产前、产中、产后各环节作业的社会化服务"。

不同学者对农业社会化服务的界定，主要基于服务供给主体和服务内容等角度（杨子，2020）。例如，Malcolm 等（2008）认为农业社会化服务是指广泛涉及基础设施建设、农资购销、农业机械、信息咨询、技术指导、心理健康、贫困救助、社会治安、气象和能源等多方面的服务。高峰和赵密霞（2014）强调农业社会化服务是包括劳务、技术，以及信息咨询等服务在内的，对农业生产全过程提供的支持服务。李荣耀（2015）指出农业社会化服务既有公益性的也有经营性的。陈建华和商秋红（2010）认为，农业社会化服务是指从服务供给主体的角度，由国家公共服务部门、合作经济组织、企事业单位以及其他社会力量组成，为农业生产提供服务的组织体系。

其次，部分学者重点关注了在生产过程中的农业服务，提出了农业生产性服务的概念。例如，蒋和平和蒋辉（2014）将其定义为在农业生产活动中，其他部门为农业提供中间投入服务的总和，其中既包含了经营性的服务主体提供的高标准、专业化服务，也包含利用政府、基层农技部门对农业生产主体提供的公益性服务，涉及范围广泛。薛莹（2021）将其界定为以盈利性为目的，在农业（仅指种植业）生产环节中提供的所有产前、产中、产后的要素供给服务、生产经营服务和粮食销售服务，具有经营性、专业性、全程性等特点的市场化、产业化服务。Reinert（1998）将其概括为农机具服务、市场销售服务、金融服务、加工服务、运输服务、不同类型的劳动投入服务及农药化肥投入服务。杨子（2020）认为，农业生产性服务与农业社会化服务不同，且前者更强调其他部门或经济组织在农业生产过程中提供服务的行业及产业。

最后，关于农业生产托管与农业土地托管的概念。在《农业部办公厅关于大力推进农业生产托管的指导意见》（农办经〔2017〕19 号）文件中对前者进行了说明，明确指出其是指农户等经营主体在不流转土地经营权的条件下，将农业生产中的耕、种、防、收等全部或部分作业环节委托给农业生产性服务组织完成的农业经营方式，并强调了其具有通过不流转土地经营权的方式，解决小农生产粗放经营问题的优势。通常来讲，农业生产托管包括部分生产环节托管服务和全程生产环节托管服务。姜长云（2020）指出，农业生产托管是指农业生产性服务的重要组成部分，属于面向农业产中环节的农业生产性服务。冀名峰等（2019）也将与农业产中环节联系密切、并同产中环节组合集成起来的，"成套"供给的农业生产性服务，归入了农业生产托管的服务支持范围。芦千文和苑鹏（2021）指出，农业生产托管以农事管理的集聚共享弥补了非物质要素投入缺口，并叠加了合作信任、利益联结等制度安排，从而形成了相互信任、目标趋同、互惠共赢的稳定合作关系，与普通作业服务的随机性、临时性的市场交易行为存在明显区别。

但在现有文献和政策使用中，对农业土地托管的界定比较混乱。部分学者将农业土地托管等同于农业生产托管（孙小燕和刘雍，2019；李忠旭和庄健，2021），并认为，农业土地托管是指在保留农户土地承包权的前提下，经营权与收益权归农户所有，农户将耕地委托给土地合作社或者托管公司代为经营的一种社会化服务方式（张新喜等，2015；李忠旭和庄健，2021）。但姜长云（2020）指出，虽然农业生产托管和农业土地托管均可称为农业生产性服务，但二者存在本质上的差别，并指出，规范的农业土地托管应是农户（或新型农业经营主体）将农用土地经营权作为资产委托给服务组织从事农业经营管理，并在一定期限内放弃农业或土地经营权的方式。即农业生产托管的本质是农事作业托管，而"农业土地托管"的实质是农地经营权托管，前者是帮助农户，后者是代替农户。王竞佼和隋文香（2010）也指出虽然土地流转与土地托管的"流转标的物"不同，但实质上都是由受托方统一经营管理，农业土地托管是指在农村土地改革进程中所诞生的一种新的土地流转方式。

可见，生产环节外包与农业社会化服务、农业生产性服务、农业生产托管、农业土地托管的侧重点明显不同。农业社会化服务更强调服务的系统性和配套性，且更倾向于关注政府主导的公益性服务，而把经营性服务和市场化方式作为促进公益性服务的手段（薛莹，2021；芦千文和丁俊波，2021）；农业生产性服务强调农业服务供给的市场化和产业化，且强调的焦点在于服务创造的价值；农业生产托管强调产中环节和以产中环节为核心环节的农事作业托管。农业土地托管则更强调农地经营权的托管。而生产环节外包强调以现代服务业理念来提升农业效益、促进服务供给的市场化和产业化，增加服务增值、增强价值创造和促进产业培育（芦千文和丁俊波，2021）。当然，生产环节外包的重要条件是完善的农业社会化服务体系，且从本质上来讲，生产环节外包是农业社会化服务卷入产业链纵向分工的具体表现，完善健全的社会化服务体系是生产环节外包服务的重要保障（曹峥林，2019）。

（2）生产环节外包的测度

既有研究关于生产环节外包的测度有多种形式，大体可以归纳为"农户是否购买生产环节外包服务（是否外包）""农户生产环节外包的水平（外包水平）"与"农户生产环节外包的程度（外包程度）"三个维度。

首先，从是否外包维度来看，测度方式较为简单。学界通常采用 0~1 变量进行测度，将至少购买一个生产环节外包服务定义为外包，赋值为 1；将未购买任何生产环节外包服务定义为未外包，赋值为 0（陈哲等，2022）。也有学者聚焦某一个生产环节或特定几个生产环节（米巧，2020），将购买该生产环节外包服务定义为外包，赋值为 1；将未购买该生产环节外包服务定义为未外包，赋值为 0（李翠霞等，2021）。

其次，从外包水平维度来看，测度方式较多，且存在争议。部分学者从环节数量的角度定义外包水平。例如，张露和罗必良（2021）直接将农户实际外包的生产环节个数加总以考察农户纵向卷入情况（即外包水平）。曹峥林（2019）使用农户实际外包的生产环节个数与其生产环节总数的比值测度农户外包水平，他同时认为，生产环节总数的设定往往存在一定的主观性，且外包发展的区域性差异也会导致外包服务的环节类型与数量各异，测度结果的可比性与准确性存疑。基于此，部分学者从服务面积和服务费用的角度定义外包水平。例如，章丹等（2022）采用外包服务的面积占总播种面积的比例衡量农户外包水平。畅倩等（2021）、张露和罗必良（2021）、李忠旭和庄健（2021）以农户实际支出的服务费用表征外包水平。Picazo-Tadeo 和 Reig-Martnez（2010）使用农户外包投入占农业生产总投入的比重测算农户外包水平。

最后，从外包程度的维度来看，农户进行农业耕作的方式通常有自己生产、帮工与换工、租赁机械或雇用劳力、租赁机械且雇用劳力、雇请专业服务组织五种，而且在这五种耕作方式之间不存在交叉问题。租赁机械或雇用劳力、租赁机械且雇用劳力两种外包方式主要是指农户购买的私人的、随机的外包服务，一般服务供给者为个体机耕户或农村剩余劳动力。而雇请专业服务一般是指有正式或非正式劳动合同的、稳定的外包服务，一般服务供给者为合作社、农业企业等。基于此，段培（2018）强调，这五种耕作方式反映的市场参与水平是逐步升级的，表征农户外包的纵深参与度由低到高。畅倩等（2022）

将农户的五种耕作方式分别赋值为1、2、3、4、5，表征其外包的纵深参与度由低到高，通过计算农户粮食生产过程中所有外包环节耕作方式的平均值，来衡量农户的外包程度。

（3）生产环节外包的必要性分析

亚当·斯密认为，分工与专业化是经济增长的源泉，但由于农业不能采用完全的分工制度，所以农业生产力的增进总跟不上制造业劳动生产力的增进。罗必良（2008）也指出，农业经济发展滞后、农民增收困难的根源在于农业分工与专业化水平的有限性。随着农业技术的进步、农业的设施化以及要素配置能力的提升，农业生产过程的可控性和工艺规范性大大增强，进一步改善了农事活动的技术可分性和农业可分工性（曹峥林，2019）。在此背景下，众多学者开始大力支持推进生产环节外包在农业领域的应用与拓展，例如，罗必良（2017）指出，生产环节外包有助于促进农业分工深化、提高农业生产效率与市场竞争力。李寅秋等（2011）认为，生产环节外包体现了生产的社会化分工与规模经营的本质。

此外，伴随着城市扩张中吸附效应及非农产业收益的强大吸引力，越来越多的农村劳动力选择进入城镇非农领域就业，使农业生产老龄化和结构性短缺的趋势明显增强，农业生产逐步陷入了"谁来种粮、如何种粮"的困境（陈哲等，2021；杨志明，2017）。一方面，农业生产环节外包有效解决了在粮食生产中劳动力投入季节性短缺与劳动技能缺乏的问题（陈哲等，2021），逐渐成为农户在面临自身要素禀赋不足时的理性选择（纪月清和钟甫宁，2013；黄祖辉和高钰玲，2012）；另一方面，将现代生产要素引入传统农业生产，利用技术外溢效应降低生产成本和生产风险（罗必良，2017），形成规模经济与范围经济（芦千文，2019），在较大程度上变相实现了分散农户生产经营的规模化（申红芳等，2015）。可见，生产环节外包在促进粮食生产中发挥了重要作用，也为实现农业绿色发展带来了重要的历史机遇（张露等，2022）。

国家同样高度认可在农业领域推进生产环节外包的必要性，不仅在连续多年的中央1号文件中反复强调发展农业生产性服务的重要性，还颁布了一系列政策文件为其体系建设提供坚实的制度保障。

基于此，生产环节外包在社会化大分工、技术进步的必然趋势下，层层现实问题的深刻倒逼下，以及国家政策措施的大力支持下迅速在农业生产领域蔓延，逐步成为农户实现高效率的经营管理战略（曹峥林，2019）。生产环节外包不仅是当前农户进行粮食生产的主要方式，也是中国粮食生产无法逆转的发展趋势（杨子等，2019；罗必良等，2018）。

（4）生产环节外包的影响因素分析

农户作为理性的决策者，是否选择通过外包的方式进行农业生产以及在多大程度上进行外包会受到许多因素的影响。国内外学者基于不同研究视角，采用不同研究方法，对生产环节外包的影响因素进行了理论分析和实证检验。

部分学者基于需求价格理论、交易费用理论及比较优势理论探讨了农户选择生产环节外包的影响因素（陈江华，2018）。申红芳等（2015）基于需求价格理论发现，外包服务价格与家庭务农劳动力人数对生产环节外包有显著的抑制作用，尤其是在劳动密集型的生产环节，农户的外包行为相对更遵循"需求-价格"关系的一般规律，且需求-价格机制会随技术密集程度的增强而逐渐减弱。Fernandez-Olmos（2009）从需求价格理论角度，发现外包产品或服务的差异性和多样性也会影响外包行为，且徐飞宇（2013）发现，劳动与技术需求对劳动密集型及半劳动半技术型的生产环节外包有正向促进作用，但对技术密集型生产环节外包的影响不显著。

蔡荣等（2014）基于交易费用理论，在不同生产环节对比分析了资产专用性与不确定性对农户购买外包服务可能性的影响，认为对于产量影响大和任务繁杂的生产环节，农户购买外包服务的可能性相对更低。同时，陈思羽等（2014）也基于交易费用分析范式，实证检验了资产专用性等因素对农户购买外包服务的影响，发现物理资产专用性、地理资产专用性与风险性均会对农户购买外包服务的行为产生显著的抑制作用，且该抑制作用在所有生产环节中均具有一致性；人力资产专用性与规模性仅促进了农户购买劳动密集环节的外包服务。陈昭玖和胡雯（2016）同样基于威廉姆森的交易费用分析范式，以水稻生产为例，分析了农地确权对生产环节外包的影响，发现农地确权对生产环节外包存在正向促进作用。

胡新艳等（2015）结合了交易费用理论和比较优势理论，在交易费用分析范式中引入农户行为能力来衡量农户的比较优势，考察了行为能力与外包的关系，并发现交易能力、处置能力与排他能力对农户外包行为有显著的促进作用。同时，陈文浩和谢琳（2015）也得出了类似的结论。此外，Jeffrey等（2010）、Vernimmen等（2000）和曹峥林（2019）也认为，农户通常会基于自身的比较优势进行外包决策，更倾向于将任务复杂程度高、环境不确定性高或交易频率高的生产环节外包出去，以追求提高专业化生产效率、降低初始投资成本。

还有部分学者基于农户行为选择理论和生产函数模型框架，选取了能够反映户主个体特征、农户家庭特征、农业生产经营特征以及地区特征等多个维度的因素来检验其对生产环节外包的影响。

首先，从户主个体特征来看。周丹等（2016）认为，户主年龄越大的农户越倾向于选择农机作业服务；但宋海英和姜长云（2015）持相反的观点，认为户主年龄越大可能越不倾向于选择农机作业服务，并用"因为年龄可能会限制农户对先进生产技术的接受程度，所以不倾向选择农机作业服务"来进行解释。有些学者认为务农年限也是影响生产环节外包的主要因素之一，例如王志刚等（2011）、胡宜挺和肖志敏（2014）的研究表明，务农年限会抑制农户选择半劳动力半技术密集型环节外包和技术密集型环节外包的倾向；胡雪枝和钟甫宁（2012）、董欢（2015）、申红芳等（2015）的研究发现，务农年限则会促进农户选择劳动密集型环节外包。郭霞等（2015）发现，农户的受教育程度与农户是否购买农业生产性服务呈正相关关系。但黎璇等（2017）和 Igata 等（2008）却发现，受教育程度越高的农户购买生产环节外包概率却较低，这是因为受教育程度高的农户通常其生产技能也更高，具有较高的农事操作效率，所以往往不倾向于采取外包的方式进行农业生产。此外，陈超和黄宏伟（2012）、胡宜挺和肖志敏（2014）还发现，女性的外包意愿明显强于男性，即性别也可能影响农户的外包决策。

其次，从农户家庭特征来看。在家庭劳动力要素方面，现有研究多强调农户外包在劳动密集环节对家庭劳动力的替代效应，所以认为农业劳动力数量对农户选择生产环节外包具有显著的负向影响（张丽娟，2021；Igata et al.，2008；王志刚等，2011）。陆岐楠等（2017）基于江苏省（靖江市、金坛市、洪泽县）和安徽省（全椒县、居巢区）5 个地区的水稻种植户的调查数据进行研究也得出了类似的结论，他们从农业劳动力老龄化与非农劳动力是否住家的角度进行了分析，发现由于住家的非农劳动力会参与家庭农业生产，所以能够在一定程度上缓解家庭务农劳动力不足的困境，从而降低了外包的可能性。此外，Jeffrey 等（2010）、王建英等（2015）、胡宜挺和肖志敏（2014）和苏卫良等（2016）的研究表明，非农就业机会的增加、非农就业水平的提升都能够促进农户生产环节外包，但 Pierre Dupraz and Laure Latruffe（2015）、吕耀福（2013）、陈超和黄宏伟（2012）的研究结论却相反。

再次，从农业生产经营特征来看。最受学者关注的是种植规模和土地细碎化程度对农户生产环节外包的影响。对于土地细碎化程度的影响，已有研究基本达成一致，即土地细碎化程度越高，农户外包的概率越小（张丽娟，2021；孙顶强等，2019；赵培芳和王玉斌，2020）。而对于种植规模的影响，申红芳等（2015）、曹阳和胡继亮（2010）、周丹等（2016）和 Ji 等（2017）表明，种植规模对农户外包决策存在显著的正向影响。苏卫良等（2016）、蔡键等（2017）和谢琳等（2017）却认为，经营面积越大的农户越不倾向于购买外包服务，而是采用自主购机作业的方式进行农业生产。此外，曾雅婷等（2017）与陈昭玖和胡雯（2016）的研究发现，种植规模与农户外包决策的关系并不是简单的线性关系，而是"倒 U 形"关系。段培等（2017）则认为，种植规模与农户外包决策的关系取决于具体的生产环节。同时，申红芳等（2015）还发现，农技推广会显著促进农户在技术密集型生产环节进行外包。蔡荣和蔡书凯（2014）、胡宜挺和肖志敏（2014）发现，农业组织化程度会显著促进农户生产环节外包；但申红芳等（2015）认为处于初级发展阶段的农业合作组织对农户生产环节外包无显著影响。

最后，从地区特征来看。王志刚等（2011）认为，区域农业机械化水平对生产环节外包有显著的正向影响，而区域农业发展水平产生的影响会因生产环节属性的不同而存在差异，具体而言，区域农业发展水平对半劳动力半技术密集型环节外包的影响为正，但对技术密集型环节外包的影响为负。而郑旭媛和徐志刚（2017）、许秀川等（2017）等的研究表明，由于平原地区比丘陵地区和山区更便于开展大规模的机械化作业，所以平原地区的农户更倾向于选择农机作业服务。郑旭媛和徐志刚（2017）的研究也发现，地形条件会影响要素替代难度，从而影响农户选择机械替代劳动力的行为。

（5）生产环节外包的影响效益评估

生产环节外包作为一种现代要素投入和新型生产经营方式，农户家庭外部要素对家庭内部要素的替代是其本质特征（Harrigan，1985），并且，通过家庭内外要素配置的优化，外包有助于实现经营主体土地、劳动力和资本等要素的重新配置（Gideon，1998）。而这一要素重置过程将对农业生产经营带来何种影响是国内外学者关注的重点（曹峥林，2019）。目前，对生产环节外包影响效益进行理论探讨和经验估计的文献并不多，通过梳理发现，大部分学者聚焦成本收益视角，证实了生产环节外包在提高农业专业化生产效率、降低生产成本、提升农户种粮积极性、促进农民增收等方面的作用，一定程度上缓解了农业投入品价格与农产品市场价格的"倒挂"。本书对相关研究进行了梳理和总结。

一是，研究生产环节外包与农业生产效率的关系。大部分学者验证了生产环节外包在提升农业生产效率中的作用（曹峥林，2019）。例如，Picazo-Tadeo 和 Reig-Martnez（2010）基于对西班牙柑橘农户生产技术效率的测度，发现劳动力要素和资本要素的外包能够显著促进农场生产效率的提升，且这种提升效应不受农场规模的制约，Wolf 和 Christopher（2003）与 Gillespie 等（2010）的研究也得出了类似的结论。但李明文等（2020）基于 2002—2016 年中国 272 个地级市的面板数据，测度了各地级市粮食全要素生产率，检验了农业服务化对粮食全要素生产率的非线性影响及作用渠道，发现通过提高技术效率的农业服务化对粮食全要素生产率有显著的正向影响，且这种影响受到人均种植规模的调节。陈超等（2012）采用 C-D 生产函数和个体、双因素固定效应模型，聚焦江苏省水稻生产环节外包的效率测算与分析，发现外包有助于提高生产率，且其生产率效应随着时间的推移具有扩大趋势。张忠军和易中懿（2015）同样以水稻生产为例，基于超越对数生产函数的分析，发现外包在总体上提高了生产率，但生产环节外包的生产率提升效应体现出了"劳动密集型环节（如整地、移栽、收割）不显著、技术密集型环节（如育秧、病虫害防治）显著为正"的显著差异。

胡雪枝和钟甫宁（2012）的研究结果表明，与年轻劳动力相比，老年劳动力的作业效率并未表现出明显差异，进一步分析其原因，发现老年劳动力作业效率的提升源于农业机械化外包服务与农村集体决策的贡献。周宏等（2014）的研究也认为，由于生产环节外包服务的存在，才使农业劳动力老龄化对水稻生产效率不构成负面影响，从而保持中国水稻生产效率整体的相对稳定。王志刚等（2011）对中国 8 个省 24 个县 2 381 户水稻种植户的研究发现，对于移栽和收割环节外包的农户来说，非物质成本产出率相对更高。李平等（2017）认为，生产性服务业具有较高的技术进步潜力，且其有助于聚集资本和劳动要素，可作为进一步提升全要素生产率和助力经济增长的新动能。但也有学者表明，并未发现生产环节外包引发的效率提升效应（杨进，2015）。此外，Feder 等（1985）的研究还发现，由于农业具有特殊的就业环境、非常依赖自然条件的生产特征、标准化程度低且监管难度大等问题，所以农业服务或农业雇工对生产效率产生了负向影响。

二是，探讨生产环节外包在降低生产成本中的作用。生产环节外包有助于降低农业生产成本的观点在学术界基本达成共识，且研究发现，生产环节外包不仅能够降低农业生产的投入成本，还有助于降低交易成本。例如，Jillespie 等（2010）的研究表明，生产环节外包对于降低初始投资成本有一定的影响。李寅秋等（2015）的研究表明，农业社会化服务能够有效减少农户的生产成本，从而提高农户收入水平，尤其是能够节约农户更换工作的时间成本、购买生产机械设备的成本等。Reinert（1998）认为，农业社会化服务能够作为分工经济的"黏合剂"和"润滑油"，从而降低要素组合重构的交易成本。然而，随着农业生产环节外包服务业的发展与农业经营主体生产环节外包水平的提升，孙顶强等（2016）也发现，农户购买外包服务的成本也随之上涨。

三是，分析生产环节外包对于提升农户种粮积极性的效用。理论上讲，粮食作物和经济作物在生产特性、监督管控难度和要素替代程度等方面存在显著差异，导致不同作物生产过程与农业生产环节外包服务的匹配度不同（檀竹平等，2019）。且相对于经济作物，粮食作物在农业生产环节外包上更具比较优势（段培，2018），这可能会促使农户在劳动力再配置过程中倾向于通过增购粮食作物生产环节外包服务进而提升粮食作物种植比例（罗必良和仇童伟，2018）。钟甫宁（2016）指出，农户因家庭劳动力外出务工而购买农业生产性服务后，扩大了粮食作物种植面积。部分学者从经验上证实了生产环节外包对农户种粮积极性的提升作用。例如，赖良玉（2018）利用江西、广东两省农户的调研数据，分析了以农机作业服务为主的外包服务对种植结构调整的影响，发现购买这种外包服务能够显著提高农户的粮食作物种植比重。畅倩等（2021）对黄河流域中上游地区农户种植结构调整的研究表明，由于生产环节外包的存在与普及，非农就业程度显著促进了农户粮食作物种植比例的提升，抑制了农户种植结构的"去粮化"趋势。王全忠等（2015）与罗必良和仇童伟（2018）的研究结果也表明，生产环节外包有助于缓解劳动力在农业生产上的劳动强度和劳动时间的约束，有利于推动农业种植结构"趋粮化"。

四是，剖析生产环节外包促进农民增收的途径。生产环节外包是农户充分权衡成本收益之后作出的理性决策，无疑具有较好的经济效益。从理论上来讲，生产环节外包可能通过提升农户作物产量、增加非农就业时间，进而促进农户农业收入、非农收入以及家庭总收入的增加。从实际上来看，生产环节外包提升作物产量的观点已被众多学者证实。例如，王颜齐和郭翔宇（2018）聚焦大豆的研究发现，生产环节外包显著提高了其产量，且相对于雇用劳动力而言，引入农机服务对大豆产量的影响更大。张忠军和易中懿（2015）基于水稻的研究证实了在劳动密集型生产环节和技术密集型生产环节，外包对单产的影响存在显著差异，即在劳动密集型生产环节，外包并没有明显提高水稻产量；而在技术密集型生产环节，外包显著提高了水稻单产。陈超和黄宏伟（2012）同样以水稻为例进行分析，研究结果同样证实了外包对提升水稻单产的积极作用，且这种积极影响还会随时间的推移呈逐步增强的趋势。

但也有学者提出，增产并不意味着增收。例如，彭代彦（2002）认为，农业技术服务的投入在提高农业生产效率的同时，也可能增加农业生产成本，从而可能降低农业收益和农民家庭收入。与此同时，杨春玲和周肖肖（2010）基于 1989—2007 年的面板数据，对中国农业科技投入与农民收入的协整关系进行了检验，并未发现农业科技投入对农民收入的提升作用。此外，生产环节外包增加非农就业时间的观点得到众多学者的肯定，并认为，外包通过推动机械替代劳动力，减轻了劳动力的农业劳动强度（周振，2016），进而有助于缓解农村人口老龄化对农业生产的不利影响（钟甫宁和向晶，2012），并进一步释放农村剩余劳动力（张英丽，2017）。例如，孙晓燕与苏昕（2012）发现，农业土地托管服务不仅提高了兼业农户的种粮收益，还增加了其务工时间。赵鑫等（2021）、孙顶强等（2016）、杨志海（2019）也指出，农业生产性服务有助于替代家庭农业劳动力，为其通过非农就业等渠道增收创造了空间。

部分学者还直接研究了生产环节外包与农户收入之间的关系。例如，陈宏伟和穆月英（2019）分析了农业生产性服务对设施蔬菜种植户收入的影响，研究发现农户使用农机服务带来的收入提升效果最好，其次是技术服务和劳务服务。王玉斌和李乾（2019）指出，村集体提供农业生产性服务对农民增收和粮食增产均具有促进作用。Michael 等（1985）对南非的研究显示，农业生产环节外包服务推广有助于提高农产品质量，并创造就业机会，对家庭农业收入、净收入均有显著和实质性的贡献。Lyne 等（2018）、Jeffrey 等（2010）的研究均表明，农业生产性服务能够显著提高农户的作物生产净收入。进一步地，还有学者探讨了生产环节外包与居民收入差距之间的关系。例如，鲁钊阳（2013）基于中国 10 年间的省级面板数据，实证考察了农业生产性服务业发展对城乡收入差距的影响，并发现农业生产性服务业的发展能够缩小城乡收入差距。

五是，还有学者分析了生产环节外包对生态环境的影响。理论上讲，生产环节外包作为技术创新中管理创新的软技术进步，不仅是专业化分工在农业生产中特有的运用方式，还是技术创新成果的重要载体，有助于通过专业、科学的生产服务，规范农户的农用化学品投入行为，从而提升农业生态环境（Ji et al.，2017）。黄季焜等（2010）也指出，农业生产病虫害防治的关键时间点和所需次数是小规模农户难以准确把握的，农户通常以增施农药的办法来规避虫害风险，从而造成了农业投入的增加与面源污染的加剧。而生产环节外包有助于实现大规模的统防统治，能够准确把握施药时间和频率，不仅节约成本、提高作物产出水平和产品品质，还防止了农业面源污染的加剧。部分学者还从实证层面进行了检验。例如，应瑞瑶和徐斌（2017）的研究表明，植保专业化服务显著减少了农药施用强度，尤其是针对小农户，其降低农药施用强度的效果更为显著。杨志海（2019）的研究表明，农业生产性服务能够提高农户土壤保护的参与程度。Lewis 和 Pattinasarany（2010）的研究发现，农业生产性服务能够提升农户的绿色生产技术采纳意愿。孙小燕和刘雍（2019）研究了农业土地托管对托管农户绿色生产的带动效果，认为农业土地托管不仅可以提高有绿色生产意愿的托管农户从事绿色生产的可能性，还可以向有生产性服务需求但无明确绿色生产意愿的托管农户导入绿色生产要素，带动无绿色生产意愿农户农业生产方式转变。张露等（2022）的研究表明，农业生产环节外包服务有助于促进农户减少对化肥的施用量。

但也有学者认为生产环节外包可能会导致农户增加对农用化学品的使用，从而损害农业生态环境。

2. 农业绿色发展的相关研究

农业绿色发展的相关研究是学术热点和社会关切点。本书系统梳理了近年来世界各国关于农业绿色发展的理论探索与政策实践，综述了农业绿色发展的概念和表征方式，归纳了农业绿色发展水平的定量评估结果，总结了农业绿色发展的实现路径。

（1）农业绿色发展的探索与实践

面对农业资源约束趋紧、生态环境问题突出、生态系统功能退化等状况以及由此导致的粮食安全问题（Bünemann et al.，2018；Huang et al.，2019；Seneviratne and Kulasooriya，2013；于法稳，2018；Liu et al.，2020；朱晶等，2021），世界各国开始不断探索新的农业发展道路（Zhou et al.，2020）。在此背景下，农业绿色发展受到了普遍关注。其中，Scherer 等（2018）认为，农业绿色发展是解决粮食安全问题以及应对全球环境变化的重要举措之一。潘丹（2014）指出，转变农业生产方式、推进农业绿色发展刻不容缓。张红宇（2017）和陈锡文（2017）强调，推动农业绿色发展，加快提升农业质量效益和竞争力，既是农业自身发展问题倒逼下的客观要求，也是一场从"量"到"质"的深刻变革。李国祥（2017）表明，实现农业绿色发展，是新时代背景下满足人民群众日益增长的美好生活需要的必由之路。于法稳（2016）指出，农业绿色发展既有利于保护水土资源、保障农产品质量安全、提高农产品国际竞争力，也有利于提高居民的健康水平、全面推进农村生态文明建设。

国外关于农业绿色发展相关理论的探索和研究相对较早，但并未出现农业绿色发展这一明确的提法，而是多从生态农业、有机农业、环境农业、农业可持续发展、绿色发展等角度展开分析（薛蕾，2019；金钟范，2005）。从时间序列上来看，Odam（1970）最早提出了生态农业的概念。1974 年，美国的 Rodale 研究所成立，其以有机农业为主要的研究对象，倡导了自我封闭式的生物循环生产模式，拓展了生态农业的主要形式。1975 年，日本依据可持续农业的属性，先后将其命名为有机农业、绿色农业以及自然农业等。随后，Kiley-Worthington（1981）明确指出了生态农业的小型农业系统内涵及其农业多功能属性，即经济、环境、伦理和审美等的融合。1997 年，韩国颁布了《环境农业培育法》（后更名为《亲环境农业培育法》），明确了政府、民间组织、农民等在农业环境保护方面的责任。

1988 年，美国国会通过了"低投入可持续农业"方案（LISA），旨在提高生态效益、保护生态环境。1992 年，日本首次提出了"环境保全型农业"，并将其定义为"发挥农业特有的物质循环机能与生产效率的协调，减轻因使用化学肥料和农药而造成环境过度负荷的可持续农业"。1999 年，日本正式颁布了新农业基本法《食物、农业、农村基本法》和"农业环境三法"（《家畜排泄物法》《肥料管理法（修订）》《持续农业法》），以防止环境污染，缓解环境压力。2002 年，联合国开发计划署在《2002 年中国人类发展报告：让绿色发展成为一种选择》中，首次提出了绿色发展一词。2010 年，国家绿色峰会（在南非举办）明确指出了"绿色发展是可持续发展的一个途径，是从根本上解决经济增长、社会保障和自然生态系统之间相互依存问题的必然选择"。

国内关于农业绿色发展的研究起步较晚，但在理论认知和制度设计层面处于领先地位（刘云达，2020）。中共中央、国务院高度重视农业绿色发展。特别是党的十八大以来，党中央、国务院对农业绿色发展的关注程度不断提升（巩前文和李学敏，2020）。2016 年的中央 1 号文件《关于落实发展新理念加快农业现代化实现全面小康目标的若干意见》首次正式提出了农业绿色发展这一专有名词，并明确规定要"加强资源保护和生态修复，推动农业绿色发展"，标志着农业绿色发展上升到了战略高度。2017 年 9 月，中共中央办公厅、国务院办公厅出台的第一个关于农业绿色发展的文件《关于创新体制机制推进农业绿色发展的意见》，提出尊重农业发展规律，强化改革创新、激励约束和政府监管，转变农业发展方式，优化空间布局，节约利用资源，保护产地环境，提升生态服务功能，全力构建人与自然和谐共生的农业发展新格局，推动形成绿色生产方式和生活方式，实现农业强、农民富、农村美，为建设美丽中国、增进民生福祉，实现经济社会可持续发展提供坚实支撑，并明确指出了农业绿色发展在中国生态文明建设全局中的突出位置。

2019 年，农业农村部办公厅印发的《2019 年农业农村绿色发展工作要点》进一步将推进农业绿色生产、加强农业污染防治、保护节约利用农业资源等作为农业绿色发展的工作要点。此外，国家更是在十九大、十九届五中全会以及连续多年的中央 1 号文件中对推进农业绿色发展进行了决策部署，并出台了一系列条例和规定来推动农业绿色发展目标的实现，涉及农业面源污染治理、农业资源保护利用和高效利用，以及农产品质量安全等各个方面。例如：2015年农业部印发《关于打好农业面源污染防治攻坚战的实施意见》（农科教发〔2015〕1 号）；2017 年 4 月农业部发布《关于实施农业绿色发展五大行动的通知》（农办发〔2017〕6 号）；2018 年 7 月农业农村部印发《农业绿色发展技术导则（2018—2030 年）》；2021 年 12 月发布了《农业农村部 国家发展改革委 科技部 自然资源部 生态环境部 国家林草局关于印发〈"十四五"全国农业绿色发展规划〉的通知》（农规发〔2021〕8 号）。

众多学者也基于不同的视角和认识，强调了推动农业绿色发展的关键点和难点。例如，尹成杰（2016）提出，农业绿色发展的关键是形成一个资源利用高效、生态系统稳定、产地环境良好、产品质量安全的新格局。陈阜（2018）强调，绿色发展要求突出绿色生态导向，这与传统农业发展模式差异显著，其核心问题是要转变理念和意识，即推动农业绿色发展的关键在于观念的转变。于法稳（2017）指出，实现农业绿色发展是一项复杂的系统工程，需要建立并逐步完善农业绿色发展与生态补偿的长效机制。赵大伟（2012）也强调，农业绿色发展是动态的，存在自身特定的规律性，在不同发展阶段也有不同的特征，因而在其各个阶段都需要制定并优化相应的制度设计。目前，农业绿色发展已成为世界各国农业发展的重要方向和共同选择。

（2）农业绿色发展的概念界定

绿色发展的概念最早由英国环境经济学家大卫·皮尔斯提出，大卫·皮尔斯等（1996）认为，绿色发展不仅需要关注经济效益，更需要注重生态环境容量和资源承载力。绿色发展是一种以清洁能源为动力、兼顾可持续发展利益的发展模式（崔海霞等，2018）。而这一概念被广泛接受是在 2002 年联合国开发计划署明确提出绿色发展之后。进一步地，将绿色发展的理念和观点延伸到农业发展中，即衍生出了农业绿色发展的概念（刘云达，2020）。目前，在农业绿色发展概念的界定方面，部分学者基于不同的研究目的和研究视角对其进行了解读，其核心观点基本相同。

代表性较强的观点包括，于法稳（2018）指出，农业绿色发展既是农业发展的手段，也是农业发展的目的。郭迷（2011）认为，农业绿色发展是农业发展的一种发展模式。尹成杰（2016）认为，农业绿色发展是农业发展的一种新格局。薛蕾（2019）认为，农业绿色发展是一种农业发展的理念和方向，是习近平生态文明思想在农业生产领域的重要表现。进一步地，李庆江等

（2014）认为，农业绿色发展是指以降耗、节能、减排为目标，以要素投入减量化和产出高效化为特征，采用规模化、专业化、绿色化的生产方式，其有助于实现经济、生态、社会三维效益的协调与统一。李由甲（2017）强调，农业绿色发展强调以农产品安全生产为目标，以农业生产要素科学配置为手段，优化生态环境的同时提升农产品的市场竞争力。崔海霞等（2018）指出，农业绿色发展是以尊重自然为前提，以现代化技术为手段，兼顾经济、社会、生态效益目标的一种涉及农业结构和生产方式调整的农业发展模式。

刘云达（2020）认为，农业绿色发展是以尊重自然为前提，以统筹经济、社会、生态效益为目标，以利用各种现代化技术为依托，积极从事可持续发展的科学合理的开发种养过程。魏琦等（2018）指出，农业绿色发展的核心部分指出要在农业的生产活动中对经济效益、社会效益、环境效益等多方面内容进行统筹，即实现资源节约、环境友好、生态保育、质量高效，突出强调农业产地环境、生产过程和农产品均要实现绿色化。韩长赋（2018）认为，农业绿色发展主要表现为更加注重资源节约、更加注重环境友好、更加注重生态保护、更加注重产品质量等方面。孙炜琳等（2019）提出，农业绿色发展作为一种绿色发展理念，特别强调农业经济、社会发展与生态环境的协调发展。赵会杰和于法稳（2019）强调，农业绿色发展兼具农业生产和农业生态环境保护的双重目标，并认为，农业绿色发展的本质是一个"调常"的过程，即通过传统农业和现代农业的有机结合，使以过度依赖化肥、农药为特征的"石油农业"恢复到正常状态，以实现经济效益、社会效益、生态效益的协调统一。

基于上述界定，本书进一步辨析了农业可持续发展、生态农业、绿色农业、有机农业与农业绿色发展的概念，以明确农业绿色发展的概念边界。

农业可持续发展指出农业生产不仅要满足当代人的生活需求，也要满足后代人的生活需求。可见，农业可持续发展更加注重结果，而农业绿色发展则更注重农业生产所有环节的绿色化，强调农业生产理念的改变，以及实现农业生产与生态环境的协调。生态农业是指基于生态学和经济学知识、运用现代科技和管理手段、可以获得良好的经济、社会、生态效益的现代化农业发展类型；绿色农业是指可以加强农业生态环境保护的农业发展类型；有机农业是指在生产过程中主要采用有机肥和有机饲料来满足农作物和禽畜营养需求的种植业和养殖业。可以看出，上述三种农业都是具有注重生态效益特点的农业发展具体模式。相比之下，农业绿色发展并不是农业生产的某个具体模式，而是推进农业发展的发展思路与指导思想，生态农业、绿色农业、有机农业均可作为农业绿色发展思想在实际农业生产中的践行（薛蕾，2019），而农业绿色发展是对生态农业、绿色农业、有机农业等模式的肯定与融合。

（3）农业绿色发展的表征方式

为科学评估农业绿色发展水平，部分学者基于不同的学科背景和研究目的，构建了不同的评价指标体系，但具体指标的选取差距较为显著。具体而言，朱玲和周科（2017）构建了包括 5 个维度 18 个二级指标在内的低碳农业经济评价指标体系（5 个维度分别为：农业经济发展水平、化学品投入强度、能源利用效率、资源有效利用水平、农业废弃物利用水平）。魏琦等（2018）构建了包括 4 个维度（资源节约、环境友好、生态保育和质量高效）14 个二级指标在内的中国农业绿色发展指数。Kanter 等（2018）构建了包括农作物生产技术、社会环境、经济水平、农产品多样性以及营养需求 5 个维度在内的农业可持续发展评价框架。靖培星等（2018）构建了包括 4 个方面（资源利用、产地环境、生态系统、绿色供给）18 个二级指标在内的农业绿色发展水平评价指标体系。

周莉（2019）基于乡村振兴视角，构建了包括农业效能、生态节约、城乡融合 3 个层面的农业绿色发展评价指标体系，并综合评价了西藏自治区的农业绿色发展水平。巩前文和李学敏（2020）在系统界定农业绿色发展科学内涵的基础上，构建了包括低碳生产、经济增收以及安全供给 3 个维度 10 个三级指标在内的农业绿色发展指数，并对 2005—2018 年中国农业绿色发展指数以及 2018 年省域农业绿色发展指数进行测度分析。同时认为，尽管评价体系的构建研究较多，但既有研究在构建指标体系时，多回避或模糊了农业绿色发展内涵的界定，可能导致指标体系在构建的过程中主观随意性较大。

与此同时，有学者强调，鉴于农业绿色发展的成效评估是对其环境效益和经济效益的综合考虑，所以农业绿色全要素生产率可以直接作为评价农业绿色发展水平的指标（马国群和谭砚文，2021）。基于此，李谷成和李欠男（2022）使用 2002—2017 年湖北和湖南的县域面板数据，以绿色全要素生产率指标表征农业绿色发展水平，应用基于混合距离函数的全局 Malmquist-Luenberger 指数对其进行了核算，并采用倾向得分匹配-双重差分方法评估了"两型社会"试验区政策对农业绿色发展的影响。马国群和谭砚文（2021）运用 SBM 超效率模型和 GML 指数测算了 2000—2017 年中国的农业绿色全要素生产率，来表征中国农业绿色发展水平，并发现中国农业绿色发展水平不断提升，年均增速可达 3.39%。张乐和曹静（2013）采用 SFA-Malmquist 生产率指数模型和携带时变技术无效率指数的随机前沿生产函数模型，分析了农业全要素生产率的变化，判断了中国农业绿色发展的变化趋势。

此外，也有学者聚焦农业绿色发展的多维目标，采用多项指标共同表征农业绿色发展状况。理论上，农业绿色发展就是要形成资源利用高效、生态系统稳定、产地环境良好、产品质量安全的农业发展新格局（尹成杰，2016；于法稳，2018；刘云达，2020），从而实现农业综合经济效益的提高和农业的可持续发展（胡雪萍和董红涛，2015）。《关于创新体制机制推进农业绿色发展的意见》也明确指出，农业绿色发展的目标任务是基本形成与资源环境承载力相匹配、与生产生活生态相协调的农业发展格局，努力实现耕地数量不减少、耕地质量不降低、地下水不超采，实现化肥、农药使用量零增长，实现秸秆、畜禽粪污、农膜全利用，实现农业可持续发展、农民生活更加富裕、乡村更加美丽宜居。因此，评价农业绿色发展状况应同时评估其经济效益和环境效益。进一步地，从经济效益与环境效益协同发展的角度来看，还应关注农业环境技术效率的提升，即技术效益。Janker 和 Mann（2020）强调，提升农业生产收入、改善农业生态环境、提高农业环境技术效率，是粮食生产绿色转型升级的内涵和中国农业绿色发展的必然要求。依据这一逻辑，薛蕾（2019）将农业绿色发展的内涵定义为产出增加、绿色生产效率提升以及环境友好三个方面，并根据现有的产业集聚理论，分析了农业产业集聚对农业绿色发展这三个方面产生的影响。

（4）农业绿色发展的现状评估

准确测度和科学评价农业绿色发展水平，是进一步研究农业绿色发展问题的基础和前提。部分学者基于不同的研究视角和指标体系，评价了中国农业绿色发展水平。例如，巩前文和李学敏（2020）认为，2005—2018 年中国农业绿色发展水平呈上升趋势，且 2018 年省域农业绿色发展水平存在明显的区域差异。魏琦等（2018）通过评估 2012—2016 年中国及各省份的农业绿色发展水平，发现这一时期中国农业绿色发展水平显著提升，且各地区之间的农业绿色发展水平差异较大。此外，李欠男等（2022）基于绿色全要素生产率视角，采用 SBM-Global-Super 模型对中国 2000—2017 年地级市的农业绿色发展水平进行了测度，同样发现，中国农业绿色发展水平表现出波动上升趋势，并存在明显的地区差异且地区差异也呈逐步上升态势。肖琴等（2020）基于资源环境约束角度，运用 DDF 模型测算了 2004—2018 年中国 31 个省（自治区、直辖市，不包括港澳台）的农业绿色生产效率，结果也表明，中国农业绿色生产效率整体呈上升趋势，但各要素集约利用潜力、非期望产出减排潜力逐年下降，期望产出扩张潜力也逐年减小。

部分学者聚焦中国具体省域或特殊区域，评价了其农业绿色发展水平。例如，刘云达（2020）发现，吉林省农产品主产区的农业绿色发展总体水平呈2009—2013年"拉升-微调-上升"和2013—2017年"攀升-企稳-陡升"的"两段式提升"趋势，且同样存在明显的地区差异。进一步的测算结果表明，吉林省农产品主产区总体已经进入农业绿色发展的中级阶段，但在其内部的25个县、市中，农业绿色发展高水平的县、市仅有1个，较高水平的县、市有7个，中等水平的县、市有4个，较低水平的县、市有7个，低水平县、市有6个。汪成和高红贵（2017）发现，2005—2014年，湖北省农业生态安全表现出得分偏低但其变化整体上升的趋势。

可见，尽管中国全方位提高了农业绿色发展的战略地位和推广力度（付伟等，2021），使中国农业绿色发展水平有所提升，但中国农业主要依靠资源消耗的粗放经营方式并没有根本改变，环境污染和生态退化的趋势也未得到有效遏制，安全、优质、生态农产品的供给也还不充足（黄祖辉等，2016；赵会杰和于法稳，2019；dos Santos et al.，2009；魏琦等，2018）。因此，中国的农业仍迫切需要向绿色转型，需要将绿色发展导向贯穿于农业发展的全过程，以加快推进并实现农业绿色发展。

（5）农业绿色发展的实现路径

探讨农业绿色发展的实现路径是学术热点和社会关切点。综观国内外的相关研究成果，各领域的学者基于不同的研究视角和理论基础展开了大量的研究，主要集中在稳定地权、推进土地集中规模经营、培育新型农业经营主体、成立农业专业合作社、推广生态种植养殖模式、提供政府补贴等方面，提出并论述了实现农业绿色发展目标的可行路径。

具体而言，宋浩楠等（2020）指出，要充分认识到地权稳定在促进农业绿色发展中的关键作用。洪炜杰和罗必良（2018）在关于地权稳定性和农业长期投资关系的研究中认为，地权稳定性的提高会促进农户进行农业长期投资，从而促进农业的可持续发展。管延芳（2017）探析了土地流转信托在推进农业绿色发展中的优势及存在的问题，发现土地流转信托是推进农业绿色发展的良好渠道，有助于促使中国的土地流转信托从起步阶段就步入一条绿色发展之路。夏雯雯等（2019）的研究发现，土地经营规模有助于促进农场应用测土配方施肥技术，从而可能促进农业绿色发展，并据此提出了促进土地向家庭农场等适度规模经营主体流转的政策建议。因此，宋浩楠等（2020）提出，建立健全农村土地流转公共服务平台和法律援助体系，鼓励农户签订长期、稳定的土地流转协议，促进农村土地流转市场规范化、制度化发展，推进土地集中规模经营是实现农业绿色发展目标的可行路径。

毕雅琦（2022）指出，新型农业经营主体是推动农业绿色发展的重要力量，其发展绿色农业会受到发展方式、技术水平、主体认识水平、生产销售环境等多方面因素的影响。詹孟于（2021）认为新型农业经营主体基本覆盖了中国农业生产的上、中、下游组织形式，参与和衔接了农业产业链的不同环节，将在中国绿色农业发展和推动乡村振兴中发挥巨大的作用。农民专业合作社也被认为是促进农业绿色发展的良好媒介。例如，郑丽琳和刘东升（2021）指出，农民专业合作社有助于推广使用新型绿色农业技术（生物防治病虫害技术、生物有机肥等），从而能够有效助推农业绿色发展。黄季焜等（2010）也认为，农民专业合作社具有制度优势，能够将分散的小规模农户和不同要素禀赋的农户联合起来，引导农户安全生产行为，从而有助于实现农业绿色发展。

张敏和杜天宝（2016）与邓旭霞和刘纯阳（2014）分别从生态农业和循环农业的角度，探讨了推广生态种植养殖模式在实现农业绿色发展中的关键作用。于法稳和林珊（2022）提出，有效的制度安排是激励和约束三体行为的有效手段，应进一步完善制度体系，加快形成农业绿色生产方式。于法稳（2017）强调了绿色制度建设在推进农业绿色发展中的重要作用。Tilman 等（2015）指出，农业可持续发展在未来 50 年内面临巨大压力，制定相应的激励政策对于确保农业和生态系统服务的可持续性具有重要意义。Pretty 等（2011）对非洲 20 个国家的 40 个农业生产项目和方案进行了分析，也认为，增强政策支持等措施对农业可持续发展具有重要贡献。麻丽平等（2015）认为，政府可以通过农产品检测和安全监管来引导和规范农户化学品投入行为。

尽管，上述研究为推动农业绿色发展目标的实现提供了非常有价值的借鉴意义，且在一定程度上推动了中国农业绿色发展的进程，然而，实践发现，上述研究成果在短期内均难以快速推进并达到预期的农业绿色发展目标（郜亮亮，2020；张溪，2021；姜松等，2021）。更为紧迫的是，中国粮食产业发展到了一个关键的转折关口，"内忧外患"的客观形势为解决中国粮食安全问题增加了困难和复杂性（Liu et al.，2020；Holden，2018）。在小农生产是并将长期是中国粮食生产主力的现实背景下，为确保"中国人的饭碗任何时候都要牢牢端在自己手中，饭碗主要装中国粮""把住国家粮食安全主动权""筑牢国家粮食安全防线"，建立中国粮食绿色发展的长效机制刻不容缓。

3. 文献评述

纵观现有文献，众多学者基于不同的研究视角和研究对象，针对生产环节外包和农业绿色发展进行了大量的研究，为相关领域的进一步深入奠定了基础。

在关于生产环节外包的相关研究方面，现有文献主要从生产环节外包的概念界定、测度、必要性分析、影响因素分析、影响效益评估等角度展开，取得了丰富的理论和实证研究成果。

第一，已有文献厘清了生产环节外包思想的根源，探讨了生产环节外包在农业领域应用的可行性，并基于不同的视角对生产环节外包的概念进行了界定和辨析。第二，关于生产环节外包的测度有多种形式，主要可以归纳为是否外包、外包水平和外包程度。第三，现有文献从现实背景和政策背景两个维度，论述了在农业领域发展生产环节外包的必要性，并认为生产环节外包不仅成为了当前农户进行粮食生产的主要方式，还将是中国农业无法逆转的发展趋势。第四，现有文献基于不同视角、采用不同方法，对生产环节外包的影响因素进行了理论分析和实证检验。一部分学者基于需求价格理论、交易费用理论及比较优势理论探究了农户选择生产环节外包的影响因素；另一部分学者基于农户行为选择理论和生产函数模型框架，选取了反映户主个体特征、农户家庭特征、农业生产经营特征以及地区特征等多个维度的因素进行了实证检验。第五，生产环节外包对农业生产的影响已成为学术界关注的重点。现有文献主要聚焦于研究生产环节外包与农业生产效率的关系、探讨生产环节外包在降低生产成本中的作用、分析生产环节外包对于提升农户种粮积极性的效用、剖析生产环节外包促进农民增收的途径、生产环节外包对生态环境的影响等方面，成果丰硕。

在关于农业绿色发展的相关研究方面，现有文献主要从农业绿色发展的探索与实践、概念界定、表征方式、现状评估、实现路径等角度展开，同样取得了丰富的研究成果。

第一，现有文献基于不同的视角和背景，理论探讨了国内外农业发展的路径选择，系统梳理了各国农业发展的政策实践，并一致认为农业绿色发展是世界各国农业发展的重要方向和共同选择。第二，现有文献基于不同的研究目的和研究视角对农业绿色发展的概念进行了界定和解读，并明确了其概念边界。第三，现有研究采用多种方式表征农业绿色发展状况，目前广泛使用的主要有三种：构建评价指标体系进行测算、使用农业绿色全要素生产率替代、采用多项指标共同表征。第四，现有文献测算并评价了中国农业绿色发展水平，一致认为中国农业绿色发展水平虽有所提升，但并不理想，仍需加快推进并实现农业绿色发展。第五，现有文献从稳定地权、推进土地集中规模经营、培育新型农业经营主体、成立农民专业合作社、推广生态种植养殖模式、提供政府补贴等方面提出并论述了实现农业绿色发展目标的可行性及困境。

上述研究成果为本书研究思路的制定和研究方法的采用提供了重要参考，

但仍存在一些不足，值得进一步探究。

第一，关于生产环节外包的概念和内涵，目前仍处于分散研究阶段，尚未形成统一认识，容易与农业社会化服务、农业生产性服务、农业生产托管、农业土地托管等概念混淆。本书在对国内外相关概念进行梳理与辨析的基础上，明晰生产环节外包的内涵，界定生产环节外包的概念。

第二，近年来，中国农业绿色发展水平虽有所提升但仍不理想，且实践发现，现有研究成果在短期内均难以快速推进并达到预期的农业绿色发展目标。而生产环节外包已成为当前农户进行粮食生产的主要方式，以及中国农业无法逆转的发展趋势，在这一现实背景下，迫切需要关注生产环节外包对农业绿色发展的影响，但理论研究严重滞后于现实发展。同时，现有研究多侧重于农户购买生产环节外包服务的影响因素探讨，未能对此行为带来的最终效果展开深入探究，且少数关于影响效益的研究主要集中于其经济效益分析，将影响效益定位在收入和传统生产效率等方面，未能深入拓展和延伸到环境与技术层面。目前，尚未见到系统评价生产环节外包与农业绿色发展关系的研究成果，"生产环节外包能否推动农业绿色发展"也尚未可知。本书在界定农业绿色发展内涵的基础上，构建了生产环节外包影响农业绿色发展的理论框架，系统评估了生产环节外包对农业绿色发展的影响。

第三，现有关于生产环节外包的相关研究，多基于某一粮食作物开展（针对水稻生产环节外包的研究相对较多），且研究区域多集中于某一省份或地理位置相连的特定地区。不仅缺乏玉米、小麦生产环节外包影响效益的实证分析，以及玉米、小麦和水稻生产环节外包影响效益的对比分析，还忽视了农户轮作或分散化经营等多样化种植的现实情况与实际不符的问题，研究结论推广性不强。本书研究区域覆盖主产粮食作物的东北、黄河流域中游和长江流域中游三类地理区位，涉及玉米、小麦和水稻三大主粮作物类型，囊括单季、双季和三季三种作物熟制，研究样本具有较强的代表性和典型性。

第四，生产环节外包的研究近年来才开始兴起，现有研究多以定性分析为主，实证分析多缺乏扎实的理论基础，且关于生产环节外包与农业生产之间互为因果、由于生产环节外包存在自主选择而导致的内生性等问题，现有研究对此没有足够的重视，可能使估计结果存在偏误，研究结论的信度和效度有待商榷。本书依据分工理论、委托代理理论、农户行为理论等，从经济效益、环境效益与技术效益三个维度，构建生产环节外包影响农业绿色发展的理论分析框架，采用工具变量法、倾向得分匹配法、CMP方法等解决生产环节外包与农业产出、家庭收入、农用化学品投入、农业环境技术效率之间的内生性问题。

四、研究思路与研究内容

1. 研究思路

本研究遵循"问题提出—理论分析—现状分析—实证分析—政策分析"的研究思路，设计技术路线图。第一，聚焦中国主要粮食作物，在生产环节外包重要性凸显的背景下，基于中国农业绿色发展的现实要求与现有研究不足，提出本书的研究问题；第二，在界定研究对象与核心概念的基础上，依据农户行为理论、分工理论、交易成本理论、委托代理理论、可持续发展理论、外部性理论，结合生产环节外包和农业绿色发展等相关文献的综述与评价，从经济效益、环境效益与技术效益三个维度，系统构建评价生产环节外包影响农业绿色发展的理论分析框架；第三，梳理中国生产环节外包服务的产生背景、发育环境、演化趋势、供求现状、发展困境等特征事实，并基于农户微观调研数据，对研究区样本农户购买生产环节外包的现状特征、农业产出特征、家庭收入特征、农用化学品投入特征以及农业环境技术效率特征等展开分析。第四，使用农户微观调研数据，依据生产环节外包对农业产出与农户收入的影响、生产环节外包对农用化学品投入的影响以及生产环节外包对农业环境技术效率的影响的实证分析，分别从生产环节外包的经济效益、环境效益与技术效益三个维度，评估生产环节外包对农业绿色发展的影响；最后，在上述研究的基础上，从应对并克服生产环节外包存在的问题、提高农业产出、改善农户收入状况、优化农用化学品投入以及提高农业环境技术效率等方面，提出完善生产环节外包服务业发展规划、推动农业绿色发展等的政策建议。

2. 研究内容

本研究拟解决的关键科学问题是，生产环节外包能否成为推进中国农业绿色发展的有效途径。基于此，本研究在分析生产环节外包与农业绿色发展基本现状的基础上，系统构建生产环节外包对农业绿色发展影响的理论分析框架，从经济效益、环境效益和技术效益三个维度阐释生产环节外包对农业绿色发展影响的理论逻辑，分析生产环节外包对农业产出、家庭收入、农用化学品投入、农业环境技术效率的作用机制，并利用微观调研数据，围绕生产环节外包对农业产出与家庭收入的影响、生产环节外包对农用化学品投入的影响以及生产环节外包对农业环境技术效率的影响三个议题进行实证研究，以期发现相关研究结论，为引导和规范农业生产环节外包服务业发展、推动农业绿色发展、保障国家粮食安全提供参考借鉴。

基于问题导向原则，围绕本研究需要解决的关键问题，将主要研究内容分为以下四个部分：

第一部分，生产环节外包影响农业绿色发展的理论分析框架构建（第一～二章）。首先，通过现实问题的总结和文献研究的梳理，对研究背景进行相关阐述，提出拟解决的关键问题；其次，对研究对象和所涉及的核心概念，进行界定和解析；最后，基于农户行为理论、分工理论、交易成本理论、委托代理理论、可持续发展理论、外部性理论等经典理论，从经济效益、环境效益与技术效益三个维度，系统构建评价生产环节外包影响农业绿色发展的理论分析框架，指导后续研究的开展。

第二部分，生产环节外包的现状分析（第三～四章）。本部分基于文献资料、统计数据和微观调研数据展开。第一，评述中国生产环节外包服务的产生背景、发育环境、演化趋势、供求现状以及发展困境等特征事实；第二，基于农户微观调研数据，对研究区样本农户购买生产环节外包的现状特征、农业产出特征、家庭收入特征、农用化学品投入特征以及农业环境技术效率特征等展开分析。

第三部分，生产环节外包影响农业绿色发展的实证分析（第五～七章）。首先，采用 Logit 模型、CMP 方法、工具变量法、工具变量分位数回归、倾向得分匹配法等方法，检验生产环节外包对农户农业产出与家庭收入的影响，以评估生产环节外包的经济效益。其次，采用 Logit 模型、CMP 方法、中介效应检验模型、倾向得分匹配法等方法，从投入频率与投入强度两个方面，检验生产环节外包对农用化学品投入的影响，以评估生产环节外包的环境效益。最后，将农业面源污染与农业碳排放同时纳入非期望产出的核算框架，构建 SBM-Undesirable 模型测算农业环境技术效率，并在此基础上，检验生产环节外包对农业环境技术效率的非线性影响，以评估生产环节外包的技术效益。

第四部分，研究结论与政策启示（第八章）。基于以上定性分析与定量研究，对本书的主要结论进行归纳总结、提出相应的政策建议，并进一步对本书的不足之处进行说明，提出未来研究展望。

五、研究方法与技术路线

1. 研究方法

本书内容的开展主要综合使用规范分析和实证分析两类研究方法。第一，在综述国内外相关研究成果和相关理论的基础上，使用规范分析方法构建生产环节外包影响农业绿色发展的理论分析框架，并据此分别就生产环节外包对农业产出与家庭收入、农用化学品投入以及农业环境技术效率的影响进行机理分析；第二，基于理论分析结果，在对生产环节外包及其效益特征进行统计分析的基础上，使用实证分析方法对生产环节外包的经济效益、环境效益与技术效益展开分析，评估生产环节外包对农业绿色发展的影响。具体研究方法如下：

第一，规范分析方法。

本书系统梳理了与本研究密切相关的政策文件、文献资料等，包括生产环节外包的概念界定、生产环节外包的测度、生产环节外包的必要性分析、生产环节外包的影响因素分析、生产环节外包的影响效益评估、农业绿色发展的探索与实践、农业绿色发展的概念界定、农业绿色发展的表征方式、农业绿色发展的现状评估、农业绿色发展的实现路径。在总结现有研究成果、实证方法与存在问题的基础上，对本书的研究对象与核心概念进行了界定，对本书所依据的相关理论进行了归纳总结。随后，使用规范分析方法，从经济效益、环境效益与技术效益三个维度，系统构建了评价生产环节外包影响农业绿色发展的理论分析框架，并对生产环节外包影响农业产出、家庭收入、农用化学品投入与农业环境技术效率展开了机理分析，提出了有待检验的理论假说。

第二，实证分析方法。

本书使用的实证分析方法包括：

①统计分析方法。为细致描绘粮食主产区样本农户生产环节外包的基本特征，准确把握该区域样本农户的农业产出、家庭收入、农用化学品投入以及农业环境技术效率等特点，本书利用图、表、样本均值 t 检验等描述性统计分析方法，展开了详细的统计分析，探寻和厘清了生产环节外包对农业绿色发展影响的初步证据。

②多元线性回归、分位数回归、工具变量法、CMP 方法、工具变量分位数回归、倾向得分匹配法等。本书利用多元线性回归模型检验生产环节外包对农业产出与农户的家庭收入水平的影响，采用分位数回归模型检验生产环节外包对农户的家庭收入差距的影响。由于生产环节外包与农业产出、家庭收入间存在内生性问题，可能导致研究结论的信度与效度不高，所以，本书采用工具变量法、CMP 方法、工具变量分位数回归、倾向得分匹配法等对上述问题进行解决，从而保障实证结果的可信性。

③多元线性回归、CMP 方法、倾向得分匹配法以及中介效应检验模型。本书利用多元线性回归模型检验生产环节外包对农用化学品投入频率与投入强度的影响；采用 CMP 方法和倾向得分匹配法处理可能存在的内生性问题；采

用中介效应模型检验生产环节外包影响农用化学品投入强度的机理。

④SBM-Undesirable 模型、Tobit 回归模型。本书将农业面源污染与农业碳排放同时纳入非期望产出的核算框架，构建 SBM-Undesirable 模型测度样本农户的农业环境技术效率，并在此基础上，采用 Tobit 回归模型检验生产环节外包对农业环境技术效率的影响。

2. 技术路线

本书的技术路线图如图 1－1 所示。

六、研究的创新之处

本研究的创新之处体现在以下三个方面：

第一，本书根据农业绿色发展的基本内涵，结合中国农业绿色发展的政策预期以及效益产生机理，从经济、环境与技术三个维度表征农业绿色发展状况，并依据农户行为理论、分工理论、交易成本理论、委托代理理论、可持续发展理论、外部性理论等，构建了生产环节外包影响农业绿色发展的理论分析框架，厘清了生产环节外包的经济效益、环境效益与技术效益及其影响机理，丰富了从服务视角破解农业生产资源环境与农户行为双重约束的理论分析体系。

第二，本书聚焦东北、黄河流域中游、长江流域中游粮食主产区，在考虑农户轮作、分散化经营等多样化种植的现实背景下，评估生产环节外包的经济效益、环境效益与技术效益，并对比分析了不同粮食作物（玉米、小麦、水稻）在生产环节外包影响农业绿色发展方面的异质性，丰富了生产环节外包影响效益评估相关领域的研究主体，强化了该领域研究对农业绿色生产实践的指导作用。

第三，本书关于生产环节外包经济效益的研究结论证明，购买生产环节外包具有明显的增产与增收作用，但会扩大农户间的收入差距，丰富了从生产服务市场化视角促进共同富裕的研究实践。本书关于生产环节外包环境效益的研究结论证明，购买生产环节外包会显著增加农用化学品的投入频率与投入强度，从而有利于提高农用化学品利用效率、但不利于农用化学品减施，丰富了从生产服务市场化视角推进农用化学品减量的研究实践。本书关于生产环节外包技术效益的研究结论证明，要素替代效应、优化配置效应、技术引入效应、外部学习效应、道德风险效应与投入过度效应的相对大小决定了生产环节外包与农业环境技术效率之间稳健的"U"形关系，丰富了从生产服务市场化视角统筹提升经济、环境协同效应的研究实践。

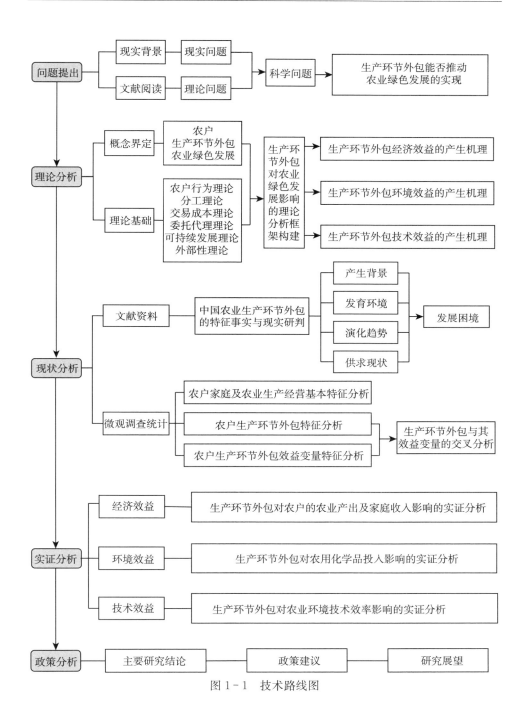

图 1-1 技术路线图

概念界定、理论基础与研究框架

　　结合研究内容，本章首先界定了研究对象与核心概念，包括农户、生产环节外包与农业绿色发展；其次，通过查阅相关文献资料，对本研究所涉及的相关理论进行了梳理和解释，包括农户行为理论、分工理论、交易成本理论、委托代理理论、可持续发展理论与外部性理论，为后续分析生产环节外包与农业绿色发展之间的关系奠定理论基础；最后，从经济效益、环境效益与技术效益三个维度，构建了生产环节外包影响农业绿色发展的理论分析框架，并分析了生产环节外包对农业产出、家庭收入、农用化学品投入以及农业环境技术效率的影响机理，以为后续实证检验提供有益的理论指导。

一、概念界定

1. 农户

　　农户是农业生产最基本的单元。与其他农业组织形式相比，农户的本质特征在于其是以家庭血缘和亲缘为联系纽带，且主要依靠家庭劳动力从事农业生产活动的（尤小文，1999）。延续已有研究的界定范畴（钱龙等，2016），本研究中的农户并非是指农民个体，而是指以户为单位的农民家庭。

　　参照 2020 年 5 月 28 日第十三届全国人民代表大会第三次会议通过的《中华人民共和国民法典》第二章第四节第五十五条对"农村承包经营户"的定义，即农村集体经济组织的成员，依法取得农村土地承包经营权，从事家庭承包经营的，为农村承包经营户。本书主要从家庭层面进行分析，将家庭成员至少有一位户籍仍在农村且在农村集体拥有土地承包权界定为本书研究的农户。进一步地，从种植类型来看，既有种植粮食作物的农户，也有种植经济作物的农户。为了便于研究开展，本书将研究对象聚焦于玉米、小麦和水稻三大主粮作物的种植户，即为本书界定的农户。

2. 生产环节外包

基于文献梳理，本书对生产环节外包的基本内涵总结如下：

第一，基本构成要素有三个。生产环节外包由发包方（农业生产经营主体）、接包方（外包供给者）和外包合约（正式或非正式）三个基本要素构成。

第二，服务范畴主要涉及产中。服务供给者（种植能手、家庭农场、农民专业合作社、农业专业化服务公司、个人等）在耕整、播种（育秧、插秧）、施肥、病虫害防治、灌溉、收割等环节为农户提供一个环节或多个环节的农业生产服务，不包括咨询服务、信贷服务、加工服务等。

第三，需要付费。农业生产经营主体通过市场购买或者合约签订等形式，有偿利用在分工过程中分化出来的劳动力、机械设备或知识技术等外部资源，用来替代家庭内部资源，从而完成相关农业生产环节的作业。特别地，生产环节外包不考虑政府或基层农技部门提供的公益性、免费的服务，例如，各类技术培训和市场信息咨询等。

第四，不触及土地制度和产权问题。在外包过程中，农业生产经营的整体经营决策权、土地承包经营权等均不发生改变。但其与农户本身是否流转土地无关，仅强调在生产环节外包过程中农业经营主体土地经营权不发生变更。

综上，本研究中的生产环节外包可以理解为：农户在农业生产中，综合考虑家庭内部和外部各种因素，通过合约签订或市场购买等方式，以一定的价格将农业生产中的一个或多个环节转移给种植能手、家庭农场、农民专业合作社、农业专业化服务公司等农业生产环节外包服务组织或个体，从而实现最大化效用的过程，但仍拥有农业生产决策权和参与权，在享有农业生产收益的同时也承担农业生产风险。

在其他相关文献中，也有学者使用农业社会化服务、农业生产性服务、农业生产托管、农业土地托管等类似词语予以表示，容易产生混淆，但生产环节外包与农业社会化服务、农业生产性服务、农业生产托管、农业土地托管的侧重点明显不同。具体而言，农业社会化服务更强调服务的系统性和配套性，且更倾向于关注政府主导的公益性服务，而把经营性服务和市场化方式作为促进公益性服务的手段；农业生产性服务强调农业服务供给的市场化和产业化，且强调的焦点在于服务创造的价值；农业生产托管强调产中环节和以产中环节为核心环节的农事作业托管。农业土地托管则更强调农村土地经营权的托管。而生产环节外包强调以"现代服务业理念"增强农业效益，强调服务供给的市场化和产业化，强调服务增值、价值创造和产业培育。当然，生产环节外包的重要条件是完善的农业社会化服务体系。并且，从本质上来讲，生产环节外包是农业社会化服务卷入产业链纵向分工的具体表现，完善健全的社会化服务体系是生产环节外包服务的重要保障。可见，基于本书研究目的，使用生产环节外包一词更为准确。

3. 农业绿色发展

农业绿色发展是一个内涵十分广阔和丰富的领域。本书从定位、基本原则、内在属性以及核心目标四个方面，对农业绿色发展的内涵进行梳理和解析。

第一，农业绿色发展的定位。农业绿色发展既是农业发展的理念和方向，也是农业发展的手段和目的，还是实现农业可持续发展的重要渠道。

第二，农业绿色发展的基本原则。从本质上来看，农业绿色发展仍是发展问题，是关乎农业结构改善和生产方式调整的一场经济变革，而不是为了生态保护牺牲经济增长。因此，农业产出和农民家庭收入的持续增长一贯是农业绿色发展的基本原则。这就要求，一方面，不能以牺牲粮食安全和其他重要农产品供给为代价实现农业绿色发展，而是要继续提高农业供给能力，促进农业产出增长、保证农产品供给；另一方面，不能以牺牲农民利益为代价来推动农业的绿色转型发展，而是要求坚持以人为本的原则，通过优化资源利用和降本增效等途径，逐步转变农业生产方式，从而提升农业经济效益、增强农民增收能力。即农业绿色发展必须遵循经济效益原则。

第三，农业绿色发展的内在属性。从内涵上来看，农业绿色发展，就是要不断减少农用化学品的投入和污染排放，加强对农业环境污染的防治，改变甚至替代传统农业生产以牺牲生态利益为代价换取经济增长的粗放式经营模式，促使农业生产方式发生根本性转变。因此，在农业生产过程中更加注重环境友好，突出农业发展的绿色特质，是农业绿色发展的内在属性，也是根本要求。即农业绿色发展必须突出环境效益原则。

第四，农业绿色发展的核心目标。破解农业生产与资源环境约束矛盾，实现经济效益和生态效益的协调统一，是农业绿色发展的核心目标。在农业资源约束趋紧、生态环境问题突出、生态系统功能退化的背景下，推进农业绿色发展，就意味着要在农业生产中，更加重视科技创新和技术进步，在获得农业产出增长的同时减少污染排放、降低生产投入，促进农业环境技术效率的提升，以推动农业的节能增收和提质增效，最终实现农业绿色发展。即农业绿色发展必须坚持技术效益原则。

基于上述基本共识，本研究中将农业绿色发展视为农业发展的理念和方向，它不仅是农业发展的手段，也是其最终目的。农业绿色发展要求农业产出增加、农民收入提升、农业生态环境友好、农业技术进步，从而最终实现其经济效益、环境效益与技术效益的多重目的。

本书进一步辨析了农业可持续发展、生态农业、绿色农业、有机农业与农业绿色发展的概念，以明确中国政策及学术语境下农业绿色发展的内涵与边界。其中，农业可持续发展是指农业生产不仅要满足当代人的生活需求，也要满足后代人的生活需求。可见，农业可持续发展更加注重结果且概念边界更宽广，而农业绿色发展则更注重过程，着重农业生产所有环节的绿色化，强调农业生产理念的改变，是农业可持续发展的重要内容之一。生态农业是指基于生态学和经济学知识、运用现代科技和管理手段、可以获得良好的经济、社会、生态效益的现代化农业发展类型。绿色农业是指可以加强农业生态环境保护的农业发展类型，有机农业是指在生产过程中主要采用有机肥和有机饲料来满足农作物和禽畜营养需求的种植业和养殖业。从概念上看，生态农业、绿色农业与有机农业都是具有注重生态效益特征的农业发展具体模式。而农业绿色发展并不是农业生产的某个具体模式，而是推进农业发展的思路与指导思想，生态农业、绿色农业、有机农业均可作为农业绿色发展思想在实际农业生产中的践行，而农业绿色发展是对生态农业、绿色农业、有机农业等模式的肯定与融合。

二、理论基础

本节梳理了农户行为理论、分工理论、交易成本理论、委托代理理论、可持续发展理论、外部性理论等相关理论，并简要归纳了上述理论与生产环节外包和农业绿色发展相关研究的关系。

1. 农户行为理论

从主流文献来看，农户行为理论包括形式主义学派的"理性小农"、实体主义学派的"生存小农"以及马克思主义学派的"剥削小农"。随着对农户行为认识和分析的不断深入，有学者又提出了"有限理性小农假说""社会化小农假说""小农经济的制度理性假说"等农户行为理论。

其中，形式主义学派延续了古典政治经济学中的理性主义、功利主义和个人主义传统。形式主义学派认为，任何经济行为都要遵循效用或收益最大化准则，并认为，农民在本质上也是理性的，也会遵循成本收益理论来安排生产，这一点与其他经济主体并无二致（钱龙等，2016），即"理性小农"。例如，Schultz（1964）提出农户与资本家一样也是理性人，会遵循效用或收益最大化的原则来安排生产活动，并作出了小农经济是贫穷且有效率的经典论断。

Popkin（1979）继承了 Schultz 的基本观点，他强调农户是理性的个人或者家庭福利的最大化者。上述两种观点就是经典的"Schultz-Popkin"命题，也是"理性小农"的理论基石。

实体主义学派在批判"理性小农"背离农业和农村真实生活状态的基础上提出了"生存小农"的观点。他们认为，农户经济不能等同于资本主义经济。恰亚诺夫和斯科特是"生存小农"的代表人物，1925 年，恰亚诺夫在其著作《农民经济组织》中引入边际分析法，提出了经典的劳动-消费均衡假说，并认为，农户主要依靠家庭劳动力进行生产，其生产的目的不是追求利润最大化，而是满足自身消费的需要。斯科特认为，农户具有强烈的生存取向，因而生存伦理和安全第一是其行为逻辑遵循的基本原则（潘经韬，2019）。总的来说，"生存小农"强调农户的生存逻辑而非理性动机，认为农户行为受到文化习俗、道德规范的约束，并追求生存安全。其中，道义伦理动机排在第一位（钱龙等，2016），而非利润最大化动机。与此同时，农户对待风险和劳苦的态度往往是规避的（高明等，2017）。此外，马克思主义学派提出了"剥削小农"；有限理性学派的代表人物是 Simon，Simon（1997）提出了"有限理性小农假说"；徐勇和邓大才（2006）提出了"社会化小农假说"；郑风田（2001）提出了"小农经济的制度理性假说"等。

总体来看，上述农户行为理论从不同视角，概述了农户经济行为的动机和外在约束，但不同的农户行为理论仅揭示出了农户某一个方面的特征（钱龙等，2016）。从实际情况来看，农户的行为选择通常会受到其自身条件、外在特定环境等诸多因素的影响，且内外条件的改变可能导致农户主导行为原则的变迁。可见，在进行农户行为的相关研究时，不能忽视特定的时代背景。

农户行为理论对本研究的启发：就本研究而言，中国作为社会主义国家，实行社会主义公有制和土地集体所有制，因而并不存在马克思主义学派所说的"剥削小农"。并且，中国已在 2020 年底宣布新时代脱贫攻坚取得全面胜利，这意味着中国已经基本解决了饥饿问题（陈秧分等，2021），生计需求不再是农户农业生产的主要动机，因而也不存在实体主义学派所说的"生存小农"。目前，中国农业生产经营主体正经历着由"小农户为主体"到"农户为基本、多种组织形态协同，适度规模经营"的过程，农户所面临的是日益市场化、专业化分工的社会经济环境（张建锋，2020）。农户行为的经济理性正在逐渐增强，但由于人类行为决策与社会经济环境的复杂性，信息获取渠道与能力等的多重约束性，所以农户经济行为应该归于有限理性。同时，虽然农户本身经济行为目标存在异质性，但生产经营决策不应该限于"道义小农"，也无法实现经济学所强调的利润最大化目标。因此，本书使用效用最大化假定。综上，本书的研究主体应遵循有限理性的效用最大化假定。即在本书中，农户购买生产环节外包属于农户经济行为研究范畴，且其行为遵循有限理性的效用最大化假定。

2. 分工理论

柏拉图认识到，分工的出现是源于人自身有限性与需求多样性之间的矛盾，提出每个人既非兼才又非多才，只能做一件事情。分工就是专业化，即一个人专门从事某一行业。亚当·斯密在 1776 年发表的《国富论》中，最早提出了分工和专业化对经济发展的重要性，并在《国富论》前三章中对分工理论进行了系统阐释，其主要内容可以概括为三个方面：第一，以制针业为例分析了分工提高劳动生产率的原因，即人工技能的提升、节约工序类型转换的时间、机械的发明和应用对劳动的节约；第二，人的交易倾向促进劳动分工的形成；第三，分工程度受市场范围的影响。可以看出，亚当·斯密认为，分工带来了劳动生产力上最大的增进以及运用劳动时所表现的更大的熟练、技巧和判断力，从而提升了生产效率。同时，"斯密定理"也指出，分工促使生产者某一环节的熟练程度提高，不仅有助于机械的规模应用，还节省了不同环节转换过程中的时间浪费（罗必良，2017）。

随后，诸多经济学家对"分工理论"进行了丰富和拓展。例如，马克思提出了，分工组织所产生的协作力是分工提高劳动生产力的主要原因（段培，2018），还强调了分工与交换的关系，认为不是交换引起分工，而是分工引起交换，分工使人们彼此生产不同的产品，才有了交换的必要性。Marshall（1890）在《经济学原理》中也对"分工与工业地理分布""分工与大规模生产"等问题进行了系统论述，并认为企业生产的分工能够在一定区域聚集，从而获得外部的规模经济效应。Young（1928）在《报酬递增与经济进步》中对"斯密定理"进行扩充，提出"杨格定理"，认为分工水平受制于市场范围，且二者相互影响、相互依赖。

此后，"分工理论"一度远离了主流经济学家们的视野（张日波，2012；潘经韬，2019）。直到 20 世纪 80 年代，以杨小凯为代表"新兴古典经济学派"的形成，也使分工这一古典思想在经济学领域复活（李井奎，2015）。进一步地，新制度经济学在分工理论探究时，还引入了交易费用约束与产权框架进行制度分析。例如，科斯认为，分工和交易的充分条件是明晰的产权，交易费用普遍存在于分工与交易中，且正式或非正式制度安排及其变迁也将影响分工发展。Armen 等立足剩余索取权和劳动监督视角，深入探讨了分工收益的公平分配与劳动监督的有效性对分工的影响。North（1990）则提出，分工的判定标准在于边际交易费用与边际生产成本的互动关系。

实际上，亚当·斯密在《国富论》中，也对农业的分工问题进行过论述，他认为农业生产不容许有细致的劳动分工（即"斯密猜想"）。这是因为，亚当·斯密生活在原始农业的阶段，他对农业分工困难性的判断主要是基于农业的生命特性与技术约束，且受当时社会经济条件和农业技术的限制。所以，亚当·斯密认为农业生产领域的分工深化有着天然的内生障碍。部分学者也从交易费用、生产特性等角度对农业分工深化的有限性进行了验证，但分工深化的有限性并不意味着分工深化的不可能性（罗必良，2008；罗必良，2017）。尤其是，现代农业是以专业化分工、社会化协作和商品化生产为前提，在不断提高土地产出率、科技贡献率、劳动生产率的过程中，逐渐应用现代的产业理念、设施装备、科学技术、管理方法等进行农业生产经营活动（刘家成和徐志刚，2021；江雪萍，2014）。具体而言，一方面，生产装备的改进、劳动的替代与考核手段的创新等相关生产技术进步，深化了农业分工空间（刘家成等，2019；罗必良，2017）；另一方面，产权交易知识的积累以及实施机制的演进（刘业进，2009），能够不断拓展农业分工的行为能力。即农业科技的进步与管理的创新克服了农作物的生物特性，迂回的劳动分工成为可能（阿林·杨格，1996；罗必良，2008）。

进一步地，随着农业劳动力老龄化、女性化趋势凸显，农业兼业化程度不断加深，传统小农的生存环境已经发生根本性的改变，例如农业劳动力不足、公共基础设施老化且供不应求、农民市场地位处于弱势等（刘家成等，2019），而农业生产劳动分工深化在一定程度上有利于克服小农经济所带来的一系列弊端（周应堂，2007）。可见，农业生产劳动分工深化的空间还在逐步扩大。农业分工可分为横向分工和纵向分工（陈昭玖和胡雯，2016）。当农户完全放弃农业生产而专门从事非农就业，将土地流转给专门从事农业生产的专业大户或者组织时，体现的就是横向分工；而当农户仍然掌握生产经营权、土地承包权，只是将部分环节的劳动过程转移给专门的组织或个人时，就出现生产环节外包，这体现的是农业生产环节内部的专业化分工（刘家成等，2019），即纵向分工。从当前的现实情况来看，非农就业机会并不稳定，发展完全的农业与非农专业化分工的条件还不够成熟，而生产环节外包因其具有不改变土地经营权和承包权，不改变土地的物质生产和社会保障两大功能的特征有效地满足了现实的需要（王志刚等，2011），从而被各界广为接受和推崇（刘家成等，2019），也为研究农业生产劳动分工深化问题提供了重要的现实情境（方师乐等，2018）。

外包（Outsourcing）是劳动分工理论的进一步深化，将外包认为是分工的说法有：垂直分工、生产的非一体化、垂直专业化、产品内分工等（段培，2018）。外包的概念最早源于科斯和威廉姆森关于企业和市场边界的讨论。即企业为了实现生产效益最大化，将内部有限资源集中在优势业务生产上，同时以外包形式利用外部资源实现非优势业务的生产（段培等，2017）。科斯在《企业的性质》中指出，假设企业自己生产与采购的生产效率相同，企业选择生产还是外包的依据是管理成本与交易成本之间大小的关系，管理成本大于交易成本，企业选择外包；交易成本大于管理成本，企业选择自己生产。Prahalad 和 Hamel（1990）指出企业应该聚集优势资源投入自身核心业务的发展，而将非核心业务分包给其他具有专业化优势的外部企业，从而维持并提升自身的核心竞争力。即外包决策建立在成本比较的基础上，通过比较生产环节的资产专用性和不确定性进行决策，如果资产专用性和不确定性高，则企业自行生产；反之则外包给外部组织完成（段培，2018）。

农业生产环节外包建立在以舒尔茨为代表的"理性小农学派"理论前提下（刘家成和徐志刚，2021）。本质上来说，生产环节外包的出现是农业生产经营领域分工的结果。即伴随农业生产方式的演进，农业生产全过程被分成若干不同的环节。单个农户根据自身的比较优势，基于利润最大化目标，保留自己最擅长的环节，而将其他生产环节转移给承包者，以实现生产效率的提升和成本的下降，从而促进家庭自身资源的合理利用并增加收入（赵玉姝等，2013）。近年来，农业生产环节外包因其在缓解劳动力不足、获取环节生产规模经济、改善劳动者健康福利等方面满足了现实需要，所以在整体上呈快速发展态势（刘家成等，2019）。

分工理论对本研究的启发：随着科学技术与管理水平的进步，农户参与分工成为可能，通过鼓励农户将过去由自己从事的耕种、植保、收割等生产环节进行外包，既可诱导农业生产性服务组织的发育，又能够提高农户的分工效率（张露和罗必良，2018；胡霞，2009），使农户共享规模经济与范围经济，进而可能有助于改进农业绿色发展的市场有效性，为推动农业绿色发展的实现提供契机。因此，本书对生产环节外包影响农业绿色发展的系统评价必须以分工理论为指导。

3. 交易成本理论

分工与专业化会产生交易活动，而交易活动过程往往伴随着交易成本的产生。1937 年，科斯在《企业的性质》一文中最先认识到交易成本的存在，并首次将交易成本的概念引入企业经济分析。1960 年，科斯在《社会成本问题》

中提出，假定交易费用为零、初始的产权界限清晰，那么不论责任制度如何分配，最终资源配置的效率状态将不受影响。但同时，他又明确强调，交易成本是真实存在的，还指出了交易成本包括度量、界定和保障排他性的费用，发现交易对象和交易价格的费用，讨价还价、订立交易合约的费用，以及监督契约条款严格履行的费用等等。

在此基础上，威廉姆森进一步提出了交易成本理论（也称为，交易费用理论），并将交易成本分为 6 类，即搜寻成本、信息成本、议价成本、决策成本、监督成本和违约成本，还从资产专用性、交易不确定性和交易频率三方面重新界定了交易费用的分析方法。1985 年，威廉姆森在《资本主义经济制度》中将交易费用进一步分为事前交易费用和事后交易费用，并认为交易费用产生原因是人和交易环境共同影响下的市场失灵。Dahlman（1979）在威廉姆森的基础上，依据交易活动的内容，进一步将交易成本分为 5 类，即搜寻成本、协商决策成本、契约成本、监督成本和转换成本。总之，交易成本是市场交易过程中所产生的信息搜寻、协调、条件谈判和交易顺利实施的各项成本的总称。

此外，Yang（2006）还辨析了交易费用的外生性与内生性，认为交易过程中产生的直接或间接交易费用即外生性；而内生性则强调，由于分工利益和非最优决策导致的总体收益损失（曹峥林，2019）。可见，交易费用来源于分工，又反向决定了市场范围大小与分工深化程度（彭柳林，2019），其水平高低取决于交易效率，且内生性交易费用往往产生于交易主体偏离帕累托最优的利己决策（曹峥林，2019）。自 20 世纪 70 年代以来，交易成本理论获得了广泛的关注和研究，已经成为在分析产权与制度中不可或缺的逻辑起点与切入点。尤其是，新制度经济学基于交易成本理论，深入探讨了不同产权制度和委托代理问题在资源配置效率上的差异（杨小凯，2003）。

交易成本理论对本研究的启发：生产环节外包属于交易的范畴，自然会产生谈判与监督成本。农户在购买农业生产环节外包服务的过程中，必然会考虑不同农业生产环节外包服务对资产专用性的要求、规模大小的限制与风险的可控性等，从而最终选择是否外包以及哪个环节外包等（段培，2018）。因此，可以认为，生产环节外包是农户理性判断家庭经济效益的结果。具体而言，假设农户自己生产与外包的生产效率相同，农户将在理性分析其管理成本和交易成本的相对大小后，作出外包决策，当管理成本大于交易成本时，农户选择外包；反之，农户选择自己生产。可见，交易成本理论是本研究分析框架的一个重要切入点，也是生产环节外包影响农业绿色发展的重要传导机制之一。

4. 委托代理理论

委托代理理论，起源于 20 世纪 40 年代，由美国著名经济学家伯利和米恩斯提出（李京，2021），20 世纪 70 年代在信息不对称和激励问题的研究过程中得以发展，早期主要应用于会计、产业组织、金融及市场学领域。该理论的出现主要是源于生产过程的分工和专业化的发展，当存在生产环节的分工和专业化的生产时，企业就极有可能采用委托代理的形式提高生产效率。具体而言，委托代理是指，将所有权和经营权两权分离，企业保留所有权而将经营权赋予其他行为主体的一种经营方式。其目标是，在利益冲突和非对称信息下对代理方实施有效的激励。

委托代理理论主要研究委托代理关系，委托代理关系已经成为现代企业之间的主要关系之一，是现代企业生产的主要形式。它是指一个或多个行为主体依据双方约定或明示的契约关系，指定、雇用其他方服务，并支付给对方一定的报酬。一般来讲，在独立决策、追求自身效用最大化的前提下，由于信息的非对称性，代理方通常具有信息相对优势，而委托方处于信息相对劣势地位，所以委托方无法根据结果直接判断代理方的努力程度。代理方的行为结果却会直接影响委托方的利益，且在某些情况下，二者之间的利益是相互冲突的。鉴于此，Ross（1977）提出，建立委托方与代理方之间风险共担的委托代理关系是十分必要的。

近年来，众多学者基于委托代理理论模型进行了分析。例如，Ross（1977）发现，在对称信息下，代理方与委托方是存在帕累托最优的。Holmstrom（1979）、Hart 和 Moore（1995）的研究表明，在非对称信息下，需要满足代理方的参与约束和委托方的激励相容约束，才能提高生产效率。而拓展的委托代理理论模型通过重复博弈发现，委托方和代理方的长期契约关系也可以提高激励效率。后期发展的声誉模型也认为，即使在缺乏积极激励措施的情况下，委托方和代理方的长期契约关系会促使代理方努力工作。但效应模型持相反的观点，认为代理方越努力，委托方对其预期越高，这种"棘轮效应"会削弱激励的作用机制（Holmstrom and Costa，1986）。进一步地，部分学者分析了委托代理问题产生的缘由，认为不完备和非对称信息、环境不确定性、不完全契约以及有限理性是产生委托代理问题的缘由，且主要表现为道德风险和逆向选择会增加代理成本（Holmstrom，1979；Jensen and Meckling，1976）。新制度经济学认为，解决委托代理问题的关键是对代理方实施有效的监督和激励措施。

委托代理理论对本研究的启发：从本质上来讲，生产环节外包是一种典型的委托代理行为，农户相当于委托方，外包服务供给主体相当于代理方，农户与外包供给主体之间属于委托代理关系。生产环节外包可以理解为，委托方将生产环节农事活动的操作及管理委托给代理方执行。特别地，通过将农业生产过程划分为不同的生产环节，例如，耕整、播种、植保、收获等，农户可在不同生产环节分别选取不同或相同的外包服务供给主体，从而大大提升农业生产效率。但生产环节外包是一种质量波动较大、监控较难的投入要素。生产环节外包离不开人的劳动。其服务质量受到作业者技能水平、经验积累及主观能动性等因素的综合影响，服务质量在实践中存在较大波动性，且生产环节外包具有经验品的经济特性，供需双方之间存在较严重的信息不对称，服务质量具有难以监督控制的特点（曹峥林，2019）。显然，在非对称信息下，生产环节外包可能面临更为严重的道德风险和逆向选择问题，从而导致农业生产成本增加、农业生产效率损失。因此，生产环节外包影响农业绿色发展的系统评价必须以委托代理理论为指导。

5. 可持续发展理论

1962 年，《寂静的春天》一书引发了人类对环境问题的关注。此后，环境保护逐渐成为在政府公共政策中的重要一环。例如，1972 年，联合国召开第一次"人类环境会议"，确定了全球性的环境保护战略，并通过了《人类环境宣言》。1980 年，联合国环境规划署联合国际自然资源保护同盟发布了《世界自然保护大纲》，系统阐述了保护自然资源的必要性和重要性。1989 年，联合国环境规划署又通过了《关于可持续发展的声明》，明确了可持续发展的定义，即可持续发展是经济、资源、环境三方面的协调发展。1992 年，联合国环境与发展大会提出可持续发展行动纲领。可持续发展战略在中国的推行就是源于1992 年可持续发展行动纲领的提出，中共中央、国务院批准并转发了中国外交部和生态环境部《关于出席联合国环境与发展大会的情况及有关对策的报告》，提出了中国环境与发展十大对策，强调要改变传统发展战略，走持续发展道路。随后，我国又陆续出台了《中国 21 世纪议程》《全国生态环境保护纲要》等，并加大了生态环境保护的力度。2017 年，党的十九大又提出，要加快推进生态文明体制改革，建设美丽新中国的目标。此后，2019 年，党的十九届四中全会提出要完善生态文明制度体系，实行最严格的生态环境保护制度。可见，党和国家顺应时代发展要求，在推进环境保护、美丽中国和生态文明建设过程中逐渐深化可持续发展思想（阮华，2021）。

整体来看，绿色发展是可持续发展观的延续，属于强可持续发展，强调经济、社会与自然系统的共生性及发展目标的多元化（任嘉敏和马延吉，2018）。

绿色发展作为实现经济、社会和环境可持续发展的重要突破，正逐渐成为全球可持续发展目标和全人类发展的共识（周亮等，2019）。基于此，连续多年的中央 1 号文件对推进农业绿色发展进行了决策部署，还先后出台了一系列促进农业绿色发展的条例和规定，涉及农业资源保护利用和高效利用、农业面源污染治理、农业生态恢复保育、农产品质量安全等各个方面。例如，2015 年，农业部印发《关于打好农业面源污染防治攻坚战的实施意见》（农科教发〔2015〕1 号）；2017 年，农业部发布《关于实施农业绿色发展五大行动的通知》（农办发〔2017〕6 号），同年，中共中央办公厅 国务院办公厅印发第一个农业绿色发展文件《关于创新体制机制推进农业绿色发展的意见》；2018 年，农业农村部关于印发《农业绿色发展技术导则（2018—2030 年）》的通知（农科教发〔2018〕3 号）；2019 年，农业农村部办公厅关于印发《2019 年农业农村绿色发展工作要点》的通知（农办规〔2019〕11 号）；2021 年，农业农村部 国家发展改革委 科技部 自然资源部 生态环境部 国家林草局关于印发《"十四五"全国农业绿色发展规划》的通知（农规发〔2021〕8 号）等。要摆脱以往高投入、高污染的生产方式，必须推进绿色化的生产方式、加强经济发展理念的转变，从而实现农业绿色发展。

可持续发展理论对本研究的启发：本研究选题的背景正是中国面临农业资源约束趋紧、生态环境问题突出、生态系统功能退化、粮食安全问题严峻等，这些因素共同促使中国农业发展迫切需要转型升级。生产环节外包作为农业技术进步的一种表现，不仅会影响农业生产效率的提高，还会对农业生态环境产生影响，进而可能为推动农业绿色发展的实现带来历史机遇。因此，剖析生产环节外包对农业绿色发展的影响是对可持续发展理论在农业发展上的一次实践。本书试图在可持续发展理论的指导下，从服务视角破解资源环境约束与农户行为约束，加强环境保护、资源节约，进而推动农业绿色发展。综上，生产环节外包影响农业绿色发展的系统评价需要以可持续发展理论为指导。

6. 外部性理论

外部性理论的本质是商品生产过程存在私人成本与社会成本的不一致，二者之差构成了外部性（郑云辰，2019）。外部性理论的研究主要经历了三个阶段（沈满洪和何灵巧，2002）。具体而言，马歇尔于 1890 年在《经济学原理》中提出的"外部经济"概念，这是外部性概念的雏形，为正确分析外部性问题以及发展公共经济领域的新理论奠定了基础。庇古首次从福利经济学的角度，用现代经济学的方法，系统研究了外部性问题，提出了"外部不经济"的概念和内容，并认为通过征税和补贴是可以实现外部效应的内部化的（即"庇古税"），从而扩充了马歇尔的"外部经济"概念。庇古税被广泛应用在经济活动中，世界各国普遍采用的排污收费制度依据的就是"谁污染，谁治理"原则，是庇古理论在环境保护领域的具体应用。科斯为了解决外部效应的内部化问题，在对庇古税的批判和扬弃中，将外部性引入制度分析，阐述了交易成本理论在解决外部性问题的运用，确立了以产权界定来消除环境外部性的思想。在环境保护领域应用的科斯手段包括排污权交易制度、自愿协商制度等。并且，科斯理论的成功实践进一步表明，"市场失灵"并不一定需要政府的直接干预才能得以解决。

外部性理论对本研究的启发：农业生态环境破坏是最典型的外部性问题，外部性理论是现代环境经济政策的理论支柱。以农业化学品投入为例，农户在农业生产过程中投入农业化学品以提高农产品产量，从而实现农业生产收入最大化，但农用化学投入品的不合理使用和过度使用会造成农业非点源污染，对生态环境产生较大的负面影响。但无论是粮食生产的发包方还是承包方，对其造成的负面影响均不承担任何责任，因而外包双方对由于不合理使用和过度使用农业化学投入品而造成的环境负面影响并不予以考虑，这就出现了边际私人成本低于边际社会成本的情形，即环境负外部性。更为遗憾的是，目前，政府在处理上述环境负外部性问题中仍处于失灵状态。与此同时，生产环节外包作为技术创新成果的重要载体，可能通过绿色要素输入和技术进步等方式达到农资节约与污染减排的目标，从而改善农业生态环境，例如植保专业化服务能够显著减少农户的农药施用强度等。因此，评估生产环节外包对农业绿色发展的影响必须以外部性理论为指导。

三、理论框架构建与机理分析

1. 生产环节外包影响农业绿色发展的理论分析框架

明确农业绿色发展的衡量维度是构建生产环节外包影响农业绿色发展分析框架的难点，同时也是突破点。

从中国农业绿色发展的内涵来看，农业绿色发展要求农业产出增加、农民收入提升、农业生态环境友好、农业技术进步，从而最终实现其经济效益、环境效益与技术效益的多重目的。首先，农业绿色发展的本质仍是发展问题，农业产出和农民收入的持续增长始终是农业绿色发展的基本原则，因而农业绿色发展必须遵循经济效益原则。其次，在农业生产过程中更加注重环境友好，突出农业发展的绿色本质，是农业绿色发展的内在属性，因而农业绿色发展必须突出环境效益原则。最后，要破解农业生产与资源环境约束矛盾，实现经济效益和环境效益的协调统一，意味着要在农业生产中，更加重视科技创新和技术进步，在获得农业产出增长的同时减少污染排放、降低生产投入，以推动农业的节能增收和提质增效，因而农业绿色发展必须坚持技术效益原则。因此，从农业绿色发展的科学内涵来看，有必要从经济效益、环境效益与技术效益三个维度，衡量农业绿色发展状况并据此评价生产环节外包对农业绿色发展的影响。

从中国农业绿色发展的政策预期来看，2017 年中共中央办公厅、国务院办公厅印发《关于创新体制机制推进农业绿色发展的意见》（下文简称《意见》）明确提出，农业绿色发展就是要形成资源利用高效、生态系统稳定、产地环境良好、产品质量安全的农业发展新格局，从而实现农业综合经济效益的提高和农业的可持续发展。《意见》还进一步强调了农业绿色发展的总体目标是实现农业供给、农民收入和农村生态环境的协调统一。同时，为推动农业生产性服务外包与农业绿色发展的深度融合，《农业农村部办公厅 财政部办公厅关于进一步做好农业生产社会化服务工作的通知》（农办计财〔2019〕54 号）明确指出，要引导农户广泛接受农业社会化服务，以着力提高农业综合效益和竞争力，从而促进农业绿色发展和资源可持续利用。可以看出，相关政策文件均是以农业综合经济效益提升与资源环境可持续利用作为农业绿色发展的落脚点。因此，从是否与政策预期一致的角度来看，应综合考虑生产环节外包的经济效益和环境效益，并且，考虑到经济效益与环境效益的协同，还应关注生产环节外包的技术效益。

从生产环节外包影响效益评价的角度来看，生产环节外包是中国为破解"谁来种粮，如何种粮"农业生产困境而重点推进的主要措施之一，其影响效益评价应立足于中国粮食生产目标。改革开放以来，中国农业取得了巨大成就，其粮食生产目标也发生了重大转变。李谷成等（2011）和金书秦等（2020）强调，目前，中国粮食生产不仅要满足稳定或增加粮食总供给以保障粮食安全、提高要素利用效率以增加农户种粮收益的经济目标，还要满足降低由于粮食生产引发的环境损害以促进农业可持续发展的环境目标。可见，生产环节外包的影响效益评价应立足于中国粮食的绿色生产目标，即综合判断其是否有益于农户增收、农地增质与农业提效。因此，从影响效益评价的角度来看，同样应聚焦生产环节外包能否实现粮食生产经济效益、环境效益和技术效益的全面提升。

综上所述，本研究从经济、环境与技术三个维度，表征农业绿色发展状况并构建生产环节外包影响农业绿色发展的理论分析框架，以系统评价并回答"生产环节外包能否推动农业绿色发展"这一问题。具体而言：

（1）评价生产环节外包的经济效益是检验"生产环节外包能否推动农业绿色发展"的基本原则。农业绿色发展的根本目标还是经济效益（马国群和谭砚文，2021），农户作为理性经济人，以效用最大化作为其行为依据，生产环节外包必然是农户充分权衡成本收益之后作出的理性决策。也就是说，如果生产环节外包不能达到农户预期的经济效益目标，则农户不会选择以生产环节外包的方式进行农业生产，可见，经济效益也是农业绿色发展环境效益与技术效益实现的基础。因此，评估生产环节外包的经济效益是本研究的首要目标。具体而言，一方面，生产环节外包作为一种农业生产投入要素，必然会影响其农业产出；另一方面，生产环节外包又是一种发挥替代效应的新型农业生产模式，能够促使农户重新配置家庭劳动力资源，必然会影响其家庭收入。鉴于此，本书从农户的农业产出与家庭收入两个方面考察生产环节外包的经济效益。

（2）评价生产环节外包的环境效益是检验"生产环节外包能否推动农业绿色发展"的内在属性。环境作为典型的公共物品，无论是粮食生产的发包方还是承包方，对其造成的负面影响均不需要承担任何责任，同时也没有改善农业生态环境的动机。但与此同时，生产环节外包作为技术创新成果的重要载体，可能通过绿色要素输入和绿色生产技术应用等方式达到农资节约与污染减排的目标，从而改善农业生态环境，即生产环节外包的推进可能带来改善农业生态环境的"意外性"后果，从而有助于匹配中国农业绿色发展的要求。因此，评估生产环节外包的环境效益是本研究的重要目标。鉴于农用化学品的不合理使用是引发农业生态环境风险的重要因素，粮食生产的承包方往往存在增加农用化学品使用的行为倾向，从而可能在更大程度上破坏农业生产环境，且为降低生产风险，本书以农用化学品投入为例，从农用化学品的投入频率与农用化学品的投入强度两方面考察生产环节外包的环境效益。

（3）评价生产环节外包的技术效益是检验"生产环节外包能否推动农业绿色发展"的重要依据。在农业资源约束趋紧、生态环境问题突出、生态系统功能退化的背景下，推进农业绿色发展，就意味着要在农业生产中，更加重视科技创新和技术进步，并通过使用先进生产技术，在获得农业产出增长的同时减少污染排放、降低生产投入，以推动农业的节能增收和提质增效。即技术效益是农业科技进步与效率提升的表现。同时，作为对经济与环境综合效率的评价，技术效益既考虑了粮食生产的经济指标，同时也考虑了粮食生产的环境指标，不仅能反映农业经济增长的真实绩效，也是实现经济与环境协同发展的关键路径，还是检验其经济效益与环境效益是否协同的重要依据。因此，评估生产环节外包的技术效益是本研究的核心目标。总体而言，技术效益通常是指由于技术进步带来的高资源利用效率、低污染物排放强度，以及最终环境质量的提高（程永毅，2015）。张浩然（2021）指出，技术效益通常通过农业环境技术效率来衡量。作为农业综合生产能力的衡量指标，农业环境技术效率（又被称为农业生态效率）涵盖农业要素投入、农业产出以及生态环境影响三方面内容，反映了对资源环境代价的真实生产绩效和农业绿色可持续发展水平的考虑（吕娜和朱立志，2019）。鉴于此，本书参考张浩然（2021）的做法，将农业环境技术效率引入评价生产环节外包的技术效益维度，从农业环境技术效率的角度分析生产环节外包是否具有技术效益。

综上，本书通过检验生产环节外包对农户的农业产出与家庭收入的影响、生产环节外包对农用化学品投入的影响以及生产环节外包对农业环境技术效率的影响，来评估生产环节外包的经济效益、环境效益与技术效益，以系统评价并回答"生产环节外包能否推动农业绿色发展"这一问题。生产环节外包影响农业绿色发展的理论分析框架见图 2-1。

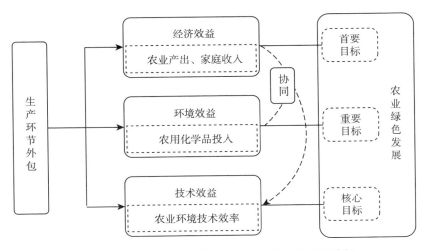

图 2-1 生产环节外包影响农业绿色发展的理论分析

2. 生产环节外包经济效益的产生机理

农户是农业生产经营的基本单位，其生产决策的目标是实现家庭经济收益最大化。即，经济效益是激励农户生产环节外包决策的关键因素。那么，生产环节外包是否提高了农户的经济效益？其影响机理如何？本节将从农户的农业产出与家庭收入两个方面，分析生产环节外包经济效益的产生机理。

（1）生产环节外包对农户的农业产出的影响机理分析

生产环节外包的实质是以市场为媒介，运用经济的手段，以支付服务费用的方式，通过让专业人办专业事，帮助农户解决其自身"解决不了、解决不好、解决起来不经济合理"的问题（姜长云等，2021）。理论上来讲，生产环节外包不仅是技术创新中管理创新的"软技术进步"，还是专业化分工在农业生产中特有的运用方式。纵观已有研究，生产环节外包促进农业产出增加的观点已得到学界的普遍认同，其主要原因可以概括为以下三个方面。

第一，生产环节外包能够弥补由于家庭劳动力转移导致的农业劳动力数量短缺与质量下降短板（张丽和李容，2020），不仅避免了因农时延误可能造成的产量损失（陈品等，2018），还保证了粮食生产的作业质量和生产能力（孙顶强等，2016；伍骏骞等，2017）。第二，生产环节外包能够弥补家庭机械设备方面的不足。通过促使小农户使用先进生产机械，不仅能在耕整、播种等环节促进粮食增产，还能减少收获、烘干等环节的粮食损失和浪费（刘超等，2018），有助于发挥机械化作业的增产优势。第三，生产环节外包具有技术引入效益，能够以服务为载体将先进的生产技术、种植经验等广泛应用于农业生产的各个环节，从而提高知识创新和技术溢出的增产效用（胡祎和张正河，2018）。综上，生产环节外包具有有效缓解劳动力约束、机械装备约束、知识技能约束等优势，能够促使农业产出的增加。

进一步地，随着农户购买外包服务环节数量的增加，外包增产的效果可能相对更好。这是因为，首先，外包供给主体有更大空间以标准化的方式对粮食生产过程进行统一管理，实现生产流程的标准化（周振等，2019）；其次，外包供给主体能够在更大程度上配置生产要素，提高资源利用效率（杜志雄和韩磊，2020）；最后，外包供给主体更有动力更新机械设备、引进先进生产技术以及学习种植经验。即生产环节外包水平的增加有助于提升农户的农业产出。

（2）生产环节外包对农户的家庭收入的影响机理分析

①生产环节外包对农户的家庭收入水平的影响机理

粮食生产季节性强、机械化程度高，粮食种植农户普遍具有保留土地承包经营权并参与非农就业的双重倾向，且生产环节外包的普及使这种双重选择成为可能（罗必良等，2018；Lorenzen and Lorenzen，2011）。进而可能进一步通过降低农业生产成本、增加农业生产收益以及调整非农就业水平等途径影响农户的家庭收入水平（赵鑫等，2021）。具体而言：

从生产环节外包对农业生产成本与农业收益的影响来看。首先，生产环节外包可能帮助农户节约生产成本，主要的途径有以下六个方面。第一，外包服务供给主体能够通过"迁徙式"作业替代农户自购农机，解决农户生产性固定资产的高投资限制（Yang et al.，2013）；第二，生产环节外包能够实现相对廉价的机械服务成本替代不断攀高的劳动力成本（Liu and Hu，2014；Wang et al.，2016）；第三，生产环节外包能够推动农业分工深化与生产专业化，促使外包服务供给主体获得规模经济与范围经济（彭新宇，2019），进而通过市场机制降低农户的生产成本；第四，生产环节外包能够降低农户的学习成本，同时外包服务供给主体拥有的先进知识、技术等优势，能够准确把握农时，并通过农用化学品、地膜、灌溉水等的科学化投入，提高农业生产资料的利用效率（赵鑫等，2021），减少生产资料的使用量；第五，外包服务供给主体拥有丰富的社会资本和市场议价能力，能够帮助农户以较低价格购买生产资料（刘浩等，2021）；第六，生产环节外包能够通过减少信息不对称，降低农户获取生产信息和市场信息的门槛。

其次，生产环节外包可能有助于农户增加农业收益，这主要通过提升农业生产率来实现。一方面，生产环节外包能够为农业生产经营提供先进的管理方法和手段，使在农业生产经营中投入的资源和要素达到最优组合，提升农业资源配置和组织管理效率（武舜臣等，2021）；另一方面，生产环节外包作为先进生产技术和知识的载体（胡祎和张正河，2018），能够将先进的知识、技术、要素与装备等引入农业生产（左喆瑜和付志虎，2021；Zhang et al.，2017），实现生产前沿函数的外扩（杨子等，2019），有效发挥技术溢出优势。

最后，生产环节外包还有助于改善人力资本结构，实现粮食生产过程中高技能人力资本替代低技能人力资本（韩春虹和张德元，2020；Benin，2016），提高劳动生产率。综上，生产环节外包不仅可能降低农户的生产成本，还可能提高其农业产出，而生产成本的降低和产出的提高都将表现为农户农业收入的增长。即生产环节外包可能提升农户的农业收入水平。

从生产环节外包对农户非农就业水平的影响来看。生产环节外包替代了家庭农业劳动力，不仅破解了农户外在约束条件的制约（赵晓峰和赵祥云，2018），还优化了农户家庭资源配置状况，使农户能够依据收益最大化原则进行生计选择。从本质上讲，生产环节外包不仅弥补了家庭农业劳动力缺位，而且减弱了农业生产的季节性对农业劳动力流动的束缚；不但将更多的劳动力从繁重的农业生产中解放出来（Zhang et al.，2017），而且为农户节省了大量的时间成本（赵晓峰和赵祥云，2018），这为农户提升非农就业水平、增加非农收入提供了机会。即从农户家庭层面来看，生产环节外包能够促使更多成员进入非农市场；从家庭兼业成员层面来看，生产环节外包减少了兼业成员城乡两栖兼营农业的时间，增加了其从事非农生产的时间和稳定性（刘超等，2018；周晓时，2017；孔祥智和穆娜娜，2018）。因此，生产环节外包可能有助于农户获得更多的非农收入。另外，农业收入与非农收入作为农户最重要的两大收入来源[①]，其增加可能会极大地促进农户总收入的提升。综上，生产环节外包具有明显的增收效益，且主要通过提升农户的农业收入和非农收入来实现。

②生产环节外包对农户的家庭收入差距的影响机理

随着农村社会经济的发展，农户已由高度均质的群体逐渐分化为异质性群体（姜长云和王一杰，2019）。理论上讲，不同收入群体的农户，生产经营条件不同，通过生产环节外包所获得的收益也必然存在差异（赵鑫等，2021；栾健等，2022）。那么，以生产环节外包为特征的粮食生产格局能否缩小农户间的收入差距、助力共同富裕目标的实现？

一方面，由于生产环节外包存在费用门槛，与低收入群体相比，高收入群体相对更容易获得外包服务，进而享受到生产环节外包带来的增收效益，这可能会扩大农户间的收入差距。尤其是，低收入群体由于缺少资金购买生产环节外包服务，所以他们不仅难以共享由于技术进步而导致的产出增加和生产成本下降，还可能同时丧失增加非农收入的机会。这会使他们收入水平更低，也就更加难以购买生产环节外包服务，从而形成恶性循环。另一方面，生产环节外包存在技术门槛，高收入群体对新技术的认知和采纳水平通常较高，可能通过购买生产环节外包服务获取先进技术、新知识、新管理经验等（如购买飞机打药、测土配方施肥等服务）；而低收入群体一般更注重短期的成本收益，即便能够购买生产环节外包服务，也更倾向于购买常规农业生产外包服务（如耕种收环节的机耕服务等），其获得的技术、知识和管理经验等有限，从而可能逐渐在农业现代化、集约化的进程中被边缘化。可见，由于存在费用门槛和技术门槛，生产环节外包对不同收入群体的影响存在差异，且表现为高收入群体优势。生产环节外包的经济效益产生机理如图2-2所示。

3. 生产环节外包环境效益的产生机理

农用化学品的不合理使用，主要包括农用化学品利用效率低下和过量投入两个方面。一方面，农用化学品的利用效率与其投入频率密切相关（Chen et al.，2015）。相对于投入频率高的农户而言，农用化学品投入频率低的农户，其投入效果较差。例如，刘慧屿等（2021）以化肥投入为例的研究发现，在投

---

① 一般来讲，通常将农户收入来源划分为农业收入、非农收入、财产性收入和转移性收入四类，考虑到财产性收入和转移性收入与农户购买生产环节外包服务的直接关系不大，本书并未纳入分析。

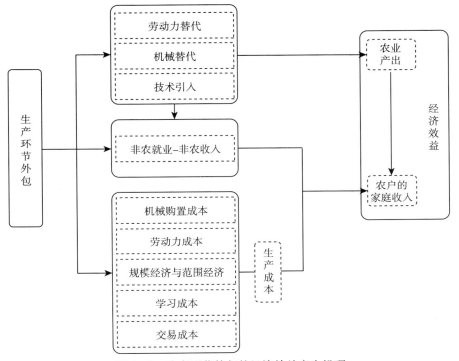

图 2-2 生产环节外包的经济效益产生机理

入强度不变的情况下，一年一次的施肥频率要比一年三次的施肥频率的经营效益差，即在相同施肥强度下，投入频率低的施肥方式，化肥利用效率低，施肥效果更差。可见，在一定程度上增加化肥投入频率是提高化肥利用效率的关键。然而，伴随着人口老龄化、城镇化的进程，农户在面临农业劳动力短缺的现实约束下，更倾向于降低农用化学品的投入频率，从而导致农用化学品的低效利用问题，这也可能引发更为严重的环境污染。且相较于经济作物，上述现象在粮食作物生产中更为普遍。幸运的是，随着生产环节外包的出现，农户可通过购买农业生产外包服务弥补因非农就业、老龄化等导致的农业劳动力缺位（Hess，2011；纪月清和钟甫宁，2013；黄祖辉和高钰玲，2012），从而缓解农用化学品投入频率的下降，改善农用化学品的利用效率。即生产环节外包可能会促进农用化学品投入频率的提升，从而提升农用化学品利用效率。

另一方面，从农用化学品过量投入的角度来看，关于生产环节外包与农用化学品投入强度之间的关系并不明朗。一部分学者认为，生产环节外包会降低农用化学品投入强度。这是因为：第一，外包供给者具有自发的减量行为倾向。一方面，农用化学品减施能够节约服务供应成本，与外包供给主体利润最大化的经营目标相吻合（张露和罗必良，2019）；另一方面，农用化学品减施有利于提高产品溢价，不仅能满足市场需求、帮助客户获取更多收益，还符合当前中国政府及国际组织的农用化学品减量化号召，有助于树立外包供给者正面的社会形象，积累声誉资本（Arriagada et al.，2010）。第二，依靠先进的机械设备，外包供给主体能通过迂回方式引入先进生产要素、改变农户使用污染性投入要素和处理农业生产废弃物的方式（Ji et al.，2017；Lewis and Pattinasarany，2010；杨高第等，2020；应瑞瑶和徐斌，2017），从而间接促进农用化学品减施。第三，依靠专业知识储备，生产环节外包能有效弥补农业生产中劳动力知识、技能缺乏的问题（Zhang et al.，2017；Benin，2016），通过科学监测、经验辅助等方式，科学合理地投入农用化学品，在保障产量的同时降低农资投入。

另一部分学者则持相反的观点，认为生产环节外包会提升农用化学品投入强度。首先，环境作为典型的公共物品，外包供给主体对其造成的负面影响不须承担任何责任（Arriagada et al.，2010）。由于没有减少廉价农用化学品投入的动机，且为了降低作业风险，外包供给主体可能更倾向于增加农用化学品投入量来保证产量稳定或提高。其次，农户与外包供给主体之间属于雇用关系（米巧，2020）。由于生产环节外包的作业效果不容易识别，且作业质量的监督门槛较高等（潘经韬，2019；孙顶强等，2016），不可避免地存在道德风险问题，从而可能抑制机械化作业与先进生产知识等对农用化学品投入的替代作用。最后，服务提供者和农民之间的信息不对称可能导致机会主义行为（Zhang et al.，2015）。例如，服务商与农资经销商可能通过让农民过量施用农用化学品来获得高额回报，从而加重农用化学品的过量施用问题。可见，生产环节外包与农用化学品投入强度之间的关系存在不确定性，这可能取决于生产环节外包对农用化学品投入强度提升效应与降低效应的相对大小。生产环节外包的环境效益产生机理如图 2-3 所示。

4. 生产环节外包技术效益的产生机理

古典经济增长理论强调了分工对生产效率提高的作用，新经济增长理论肯定了技术进步在提高生产效率中的贡献。可见，分工深化与技术进步是促进生产效率提高的关键。而生产环节外包作为技术创新中管理创新的"软技术进步"，同时也是专业化分工在农业生产中特有的运用方式（杨志海，2019；赵鑫等，2021）。理论上可通过为农业生产经营提供先进的管理方法和手段、推

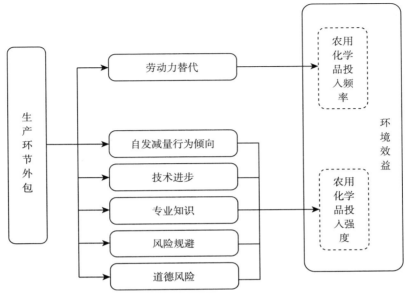

图 2 - 3　生产环节外包的环境效益产生机理

动分工深化与生产专业化，从而提高农业生产效率、推动农业经济稳步增长。大量学者就此进行了分析和检验，基本证实了外包促进农业传统生产效率提高的观点（孙顶强等，2016；张恒和郭翔宇，2021；张丽和李容，2020；宦梅丽和侯云先，2021；杨子等，2019；吕娜和朱立志，2019；高杨和牛子恒，2018；梁俊和龙少波，2015；李谷成，2014；韩海彬和张莉，2015；王奇等，2012），并认为外包在确保国家粮食安全中发挥着不可替代的作用（畅倩等，2021；周宏等，2014；胡雪枝和钟甫宁，2012）。而农业环境技术效率，是指纳入了环境因素的生产效率（罗丽丽，2016）；其可能与生产环节外包密切相关，但两者之间的具体关系尚不明朗。

一方面，生产环节外包可能促进农业环境技术效率的提升，其影响效益主要可以归纳为要素替代、优化配置、技术引入与外部学习四个方面。首先，生产环节外包可以弥补农业经营中的劳动力不足（闵师等，2018），促进机械替代劳动，从而突破原有的资源禀赋限制，更好地发挥不同主体的比较优势（杨子等，2019），这不仅有助于缓解由于劳动力短缺导致的化肥、农药过量施用问题（Ji et al.，2017；Lewis and Pattinasarany，2010），还有利于降低农业生产成本（蔡键等，2017）、促进粮食增产（周振和孔祥智，2019；周振等，2019；吕炜等，2015；王建英等，2015；洪自同和郑金贵，2012）、提高农业产出（周振等，2019；伍骏骞等，2017）；其次，生产环节外包可通过服务规模经营，获得分工效益，实现迂回生产（罗必良，2017），并内生出服务规模经济与范围经济（张晓恒等，2017；Ma et al.，2018），提升农业资源配置和组织管理效率（武舜臣等，2021），使农业生产经营中投入的资源和要素达到最优组合，从而降低农业生产成本与环境污染（Takeshima et al.，2013；Binam et al.，2004；Alwarritzi et al.，2015）。

再次，生产环节外包作为先进生产技术与科学管理理念的载体，能够将先进的知识、技术、要素与装备等引入农业生产（左喆瑜和付志虎，2021；ZHANG et al.，2017；张忠军和易中懿，2015；陈超和黄宏伟，2012），实现生产前沿函数的外扩（刘敏，2020；杨子等，2019），不但能促进环境友好技术与新型生产要素的采纳，改变传统农业高投入、高污染的生产方式（李翠霞等，2021），还能够实现农产品附加值的提高（张恒和郭翔宇，2021），且因生产环节外包引发的技术外溢效应可起到示范、带动作用（王奇等，2012），进一步促进农业环境技术效率的提高；最后，生产环节外包可充当知识资本的传送器（杨子等，2019；格鲁伯和沃克，1993），降低农户对新技术、新设备的学习成本，并通过"干中学"效应使农户快速学习先进生产技术与农业知识，例如测土配方施肥、绿色病虫害防控、农业废弃物资源化处理等，从而利用学习的正外部性获取竞争优势、提高农业环境技术效率（陈超和黄宏伟，2012；张忠军和易中懿，2015）。

另一方面，生产环节外包可能抑制农业环境技术效率的提升，其影响效益主要可以归纳为道德风险与投入过度两个方面。由于农户与外包供给主体之间的信息不对称，可能同时存在外包供给主体降低服务质量和农户"过度监督"的双边道德风险（宦梅丽和侯云先，2020；张士云和李博伟，2020）。具体而言，一边是外包供给主体在作业过程中可能存在损人利己的机会主义行为（Zhang et al.，2015），导致农业生产的高投入与重污染，例如，外包供给主体为降低服务成本、实现利润最大化的经营目标，使用廉价化学品代替先进生产技术、设备及知识的投入；为降低生产风险，过量投入农用化学品以保证产量稳定等。另一边是由于农业生产周期长、要素投入产出关系不明确等特点而导致的劳动监督难的问题（孙顶强等，2016；孙新华，2013），这不仅降低了劳动生产率，还增强了农业产出的不确定性。例如，病虫害防治环节的标准化程度较低、农药浓度和喷洒均匀度较差均会直接影响防治效果（孙顶强等，2016；卢宇桐，2017），这会大大提高农户监督成本，且因其自然属性还导致增加雇工产出数量和质量事后评判的难度。

可见，生产环节外包对农业环境技术效率的影响存在不确定性，这可能与外包的要素替代效应、优化配置效应、技术引入效应、外部学习效应、道德风险效应与投入过度效应的相对大小有关。具体来看，当农户的外包水平较低时，通常以购买耕地、播种、收割等环节的外包服务为主，这些环节大多实现了机械化作业，外包供给主体道德风险较低的同时，农户监督成本也不高，但上述环节的外包服务（农机服务）更多的是发挥要素替代效应（李谷成等，2018），对产出增长和污染减排的贡献有限。一方面，农机服务本质上仍属于雇工劳动，与家庭自用工异质，可能导致效率损失（宦梅丽和侯云先，2021）；另一方面，随着外包水平的提升，不同环节、不同外包供给主体的作业质量更加难以区分和识别，可能会助长外包供给主体的机会主义行为，农户的监督管控成本也难免增加。因此，在外包水平较低时，生产环节外包可能抑制农业环境技术效率的提高。

当农户的外包水平较高时，农户不仅购买耕地、播种、收割环节的基础性外包服务，还可能涉及施肥、病虫害防治、灌溉等环节的操作外包以及生产资料购买的外包等。这些外包服务虽然具有相对较高的道德风险和监督成本，但其技术引入效应和外部学习效应明显。一方面，深松深耕、统防统治等单个农户无法实施的绿色生产行为得以普及，从而促使农用化学品的利用效率提高，不仅减少了要素投入还降低了污染排放；另一方面，科学的生产技术、知识等得以广泛应用，从而提高了知识创新和技术溢出的增产效用（胡祎和张正河，2018）。并且，随着外包水平的提升、外包的优化配置效应逐步增强，外包供给主体可以发挥多环节作业的配合优势以减少农用化学品投入。例如，外包供给主体可通过深松深耕等耕作方式提高土壤有机质含量，从而降低化肥等农用化学品投入。因此，在外包水平较高时，生产环节外包可能促进农业环境技术效率的提高。由此可见，生产环节外包对农业环境技术效率的影响可能是非线性的，生产环节外包与农业环境技术效率之间存在"U"形关系。生产环节外包的技术效益产生机理如图2-4所示。

综上，本书提出如下研究假说：

H1：生产环节外包具有经济效益，有助于农业增产和农户增收，但可能会扩大农户间的收入差距。

H2：生产环节外包具有环境效益，可能增加农用化学品的投入频率、但对农用化学品投入强度的影响存在不确定性。

H3：生产环节外包具有技术效益，与农业环境技术效率之间可能存在"U"形关系。

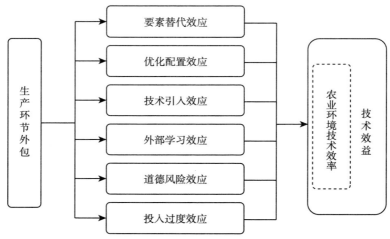

图 2-4　生产环节外包的技术效益产生机理

四、本章小结

　　本章首先对本书所涉及的研究对象与核心概念进行了界定，包括农户、生产环节外包与农业绿色发展，厘清了研究对象的范畴以及相关概念的内涵；其次，梳理了本书所涉及的相关理论，包括农户行为理论、分工理论、交易成本理论、委托代理理论、可持续发展理论和外部性理论，并具体分析了上述理论在本书中的应用；最后，确立了从经济效益、环境效益与技术效益三个维度评价生产环节外包影响农业绿色发展的理论分析框架，并进一步通过剖析生产环节外包对农户的农业产出与家庭收入的影响机理、生产环节外包对农用化学品投入的影响机理、生产环节外包对农业环境技术效率的影响机理，理论分析了生产环节外包经济效益、环境效益与技术效益的产生机制，为后续实证检验奠定了理论基础。

第三章

中国农业生产环节外包的
特征事实与现实研判

上一章从概念界定、理论基础与研究框架三个方面为本书提供了理论依据，在此基础上，本章旨在为后文实证评价研究的开展提供现实依据与政策依据。首先，梳理生产环节外包的产生背景和发育环境，对中国农业生产环节外包形成总体认知。其次，归纳生产环节外包的演化趋势，总结生产环节外包的供求现状，把握和刻画中国农业生产环节外包的发展特征。最后，结合上述资料和分析，评述中国生产环节外包的发展困境。

一、生产环节外包的产生背景

中国农业生产经营方式经历了"传统封闭的自给自足—相对开放的一体化—深度分工的外包化"的转变（薛莹，2021；曹峥林和王钊，2018）。探究生产环节外包的产生背景，主要可以总结为以农业分工为基础、以农户分化为前提。

首先，生产环节外包的出现是建立在农业分工的基础之上的，也是农业分工达到一定程度时的产物。具体而言，随着工业革命的深化，传统农业生产逐渐被现代化的机械与管理技术所替代，在一定程度上克服了农作物生长的生物特性，迂回的农业分工成为可能（罗必良等，2008；段培，2018；阿林·杨格和贾根良，1996）。随后，伴随着农业生产技术的持续进步、农业设施的逐步完备以及要素配置能力的大幅提升（江雪萍，2014），农业生产过程的可控性和工艺规范性大大增强，又进一步改善了农事活动的技术可分性和农业分工性（段培，2018），从而使农业生产经营方式向外包化转变成为现实（罗必良，2014）。

其次，生产环节外包的出现是以农户家庭内部和家庭之间的分化为前提的。由于城市扩张中吸附效应及非农产业收益的强大吸引力，越来越多的农村劳动力选择进入城镇非农领域就业（陈哲等，2021）。一方面，从农户家庭内部分化的凸显来看，根据新劳动力迁移经济学理论，可知家庭劳动力迁移的结果往往是青壮年男性劳动力流入城镇非农产业，而女性和老人留守农村进行农业劳动力（Taylor and Adelman，2003），即兼业化农户的"半工半耕"生计模式。农户需要通过外出就业或打零工来增加收入，同时也需要通过农业生产来降低生活成本、实现家庭再生产和供养老人（薛莹，2021），由此导致的农业生产老龄化和结构性短缺的趋势明显增强。然而，农作物生长的季节性、周期性又要求农业劳动者必须依据农作物的生产发育规律来安排农事活动（段培，2018）。因此，在中国农户整体购机能力不足和单家独户小规模、分散经营的现实情况下，为缓解农忙季节农业劳动力不足约束、应对农业生产成本上涨压力（Wolf，2003；Picazo-Tadeo，2010），农村出现了农户普遍将耕地、播种、收获甚至植保交由其他农户或专业生产性服务组织等代理作业的生产环节外包现象（刘家成等，2019；王志刚等，2011）。农户通过资本要素对劳动要素的替代，以低成本和高效率的方式打破了资金和技术因素对农业生产的约束、推进了农业发展。可以认为，生产环节外包是农户在面临由于非农就业的高收入与低保障导致的自身要素禀赋不足时的理性选择。

另一方面，从农户家庭之间分化的加深来看。农户家庭之间分化的加深，带来了生产专业化。农户基于比较优势分化为"趋农户"和"离农户"两大类。"趋农户"通常扩大农业经营规模，采用自主购买农业机械、雇工等方式弥补家庭农业劳动力的不足，但也存在机械购置后闲置时间较长、农业生产成本攀升、交易成本较高的困境，因此他们具有供给生产环节外包服务的意愿。而"离农户"表现为不依靠农业的同时又不愿意脱离农业，"离农不离地""进城不弃地""弃耕不流转"等现象普遍（罗必良，2014），因此他们产生了购买生产环节外包服务的需求。可见，农户家庭之间分化的加深为生产环节外包的产生奠定了基础，使双方在专业化水平上实现交互作用，不仅满足了"离农户"对乡土情结、养老保障等的需求心理，还契合了"趋农户"对利益最大化的追求（薛莹，2021）。

最后，中国的气候条件、土地细碎化特征以及农地产权分割等也为生产环节外包的产生提供了条件。第一，中国国土区位分布广博，不同地区的气候和水文条件各不相同，作物种类、作物播种与成熟时期等也不相同，这为大型农机跨区、长时间作业提供了条件（杨进等，2013）；第二，中国农业人口基数大，土地细碎化程度高，短期内快速实现土地规模经营的难度较大，而生产环节外包能够以分工与合作的手段，通过垂直专业化的方式，实现迂回的规模经济效应（段培，2018），基于此，中国催生出了以生产环节外包为途径的服务规模经营，这也是中国促进农业规模经营的重要实现途径。第三，"三权"分置的农地产权的分割与市场交易，为不同经营主体进入农业提供了可能性（曹峥林和王钊，2018）。尤其是经营权的不断细分进一步诱致出生产性服务外包活动（罗必良，2014），并为农业外包服务市场的发育奠定了明晰的产权前提和主体供给基础。

二、生产环节外包的发育环境

生产环节外包作为一种新型的农业生产经营方式，其出现和发展根植于特定的历史条件与时代背景。在农业生产实践中，生产环节外包从家庭联产承包责任制普及开始时就存在（芦千文，2019），经历了早期的统种统收，到如今的统防统治，再到部分地区典型的托管模式（段培，2018）。总的来说，农业生产环节外包服务业的快速发展态势，离不开国家对以生产环节外包为主的农业社会化服务给予的高度重视和大力扶持（邱渊，2018；刘家成等，2019），也离不开日臻完善的农业社会化服务体系的强力推动（曹峥林，2019）。

从本质上讲，生产环节外包作为农业社会化服务的重要内容与表现之一，其与中国农业社会化服务的发展及其体系建设是共生并共同演进的，呈现出了较为明显的阶段性发展特征（曹峥林，2019）。从时间顺序上来看，国家对中国农业社会化服务政策的制定可以总结为制度创新、政策突破、逐步完善和全面推进四个时期（杨子，2020），且对其重视程度不断提升。尤其是，1990年在《中共中央　国务院关于一九九一年农业和农村工作的通知》中首次提出农业社会化服务体系的概念，正式开启了农业社会化服务发展的新局面。2008年，党的十七届三中全会提出，要加快构建以公共服务机构为依托、合作经济组织为基础、龙头企业为骨干、其他社会力量为补充，公益性服务和经营性服务相结合、专业服务和综合服务相协调的新型农业社会化服务体系。2014年中共中央办公厅、国务院办公厅在《关于引导农村土地经营权有序流转发展农业适度规模经营的意见》中提出，要积极推广既不改变农户承包关系，又保证地有人种的托管服务模式，该文件同时也提出要发展和健全农业社会化服务体系。2021年3月，全国人民代表大会审议通过的《中华人民共和国国民经济和社会发展第十四个五年规划和2035年远景目标纲要》也明确提出，要健全农业专业化社会化服务体系，实现小农户和现代农业有机衔接。

随后，国家不仅在连续多年的中央1号文件中反复强调发展农业生产性服务的重要性，还颁布了一系列政策文件为其体系建设提供坚实的制度保障。例如,《国务院关于加快发展生产性服务业促进产业结构调整升级的指导意见》（国发〔2014〕26 号）、《农业部 发展改革委 财政部关于加快发展农业生产性服务业的指导意见》（农经发〔2017〕6 号）、《农业部办公厅关于大力推进农业生产托管的指导意见》（农办经〔2017〕19 号）、《农业农村部办公厅 财政部办公厅关于进一步做好农业生产社会化服务工作的通知》（农办计财〔2019〕54 号）、《农业农村部关于印发〈新型农业经营主体和服务主体高质量发展规划（2020—2022 年）〉的通知》（农政改发〔2020〕2 号）、《农业农村部关于加快发展农业社会化服务的指导意见》（农经发〔2021〕2 号）等。

进一步的,通过收集与农业社会化服务有关的政策样本,分析农业社会化服务政策的关注重点发现,在总体层面,主要关注了实现农业增效和农民增收这两项目标,对生态安全的关注在逐步增加,但关注程度相对不高。聚焦政策关注点的演变趋势,可以发现,其经历了从"以粮食安全为主"到"以粮食安全、农民增收为主,开始关注生态安全"到"以农民增收为主,逐步考虑农业增效及生态安全"再到"以农业增效为主、考虑农民增收、粮食安全及生态安全"的演变,农业社会化服务的政策目标不断完善（杨子,2020）。

三、生产环节外包的演化趋势

生产环节外包的发展内嵌于中国农业生产经营制度变迁及方式变革（曹峥林,2019）。从农业生产的实际情况来看,生产环节外包的演进是一个不断摸索、逐步完善和创新发展的过程（邱淑,2018）。起初,农户的每一个生产环节都是由自家亲自进行的。随着劳动力部分富余和部分短缺的出现,农户使用帮工或换工的方式完成农业生产,这是最初级的生产环节外包,目前仍然在一些地区适用（段培,2018）。随后,当农村部分农户开始购买农业机械和对外服务时,机械替代性较强的劳动密集型生产环节外包开始出现。接着,当农户分化程度进一步提高,部分技术密集型生产环节外包也开始进入市场。最后,生产环节外包从一个环节的外包作业演变为多个环节的外包联合作业,托管这一作业方式也逐渐兴起。

关于生产环节外包发展路径与演化趋势的理论探讨,相关研究汗牛充栋,但结论较为分散。有学者强调,生产环节外包与中国农业社会化服务的发展及其体系建设共生,呈现出较为明显的阶段性发展特征（曹峥林,2019；曹峥林和王钊,2018）。基于此,本书综述了中国农业社会化服务发展及其体系建设的发展轨迹,其中,薛莹（2021）根据政策实践的演变过程,将中国农业生产性服务体系的建设分为社会化服务政策的起步阶段、社会化服务体系逐步发展阶段和"新型农业生产性服务"快速发展阶段。社会化服务政策的起步阶段是1978—1989年，这一阶段，中国开始推行家庭联产承包责任制的农村集体用地政策，迫切需要社会化服务作为解放和发展农村生产力的重要手段，提出了农业社会化服务的概念，但对其内涵并未作出科学的界定。社会化服务体系逐步发展阶段是1990—2009年，这一时期的中国农业生产性服务业逐渐地明确了发展方向，处于"公益性服务与经营性服务相结合、专项服务和综合服务相协调"的服务方式。2010年起，是"新型农业生产性服务"快速发展阶段，关于社会化服务体系的概念逐步向农业生产性服务概念过渡，强调推进农业生产全程社会化服务，并正式提出发展托管式的农业生产性服务。

邱淑（2018）通过梳理与农业社会化服务相关的各项国家政策，总结了中国粮食生产社会化服务的演进轨迹，将其分为起步阶段、成长阶段和发展阶段。其中，起步阶段是1978—1989年，这时家庭联产承包责任制刚开始推行，农业社会化服务被提上议事日程，且逐步厘清了农业社会化服务的内涵、模式与主体。1990—2004年是其成长阶段，这一阶段国家提出了农业社会化服务体系，将其作为"建立适应社会主义市场经济要求的农村经济体制"的支撑体系之一，并进行大力推进。发展阶段是从2005年开始，这一阶段"新型农业社会化服务"开始发展，服务组织、服务内容及服务模式均有所创新，逐步向"专业化、规模化、多样化、全程化"方向以及"合作式、订单式、托管式"和"代耕代种、联耕联种、土地托管"等模式发展。

夏蓓（2017）认为，农业社会化服务在不断地发展与完善。她将农业社会化服务的发展划分为农业社会化服务内涵拓展阶段、逐步完善阶段以及"新型农业社会化服务"发展阶段。其中，农业社会化服务内涵拓展阶段是在1978—1989年，家庭联产承包责任制极大地提升了生产力发展水平，农业社会化服务作为解决小生产与大市场矛盾的有效手段应运而生，其概念与内涵不断进行调整、拓展与丰富。1990—2007年是农业社会化服务逐步完善阶段，以家庭联产承包为主的责任制和统分结合的双层经营体制，对农业社会化服务提出了新的要求，并对农业社会化服务各主体的关系进行了明确的定位，农业社会化服务由产前与产后扩展至产前、产中与产后。"新型农业社会化服务"发展阶段是从2008年开始，这一阶段更加强调公共服务机构的作用，并对公益性服务、经营性服务、专项服务和综合服务之间的相互关系进行了明确区分与定位。

在明确了中国农业社会化服务发展及其体系建设发展轨迹的基础上，本书聚焦生产环节外包的相关研究，对其发展轨迹与演化趋势研究进行了总结和梳理。代表性的观点包括，段培（2018）将农业生产环节外包划分为初级阶段、计划发展阶段、市场化形成阶段以及市场化快速发展阶段。其中，生产环节外包的初级阶段是 1978—1995 年，这一时期伴随着改革开放浪潮的逐渐推进，"农忙务农、农闲务工"的"候鸟式"兼业经营模式在中国农村拉开帷幕，帮工与换工是农户劳动密集环节的主要作业方式，同时也有部分农户开始自发地、小规模地购买联合收割服务。生产环节外包的计划发展阶段是在 1996—1999 年，国家成立了跨区机收领导小组，劳动力密集环节被资本支出替代已成为普遍现象，农户"候鸟式"的兼业经营模式也基本得到稳定，这一时期的外包服务具有"统一指导、统一分配"的计划经济特征。生产环节外包的市场化形成阶段是 2000—2005 年，经纪人、农机合作社等中介组织参与到农业外包服务供给中，政府转为行使监管职能，技术密集环节外包进入初步实验的探索阶段。生产环节外包的市场化快速发展阶段从 2006 开始，这一时期农户非农务工的稳定性和保障性得以提高，农户"候鸟式"兼业经营产生的交易成本和机会成本逐步增大，农业生产的全环节外包应运而生，农业生产开启了不同方式、不同环节、不同程度的外包模式。

米巧（2020）根据对大量文献的阅读和归纳总结，将农业生产环节外包分为萌芽阶段、缓慢发展阶段、快速发展阶段和成熟阶段。其中生产环节外包的萌芽阶段是 1978—1989 年，主要以党的十一届三中全会的召开为标志，以会议提出家庭联产承包责任制及随之出现的小农经济与土地细碎化为主要特征；生产环节外包的缓慢发展阶段是 1990—1999 年，这一阶段农户自发联合采收、政府出台跨区作业等提供外包服务的平台；生产环节外包的快速发展阶段是 2000—2008 年，农业专业合作社的生产和管理均呈现不同程度的专业化、分工细化，农业经营效率也快速提升，技术密集型环节的外包服务逐渐被农民接受；生产环节外包的成熟阶段从 2009 年开始，逐渐出现了将生产环节部分乃至全部交由专业服务团队来完成的现象，且形成了农户与外包渠道的双向选择。

曹峥林（2019）将农业生产环节外包服务的发展轨迹划分为萌芽产生与内涵拓展阶段、快速发展与逐渐完善阶段、成熟稳定与全面深化阶段。其中，1978—1989 年是萌芽产生与内涵拓展阶段，这一时期奠定了外包服务产生的制度环境与理论基础，农业资源配置的重新"洗牌"为外包服务产生创造了条件，且主要是指产前产后服务需求的社会化服务购买、以人工替代或畜力替代为主的代耕代管方式，农业生产环节外包服务总体处于较为初级的低水平发展状态。1990—2007 年是快速发展与逐渐完善阶段，外包服务体现出了以机械替代为主的资本密集型特征，覆盖了产前、产中、产后环节，总体处于快速发展态势。从 2008 年开始是成熟稳定与全面深化阶段，整体外包服务市场保持快速发展的同时趋于成熟完善，几乎覆盖了农业生产的全过程，并体现出机械与技术替代的混合特征。

类似的，潘经韬（2019）聚焦农业机械化服务发展，将其发展历程分为萌芽起步阶段、初步发展阶段、快速发展阶段、全面发展阶段和深化发展阶段。其中，萌芽起步阶段是 1978—1986 年，这一阶段农户自营农机兴起，且农民个体正逐渐成为中国农机经营和投资的主要力量。初步发展阶段是 1987—1995 年，小范围跨区作业服务兴起，但大多在本地或本省内展开作业，作业环节比较单一。快速发展阶段是 1996—2003 年，中国大规模跨区作业服务的推幕正式拉开，作业服务地区席卷全国，作业服务组织不断涌现，作业服务范围不断拓展、作业服务环节不断延伸。全面发展阶段是 2004—2012 年，农机购置补贴政策以及《中华人民共和国农业机械化促进法》等为农业机械化服务的全面发展提供了制度保障，这一时期农业机械化服务供给主体的组织化程度不断提高，服务能力不断增强，农业机械化服务市场规模也不断扩大。深化发展阶段以《农业部关于大力推进农机社会化服务的意见》的发布为标志（2013年），这一时期，农业机械化服务主体的组织化、专业化程度进一步提升，农业机械化服务市场规模进一步扩大，但是跨区作业服务市场开始萎缩。

综上所述，生产环节外包从提出至今，经历了一个由传统向现代的转型过程。从上述学者对农业社会化服务、生产环节外包与机械化服务等相关领域发展轨迹与演化趋势的梳理和总结，可以发现，生产环节外包的演化是其有效市场需求和服务供给匹配的过程。随着分工专业化、市场化的加深以及农业社会化服务体系的完善与创新，生产环节外包势必向纵深演进。在推进乡村振兴的战略背景下，生产环节外包的演进趋势将对农业产业发展起到更具战略意义的支撑作用（曹峰林，2019）。

四、生产环节外包的供求现状

供求分析是生产环节外包研究的基本内容之一（邱淑，2018）。生产环节外包供求主体建立在市场配置的交易关系中（杨子，2020），其中，需求方一般是指农户，包括传统的自然小规模农户以及家庭农场等大规模的农业新型经营主体，而供给方是外包服务的提供者，包括个体服务者、经济组织和政府机构等。个体服务者包括农民经济人、种粮大户、农机专业户、专业化服务队、农村留守劳动力（杨群义，2001；王志刚等，2011；申红芳等，2015）；经济组织主要包括土地托管专业合作社、土地托管中心、土地托管组织、农民专业合作社、农业公司、土地股份组织（孙晓燕和苏昕，2012；陈霄，2013；衡霞和程世云，2014；李登旺和王颖，2013；姚瑶，2013；肖端，2015）；政府机构包括农技站、基层供销社、公有制服务体系、农村集体经济组织（陈超和黄宏伟，2012；孔祥智，2015；杨群义，2001；薛继亮，2012）。

生产环节外包的供求平衡是农业社会化服务体系建设的基本目标（邱淑，2018）。已有文献分别从供给和需求的角度出发，分析了生产环节外包的发展现状。从需求的角度来看，传统的自然小规模农户仍占主导地位，是生产环节外包的主要需求方（钟真等，2014）。进一步梳理影响农户生产环节外包需求的因素，发现影响因素不尽相同，外包的了解程度、外包的成本收益判断、恋土情结的轻重、家庭土地经营面积、劳动力的数量、消费收益价值观、外包服务获取难易程度、外包监督过程的难易程度等均会影响农户对生产环节外包的需求（段培，2018），且影响同一农户不同环节外包服务需求的因素也存在差异（张耀钢和应瑞瑶，2007；董程成，2012）。从农户对生产环节外包服务的需求内容来看，早期主要集中在劳动密集的收割环节，现在已经扩展到了化肥施用、病虫害防治、灌溉等技术密集环节（张丽娟，2021；孙顶强等，2019）。但农户对不同生产环节外包服务的需求程度是存在差异的，劳动密集环节仍是目前农户外包服务需求程度较高的环节。例如，孙顶强等（2019）的研究表明，农户对作业质量监督困难的施肥和施药环节的外包服务需求较少。

从供给的角度来看，随着农业商品化、专业化程度的提高和规模化新型经营主体的涌现，生产环节外包服务的供给主体在整体上呈现多元化发展格局（杨汇泉等，2011），且各类生产环节外包服务组织在经营模式、制度安排等方面各有特色和优势。从供给内容来看，生产环节外包沿循"要素配置—生产管理—产品营销"的生产经营过程（曹峥林，2019），其供给内容可分为要素供给外包服务（例如，农资购买）、生产管理外包服务（例如，耕整地、播种、植保、灌溉、收割）、产品营销外包服务（例如，储存、运输、销售）三类（赵玉姝等，2013）。但由于生产环节外包的供给会受到农业生产力水平、社会分工与农业专业化水平的制约，农业生产不同环节的外包服务发展水平及其供给水平均存在较大差异（刘家成等，2019）。因此，容易被农业机械替代作业的生产环节，其外包供给水平较高，而一些任务复杂或不确定性高的生产环节，其外包供给水平较低。

五、生产环节外包的发展困境

诚然，生产环节外包在促进粮食生产中发挥了重要作用，是农业发展的重要机遇，但也面临着发展缓慢、供求不均衡、服务费用高、监督成本较高等相互交错、同时并存的现实困境，阻碍了生产环节外包的发展与完善，这可能成为未来农业发展客观存在的困难与挑战。

第一，农业社会化服务体系尚不健全，无法为生产环节外包的发展提供助力和支撑。目前，中国农业社会化服务仍处于发展阶段，不仅是制度供给不足、体系不健全、供需结构不合理、服务滞后等弊端尚未得到有效解决（杨子，2020；高强和孔祥智，2013），还存在集体经济组织缺位及农业合作组织发展过慢的问题。具体而言，一方面，农业教育、农业科研、农技推广与农业生产的各主体之间缺少相互联系的纽带，导致中国农业科研成果的转化速度较慢，未能形成产学研的良性互动，抑制了农业的进一步分工，阻碍了综合化的全产业链外包服务发展。另一方面，集体经济组织在农业社会化服务中的作用较弱。中国各类集体经济组织数量较多，但其农业社会化服务的能力不强，议价能力有限，服务内容单一，难以成为生产环节外包服务的高质量供给主体。尤其是农民专业合作社和涉农企业在生产环节外包发展中的作用较为有限，阻碍了生产环节外包的快速发展。

第二，生产环节外包供求不均衡，包括总量失衡与结构失衡（何安华和孔祥智，2011），这可能会制约生产环节外包的发展。一方面，生产环节外包服务的供需矛盾主要体现在供需主体的利益矛盾以及服务质量与效率的矛盾，导致生产环节外包的供给不能满足农户需求，从而出现总量失衡问题。另一方面，生产环节外包服务的供给内容与农民客观需求不对称等问题突出，进一步加剧了农业生产中的要素配置不合理程度和要素生产率降低程度（关锐捷，2012）。金兆怀（2002）还指出，农资购买等产前服务、销售仓储等产后服务等均滞后严重、难以满足农民需求。曹峥林（2019）也发现，生产环节外包服务仍以耕、种、收等环节的外包服务为主。

此外，生产环节外包的供需渠道也存在不均衡问题。米巧（2020）以棉花种植农户为研究对象，发现棉农获取生产环节外包的渠道较为单一。刘新智和李奕（2016）通过构建农业技术外包服务双方的供需模型，发现政府供给与农户实际需求间的契合度较低、购买绩效不佳。因此，农户对生产环节外包的满意度并不高，例如，李荣耀（2015）指出，当前农户的服务需求并未得到有效满足；米巧（2020）以棉花种植农户为研究对象，发现农户对外包供给方提供的生产性服务并不满意，尤其是在水肥管理环节（病虫防治、打顶、施肥、灌溉）。

第三，生产环节外包的服务费用不低且仍在逐年增长，提高了农业生产成本，可能会制约生产环节外包的壮大。目前，生产环节外包服务市场是一个卖方定价市场，且服务费用还随劳动力价格的上涨而逐年提升（申红芳等，2015）。钱静斐等（2017）在调研中也发现，灌溉和收获环节的外包服务费用较高。以灌溉作业为例，该环节劳动强度大、作业次数多（部分农户全程需要灌溉数十次以上），相应的服务费用也较高。同时，钱静斐等（2017）也认为，考虑到外包服务费用问题，农户并不会无限制地增加生产环节的外包次数。胡新艳（2021）发现，当外包服务市场发育不足时，采纳生产环节外包服务的总费用相对高昂，压缩了农业经营的利润空间。蔡荣和蔡书凯（2014）甚至认为，在农业生产环节外包市场不完善的情况下，外包服务市场存在垄断。

第四，服务过程中存在的监督管控难题可能会抑制生产环节外包的发展。基于委托代理理论视角，农业生产环节外包服务显然是一种典型的委托代理行为，在非对称信息的农业生产过程中，存在非对称信息博弈的逆向选择和道德风险，以及由此导致的监督管控难题。具体而言，委托方（即农户）将生产环节农事活动的操作及管理等工作委托给代理方（即外包服务商）执行。在这一委托代理关系中，委托方不具有相对信息优势，而受托方可能在追求自身效用最大化的过程中损害委托方的利益，但委托方鉴于道德风险等风险考量，也往往会对受托方的服务行为及其效果进行监督（曹峥林，2019）。由于农业生产的自然再生产属性，其监督管控行为需要建立在农作物生物周期和自然环境不确定的基础之上，缺少标准化和可控性，所以，委托方对受托方服务行为及其效果的监督很难且成本较高。此外，目前农民的谈判地位及能力均偏低，导致委托方与受托方在利益分配上可能存在盲点与不公，从而可能对其构成双重威胁。

六、本章小结

本章厘清了中国农业生产环节外包的产生背景、发育环境、演化趋势、供求现状及发展困境，为后文生产环节外包对农业绿色发展实证评价研究的开展提供了政策依据与现实依据。本章的主要结论包括：

首先，生产环节外包是在社会化分工、技术进步的必然趋势下，农户分化、中国现实问题的深刻倒逼下，以及国家产权制度的推动下出现的，其市场的形成需要有效的市场需求和与之匹配的服务供给。进一步的，生产环节外包是在国家的高度重视和大力支持下迅速在农业生产领域蔓延的，逐步成为当前农户进行粮食生产的主要方式。

其次，未来农业生产环节外包服务的演化趋势，主要可以归纳为：第一，外包服务市场的发育将逐渐成熟完善，外包服务组织之间联结性将由较弱向较强再向联合，甚至形成一体化服务企业转变。第二，外包服务模式的演进路径将由自给自足模式向直接交易模式再向委托交易模式发展，尤其是向涵盖全产业链外包服务的平台化中间商的委托交易模式发展。第三，外包服务的形式将由单一型外包服务逐渐向延伸型外包服务发展，直至综合化的全产业链外包服务。第四，外包服务的区域将从跨区作业为主逐渐转向本地服务为主。第五，外包服务的内容将由资本要素替代劳动密集环节的机械化服务为主转向资本要素替代技术密集环节的知识技能服务为主。第六，外包服务的供求关系也将按照供给不足到供求结构差异较大再到短期动态总体均衡的路径发展。

最后，生产环节外包在发展的过程中面临以下困境：第一，农业社会化服务体系尚不健全，无法为生产环节外包的发展提供助力和支撑。第二，生产环节外包供求不均衡，主要表现为总量失衡、结构失衡以及供需渠道失衡等问题。第三，生产环节外包的服务费用不低且仍在逐年增长，提高了农业生产成本，可能会制约生产环节外包的壮大。第四，外包服务过程中存在的监督管控难题可能会抑制生产环节外包的发展。

第四章

样本农户生产环节外包
及其效益的特征分析

　　上一章厘清了中国农业生产环节外包的产生背景、发育环境、演化趋势、供求现状以及发展困境,为实证评价研究的开展提供了政策依据与现实依据。在此基础上,本章从微观维度的农户层面,使用一手调研数据进行数据挖掘,深入把握与刻画样本区农户家庭及农业生产特征,以初步判断生产环节外包与农业绿色发展之间的关系。首先,本章从数据来源与抽样设计、调研实施与数据说明等方面对本研究使用的实地调研数据进行了简单描述;其次,利用调研数据,统计分析了样本农户的个体特征、家庭特征以及农业生产经营特征;再次,从总体层面、区域层面、作物层面和环节层面,详细描述了样本农户购买生产环节外包服务的特征;又次,重点分析了农户的农业产出、家庭收入、农用化学品投入以及农业环境技术效率等影响效益特征;最后,对比分析了不同外包水平下农户的农业产出、家庭收入、农用化学品投入以及农业环境技术效率的差异,以初步检验生产环节外包的经济效益、环境效益及技术效益,为后续实证评价研究的开展奠定了基础。

一、数据来源与说明

1. 数据来源与抽样设计

　　本书分析所用数据来自课题组 2021 年 10 月在黑龙江、河南和湖南三大粮食主产省开展的农户微观调研。在实施调研之前,本研究针对中国 13 个粮食主产省份[①],

---

　　① 中国粮食主产区的划分源于 2001 年的粮食流通体制改革。依据各个省份粮食生产与消费的总体特征,综合考虑资源禀赋的差异和粮食生产的历史传统等因素,国家将中国 31 个省份(不包括港澳台)划分为三个功能区:粮食主产区、产销平衡区和主销区。其中:粮食主产区有 13 个省份,包括黑龙江、吉林、辽宁、内蒙古、河北、河南、山东、江苏、安徽、江西、湖北、湖南、四川;产销平衡区有 11 个省份,包括山西、宁夏、青海、甘肃、西藏、云南、贵州、重庆、广西、陕西、新疆;主销区有 7 个省份,包括北京、天津、上海、浙江、福建、广东、海南。

在收集其地理区位、经济发展水平、作物及种植系统、粮食产量、人口数量等资料的基础上，采用多阶段抽样方法确定调研地点。

具体抽样设计思路如下：第一阶段，在中国 13 个粮食主产省份中，综合考虑地理区位、经济社会发展水平、作物类型、作物熟制、种植系统及规模后，采用典型抽样方法，选取黑龙江省、河南省和湖南省 3 个样本省。样本区依次覆盖主产粮食作物的东北、黄河流域中游和长江中游 3 类地理区位，涉及玉米、小麦和水稻三大主粮作物类型，囊括单季、双季和三季 3 种作物熟制。第二阶段，根据常住人口、人均 GDP、耕地面积、耕地面积占市国土面积的比重、农业常住人口占市常住人口的比重，以及农业产值占市 GDP 的比重 6 个指标的聚类特征，并结合主要作物播种面积和产量水平，采用典型抽样方法，在每个样本省分别抽取 3 个样本市。第三阶段，依据地理位置和主要粮食作物生产情况，采用典型抽样方法，在每个样本市分别抽取 2 个地理位置不相邻的国家级产粮大县（区）。第四阶段，根据经济发展状况，采用典型抽样方法，在每个样本县（区）分别抽取 2 个样本乡（镇）。第五阶段，采用随机抽样方法，在每个样本乡（镇）分别抽取 2 个样本村。第六阶段，采用随机抽样方法，在每个样本村分别抽取 16～18 户样本农户。六阶段抽样流程如图 4-1 所示。

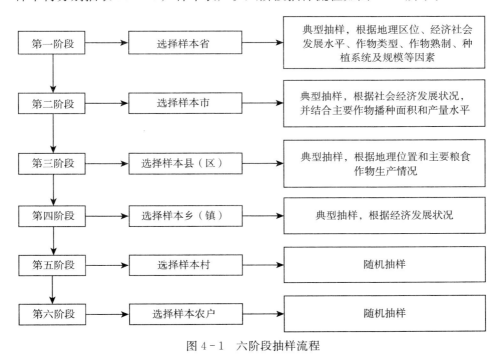

图 4-1　六阶段抽样流程

村级问卷的调查内容主要有村庄社会经济基本特征、地形地貌特征、作物种植结构、农业生产环节外包供给水平、供给主体、各生产环节外包的价格、外包购买比例等信息。农户问卷的调查内容分为五部分：第一部分内容涵盖受访农户的户主个人特征以及家庭特征等信息，包括年龄、受教育水平、健康状况、务农务工经历与现状等。第二部分是农户家庭土地资源禀赋信息，包括农地经营情况、土地流转情况、土壤质量、种植类型等。第三部分是农户粮食生产投入产出信息，包括各环节生产方式、费用、外包情况、单产等。第四部分是农户认知与行为信息，包括农户对绿色投入品、绿色生产技术的认知，采用意愿与采用行为，农户对生产环节外包的认知、购买意愿与购买类型等信息。第五部分是其他信息，包括畜禽养殖状况、农业组织参与情况、家庭机械拥有状况、家庭收支信息、农业保险购买与理赔信息、风险偏好与社会资本信息等板块。

2. 调研实施与数据说明

为保障调研问卷内容与质量的完善性、样本村选取的合理性以及正式调研实施的高效与便捷性，基于上述抽样设计，本研究农户微观数据调研的实施主要分为三步进行：

第一，实施预备调研。

预备调研工作于 2021 年 9 月 25—29 日在河南省新乡市开展，预备调研地区覆盖河南省新乡市原阳县与辉县的 4 个乡（镇）6 个村（见表 4-1）。调研团队首先实地走访了河南省新乡市原阳县与辉县的农业农村局，并邀请相关工作人员就当地农业生产情况、农业生产环节外包供给情况等内容进行交流座谈。其次，调研团队走访了当地乡镇，与相关工作人员就具体农业生产情况进行了访谈与了解。最后，为了从内容上修改和完善农户问卷，调研团队在每个村分别随机抽取了 2~3 户粮食种植户进行入户问卷调查，共计完成农户调研问卷 18 份。

表 4-1 预备调研地点

省-市	县	乡（镇）	村
河南省新乡市	原阳县	大宾乡	刘江庄村
			张庵村
		太平镇	东衙寺
			菜吴村
	辉县	占城镇	李连屯村
		峪河镇	西淹沟村

此外，为了避免由于不同调研区域种植结构、种植系统差异导致的选项遗漏等问题，调研团队还采用电话访谈、视频采访等方式联系、咨询了黑龙江省与湖南省调研样本县农业农村局的相关工作人员，并分别随机抽取了 2 户粮食种植户进行问卷调查。

通过对 3 个样本省不同部门、不同人员以及农户开展的多种形式、不同顺序的调研，课题组获取到了较多的基础性资料，不仅对初步设计的调查问卷中存在问题的内容进行了修改、对研究所需但又缺失的部分问卷内容进行补充完善，还对问卷内容、问题逻辑设置、语言表达等方面进行了全方位的修改完善，形成了用于正式调研的农户问卷，整理好的面上资料也为后续研究工作的开展提供了条件。

第二，开展问卷培训、调研启动会等调研前期准备工作。

一方面，在实施正式调研之前，调研团队开展了数次问卷培训工作，同时采用博士研究生搭配硕士研究生的模式，组织了一对一的模拟调研，帮助调研成员熟悉问卷内容，并快速掌握正确的调研方式、方法与技巧。同时，针对本次调研开展调研启动大会，强调调研安全性问题，并提出严把问卷质量控制等要求。

另一方面，调研团队组建了以研究生为骨干的调研团队。调研团队共 22 人，其中，博士研究生 13 人，硕士研究生 9 人（包含推免生 1 人）。分为 3 组，每组 7～8 人，同时在黑龙江省、河南省与湖南省开展正式调研工作。为保质保量的推进调研工作，每组由调研经验丰富的高年级博士研究生带队，并分别配备一名问卷负责人，以便在调研过程中负责进一步解读、培训问卷内容、统一调研口径等工作。

第三，实施正式调研。

2021 年 10 月 10—22 日，在各地农业农村局及村委会相关人员的配合下，调研团队对研究区农户开展了正式调研，调研开展整体顺利，调研数据质量较高。通过访谈和结构化问卷调查，课题组共获取了 3 个省 9 个市 18 个县（区）36 个乡（镇）72 个村的 1 242 份农户问卷与 72 份村级问卷。在 1 242 份农户问卷中，剔除了前后不一致和关键信息缺失的样本后，最终获得 1 208 份有效样本，样本有效率达 97.26％。其中，黑龙江 416 份，河南 393 份，湖南 399 份，样本分布基本均衡。样本分布情况如表 4-2 所示。

表 4 - 2　样本数据分布情况

黑龙江省			湖南省			河南省		
市	县（区）	样本量	市	县（区）	样本量	市	县（区）	样本量
大庆	肇州	68	衡阳	衡阳	69	新乡	原阳	69
	林甸	72		耒阳	68		辉县	71
齐齐哈尔	甘南	71	长沙	宁乡	68	周口	禅城	66
	拜泉	71		浏阳	69		太康	65
哈尔滨	尚志	71	岳阳	华容	68	南阳	方城	69
	呼兰	71		汨罗	68		唐河	68

二、户主个体、农户家庭及农业生产经营基本特征分析

1. 户主个体及农户家庭特征分析

为了更好地掌握样本农户的基本特征，本节将对 1 208 份有效样本的户主个体及农户家庭特征进行描述性统计分析。其中，户主个体特征主要包括年龄、性别、受教育程度、健康状况，农户家庭特征主要包括农户的家庭规模、农户类型、总劳动力数量、社会资本。各特征变量的含义与说明见表 4 - 3。

表 4 - 3　户主个体及农户家庭基本特征变量的含义与说明

变量类型	变量名称	变量含义与赋值
户主个体特征	年龄	户主年龄（岁）
	性别	户主性别：0＝女性；1＝男性
	受教育程度	户主受教育年限（年）
	健康状况	户主身体健康状况自评或他评：1＝非常差；2＝比较差；3＝一般；4＝比较健康；5＝非常健康
农户家庭特征	家庭规模	家庭人口总数（人）
	农户类型[①]	1＝纯农户；2＝农业兼业户；3＝非农兼业户；4＝非农户
	总劳动力数量	年满 16 周岁、不上学且有劳动能力的家庭成员数量（人）
	社会资本	在县级及以上城市当公职人员的亲戚好友数量（人）

①划分依据为：农业总收入占家庭总收入的比例超过 95％为纯农户，大于 50％且小于等于 95％为农业兼业户，大于 5％且小于等于 50％为非农兼业户，小于等于 5％为非农户。

样本农户基本特征的描述性统计结果见表 4 - 4。从户主个体特征来看，

户主年龄为 26～88 岁，平均年龄为 56.78 岁，其中，50 岁及以上的样本占到总样本的 75％以上，而 35 岁以下的样本仅有 1.987％。这说明，样本区农村人口老龄化问题严重。以男性为户主的样本农户家庭居多，占到总样本的 95％以上，这与中国农村地区普遍存在的"男耕女织"的传统文化思想有关。户主平均受教育程度为 7.888 年，其中，接近 80％的户主受教育程度为初中及以下水平，这符合当前中国农村地区人口受教育程度普遍不高的现实状况。户主健康状况的平均值为 4.274，总体健康状况较好，其中，身体健康状况为非常差和比较差的样本还不到 10％，超过 70％的样本农户身体健康状况为比较健康或非常健康。

表 4－4　样本农户基本特征的描述性统计结果

变量	类别	农户数	农户比例（％）	变量	类别	农户数	农户比例（％）
户主年龄（岁）	[26，35)	24	1.987	家庭规模（人）	[1，2]	239	19.785
	[35，50)	263	21.772		[3，4]	408	33.775
	[50，65)	609	50.414		[5，6]	439	36.341
	[65，88]	312	25.828		[7，11]	122	10.099
户主性别	1	1 158	95.861	农户类型	1	425	35.182
	0	50	4.139		2	285	23.593
户主受教育程度（年）	[0，6]	451	37.334		3	415	34.354
	[7，9]	515	42.632		4	83	6.871
	[10，12]	205	16.970	总劳动力数量	[1，2]	456	37.748
	[13，16]	37	3.063		[3，4]	641	53.063
户主健康状况	1	22	1.821		[5，7]	111	9.189
	2	63	5.215	社会资本	0	898	74.338
	3	143	11.838		[1，2]	153	12.666
	4	314	25.993		[3，4]	73	6.043
	5	666	55.132		≥5	84	6.954

从农户家庭特征来看，样本农户的家庭规模为 1～11 人，平均家庭人口为 4.334 人，其中，家庭规模以 5～6 人居多，占比为 36.341％，其次是 3～4 人，占比 33.775％，7 人及以上的样本最少，仅占 10.099％。按照农业总收入占农户家庭总收入的比例划分农户类型，纯农户和非农兼业户相对较多，占比均超过 30％，其次是农业兼业户和非农户，占比分别为 23.593％和 6.871％。样本农户总劳动力数量为 1～7 人，平均总劳动力数量为 3.110 人，

其中总劳动力数量以 3～4 人居多，占到总样本的 50% 以上，其次是 1～2 人，占比为 37.748%，总劳动力数量为 5 人及以上的样本不足 10%。样本农户社会资本的平均值为 1.083，说明样本农户的社会资本普遍偏低，其中，没有亲戚好友在县级及以上城市当公职人员的农户占到总样本的 74.338%。总体来看，样本农户基本特征符合中国粮食主产区现阶段的基本情况，样本具有较好的代表性。

2. 农业生产经营特征分析

农户农业生产经营特征变量主要包括经营规模、土地细碎化程度、耕地质量、生产性固定资产、农业组织参与、农业技术培训等。各特征变量的含义与说明见表 4－5。

表 4－5　农业生产经营特征变量的含义与说明

变量类型	变量名称	变量含义与赋值
农户农业生产环境特征	经营规模①	0＝小农户；1＝规模户
	粮食种植面积	2020 年家庭粮食播种面积（亩②）
	土地细碎化程度	2020 年家庭粮食种植地块数（块）。块数越多，表明土地细碎化程度越高。
	耕地质量	农户对实际耕种地块的评价：1＝非常差；2＝比较差；3＝一般；4＝比较好；5＝非常好
	是否通机耕路	2020 年农户最大耕地是否通机耕路：0＝否；1＝是
	生产性固定资产	2020 年农户家庭拥有的生产性固定资产现值（元），加 1 后取对数处理
	农业组织参与	1＝加入合作社或登记为家庭农场或科技示范户或农业企业等农业组织；0＝无
	农业技术培训	近 3 年，是否参加农业技术培训：1＝是；0＝否
	气象灾害	2020 年农业生产过程中遭受气象灾害的次数（次）

①依据联合国粮农组织（FAO）对规模的定义，以 2 公顷为一个界限，小于 2 公顷的农户为小农户，大于等于 2 公顷的农户为规模户。
②1 亩＝1/15 公顷。

样本农户的农业生产经营特征的描述性统计结果见表 4－6。样本农户的经营规模为 0.44～3 200 亩，以小农户居多，占到样本总数的 66.308%，规模农户占比 33.692%。具体到粮食种植面积，平均粮食种植面积为 49.803 亩，其中，小于 5 亩的样本农户占比为 17.798%，在 5～15 亩、15～30 亩、30～60 亩和 60～120 亩区间内的样本分别占样本总数的 32.036%、16.474%、

13.990%和10.017%，120亩及以上的样本占比不到10%。粮食种植地块数在5块及以下的样本居多，占比超过60%，大于10块的样本占比也不低，已接近20%。这说明，样本农户进行粮食生产的土地资本差异较大。

表4-6　样本农户的农业生产经营特征的描述性统计结果

变量	类别	农户数	农户比例（%）	变量	类别	农户数	农户比例（%）
经营规模	0	801	66.308	是否通机耕路	0	490	40.563
	1	407	33.692		1	718	59.437
粮食种植面积	<5	215	17.798	生产性固定资产	0	243	20.116
	[5，15)	387	32.036		[1，2]	549	45.447
	[15，30)	199	16.474		[3，5]	295	24.421
	[30，60)	169	13.990		[6，93]	121	10.017
	[60，120)	121	10.017	农业组织参与	0	930	76.987
	≥120	117	9.685		1	278	23.013
土地细碎化程度	[1，2]	399	33.030	农业技术培训	0	785	64.983
	[3，5]	401	33.195		1	423	35.017
	[6，8]	151	12.500	气象灾害	0	548	45.364
	[9，10]	43	3.560		1	443	36.672
	≥11	214	17.715		2	134	11.093
耕地质量	1	8	0.662		3	31	2.566
	2	141	11.672		4	52	4.305
	3	492	40.728				
	4	519	42.964				
	5	48	3.974				

样本农户的平均耕地质量得分为3.379，耕地总体质量状况一般略偏好，其中，对实际耕种地块质量的评价为非常差和非常好的样本占比均不高，分别为0.662%和3.974%，而认为实际耕种地块质量为比较好的农户最多，占比42.964%。最大耕地已通机耕路的样本占比接近60%，说明样本区机械使用的便捷程度较高。超过90%的农户拥有的生产性固定资产小于6，多数农户拥有的生产性固定资产为1～2。从2020年的农户农业组织参与情况来看，仅有23.013%的样本农户加入了农业组织。近3年未参加农业技术培训的农户占比较高，已超过60%。45.364%的农户在2020年农业生产过程中未遭受气象灾害的影响，遭受一次气象灾害的农户占比为36.672%，遭受一次以上气象灾

害的农户不到 20%。

3. 不同区域样本特征对比分析

由于样本区涉及黑龙江、河南和湖南 3 大粮食主产省份，不同省份农户的资源禀赋特征、生产经营特征等均存在较大差异，因此，本书进一步对比分析了总样本和不同省份样本的户主个体特征、农户家庭特征以及农业生产经营特征的差异。见表 4-7。

表 4-7　不同区域农户家庭及农业生产经营特征对比分析

变量名称	均值			
	总样本	黑龙江子样本	河南子样本	湖南子样本
户主年龄	56.780 (10.388)	56.635 (10.355)	58.779 (10.997)	54.962 (9.438)
户主性别	0.959 (0.199)	0.966 (0.181)	0.934 (0.249)	0.975 (0.157)
户主受教育程度	7.888 (3.322)	7.712 (3.134)	7.616 (3.516)	8.341 (3.278)
户主健康状况	4.274 (0.984)	4.264 (0.866)	3.990 (1.145)	4.564 (0.836)
家庭规模	4.334 (1.771)	3.262 (1.355)	4.860 (1.771)	4.932 (1.634)
农户类型	2.129 (0.977)	1.716 (0.774)	2.165 (0.964)	2.524 (1.009)
总劳动力数量	3.110 (1.169)	2.591 (0.975)	3.321 (1.233)	3.444 (1.103)
社会资本	1.083 (3.998)	1.125 (5.850)	0.427 (1.517)	1.684 (3.121)
经营规模	0.379 (0.485)	0.584 (0.493)	0.071 (0.258)	0.469 (0.500)
粮食种植面积	49.803 (135.153)	54.438 (96.107)	14.073 (32.154)	80.163 (206.250)
土地细碎化程度	14.057 (52.953)	5.536 (9.709)	3.232 (2.406)	33.604 (88.460)
耕地质量	3.379 (0.767)	3.346 (0.813)	3.438 (0.716)	3.355 (0.766)
是否通机耕路	0.594 (0.491)	0.308 (0.462)	0.822 (0.383)	0.669 (0.471)
生产性固定资产	2.579 (4.147)	2.274 (2.378)	1.990 (2.288)	3.476 (6.314)
农业组织参与	0.230 (0.421)	0.195 (0.396)	0.206 (0.405)	0.291 (0.455)
农业技术培训	0.350 (0.477)	0.397 (0.490)	0.288 (0.453)	0.363 (0.482)
气象灾害	0.838 (1.014)	0.596 (1.048)	0.476 (0.576)	1.446 (1.043)
样本数	1 208	416	393	399

注：括号中的数字为标准差。

从户主个体特征来看，河南省农村人口老龄化问题最为严重，其次是黑龙江省，湖南省最弱。以男性为户主的农户家庭样本在湖南省占比最高，黑龙江省次之，河南省最低。湖南省样本的平均受教育程度最高，健康状况也最好，这可能与湖南省经济发展水平较高有关。从农户家庭特征来看，家庭规模、农户类型和总劳动力数量变量都表现出湖南省最高、河南省次之，黑龙江最低的特征。湖南省的社会资本也较高，黑龙江省次之，河南省最低且远低于平均值。

从农业生产经营特征来看，黑龙江省规模户（耕地经营面积在 2 公顷及以上）的占比最高，其次是湖南省，河南省规模户最少。进一步来看，粮食种植面积均值在湖南省最大，黑龙江省次之，河南省最小，这与 3 个地区的地理位置和作物熟制有关，且黑龙江省大豆种植规模逐年增加，相对比其他 2 个地区少了玉米、水稻的种植规模。具体而言，湖南省可生长 3 季作物，河南省可生长 2 季作物，黑龙江省仅能生长 1 季作物，但黑龙江省人均耕地经营面积较大，湖南次之，河南最小。湖南省的土地细碎化程度最高，且远高于平均水平，黑龙江省次之，河南省最低。农户对耕地质量的评价在湖南省最高，河南省次之，黑龙江省最低，但差异不大。耕地已通机耕路的农户占比在河南省最高，湖南省次之，黑龙江省最低。农户拥有的生产性固定资产在湖南省最多，黑龙江省次之，河南省最低。农业组织参与比例在湖南省最高，在河南省次之，在黑龙江省最低。但农业技术培训的参与情况在黑龙江省最好，在湖南省次之，在河南省最差。而遭受气象灾害次数最多的是湖南省，黑龙江省略多于河南省，但差异不大。

三、农户生产环节外包特征分析

根据前文关于农业生产环节外包的内涵界定（见第二章），本书主要关注农户产中环节的外包行为，主要涉及耕整、播种（育秧、插秧）、施肥、病虫害防治、灌溉、收割 6 个环节。实地调研发现，农户普遍存在多样化种植现象，例如河南省农户小麦与玉米轮作、小麦与水稻轮作，湖南省农户双季稻连作，黑龙江农户分散化种植等，则农户单位时间内（一年）的农业生产活动可能涉及多种作物、农地单位时间内也可能存在多次投入与产出。因此，单独以某一种作物为例的分析，不能完全体现农户农业生产及生产环节外包的准确特征。基于此，本书分别从农户粮食生产的总体层面、区域层面、作物层面和环节层面考察样本农户的生产环节外包特征。首先，以农户年外包情况表征其外包的总体状况，对比分析不同农户年生产环节外包的差异，以及不同区域农户年生产环节外包的差异；其次，聚焦玉米、小麦和水稻 3 种粮食作物，分别分析农户在其生产过程中购买外包服务的现状；最后，关注不同作物类型的同一生产环节以及同一作物的不同生产环节，对比分析农户购买的外包服务在不同生产环节的差异性。进一步的，不同农户生产环节外包的差异体现在多个方面，主要包括是否购买生产环节外包服务、外包水平与外包程度，因此，本书从总体特征、区域特征、作物特征和环节特征 4 个方面，"农户是否购买生产环节外包服务（是否外包）""农户生产环节外包的水平（外包水平）"与"农户生产环节外包的程度（外包程度）"3 个维度展开农户生产环节外包特征的描述性统计分析。

1. 总体特征与区域特征分析

基于农户生产环节外包的总体情况，即以 2020 年农户的亩均生产环节外包整体情况为依据，生产环节外包变量的含义与说明见表 4-8。

表 4-8　农户生产环节外包的总体特征变量

变量类型	变量名称	变量含义与赋值
生产环节外包特征	是否购买生产环节外包服务	将农户 2020 年在任意一个生产环节购买外包服务定义为购买生产环节外包服务，赋值为 1；未在任何一个生产环节购买外包服务定义为未购买生产环节外包服务，赋值为 0
	外包费用	农户 2020 年购买生产环节外包服务的亩均费用（元/亩）
	外包环节	农户 2020 年购买生产环节外包服务的环节数量占比（%）
	外包程度	农户 2020 年购买外包环节耕作方式的平均值

农户生产环节外包总体特征变量的描述性统计结果见表 4-9。首先，从农户是否购买生产环节外包服务的层面来看，1 208 户样本农户中，仅有 20 户农户未在任何一个生产环节购买外包服务，占比仅约为 1.656%。分区域来看，河南省的外包比例最高、湖南次之、黑龙江最低，但差异不大，各样本省购买生产环节外包服务的农户比例均高达 97% 以上。可见，中国粮食主产区农户的外包比例非常高。

其次，从外包水平来看，通常来讲，农户购买生产环节外包服务的环节数量越多，支出的服务费用越高，其购买外包服务的水平也就越高。因此，本书从外包费用和外包环节两个维度描述农户的外包水平。一方面，从外包费用来看，农户 2020 年亩均外包费用的均值为 197.714 元。分区域来看，湖南省农户的亩均支出费用最高且远高于均值，河南省次之，黑龙江省最低，这一差异符合 3 个省份的种植结构和作物熟制特征。具体而言，黑龙江为一年一熟制、河南为一年两熟制、湖南为一年三熟制，且黑龙江以玉米种植为主、河南以小麦种植为主、湖南以水稻种植为主。另一方面，从外包环节来看，农户2020年购买生产环节外包服务的环节数量占比均值为48.392%，外包环节数量尚未超过生产环节数量的一半，处于相对较低的水平。分区域来看，黑龙江省农户的外包环节数量占比最高，其次是河南省，湖南省最低，这一差异同样可能与不同省份的作物类型密切相关。

最后，从外包程度来看，外包程度是从农户市场参与水平的维度描述农户外包状况，参考相关研究的界定（段培，2018），农户进行农业耕作的方式通常有自己生产、帮工与换工、租赁机械或雇用劳力、租赁机械且雇用劳力、雇请专业服务组织五种[1]，且这五种耕作方式反映的市场参与水平是逐步升级的，表征农户外包程度由低到高，分别赋值1、2、3、4、5。通过计算农户2020年粮食生产过程中所有外包环节耕作方式的平均值，即为外包程度变量。样本农户的外包程度的均值为2.419，说明农户生产环节外包的平均市场参与水平较低。分区域来看，黑龙江的外包程度相对较高，河南次之，湖南最低。

可见，从总体来看，粮食主产区农户购买生产环节外包服务的比例较高，但外包水平与外包程度均相对较低，且不同区域间存在差异。

表4-9　农户生产环节外包总体特征变量的描述性统计结果

变量名称	均值			
	总样本	黑龙江子样本	河南子样本	湖南子样本
是否购买生产环节外包服务	0.983 (0.128)	0.971 (0.168)	0.995 (0.071)	0.985 (0.122)
外包费用	197.714 (141.394)	117.147 (80.232)	171.496 (82.853)	307.539 (166.137)
外包环节	48.392 (23.296)	53.691 (30.230)	48.743 (13.645)	42.522 (21.109)
外包程度	2.419 (0.688)	2.624 (0.920)	2.463 (0.416)	2.163 (0.521)
样本数	1 208	416	393	399

注：括号中的数字为标准差。

---

[1]　需要说明的是，本书界定的五种耕作方式不存在交叉问题。租赁机械或雇用劳力、租赁机械且雇用劳力两种外包方式主要是指农户购买的私人的、随机的外包服务，一般服务供给者为个体机耕户或农村富余劳动力；而雇请专业服务组织一般是有正式或非正式劳动合同的、稳定的外包服务，一般服务供给者为合作社、农业企业等。

2. 作物特征分析

上文从总体与区域层面描述了农户生产环节外包的基本情况，为进一步明晰粮食主产区农户生产环节外包的作物差异，本书分别聚焦玉米、小麦和水稻三大粮食作物，分析农户在不同作物生产过程中购买生产环节外包服务的现状。针对不同作物生产情况，农户是否购买生产环节外包服务变量的含义与说明见表4-10。

表4-10 农户生产环节外包的作物特征变量

变量类型	变量名称	变量含义与赋值
生产环节外包特征	是否购买生产环节外包服务	将农户2020年在玉米/小麦/水稻生产中任意一个生产环节购买外包服务定义为购买生产环节外包服务，赋值为1；未在玉米/小麦/水稻生产中任何一个生产环节购买外包服务定义为未购买生产环节外包服务，赋值为0
	外包费用	农户2020年在玉米/小麦/水稻生产过程中购买外包服务的亩均费用（元/亩）
	外包环节	农户2020年在玉米/小麦/水稻生产过程中购买生产环节外包服务的环节数量占比（%）
	外包程度	农户2020年在玉米/小麦/水稻生产过程中购买外包环节耕作方式的平均值

农户生产环节外包的作物特征变量的描述性统计结果见表4-11和表4-12。需要特别说明的是，水稻包括晚稻、中稻和早稻三种类型，尤其是在湖南省，存在部分耕地种植中稻、部分耕地早晚双季稻连作等不同的种植方式。因此，本书首先按照水稻的总体外包情况进行统计分析（表4-11），再分别对晚稻、中稻和早稻种植过程中的外包情况进行具体分析（表4-12）。

从是否购买生产环节外包服务的层面来看，三大作物的外包比例（农户购买生产环节外包服务的比例）均较高（均超过95%），其中，小麦的外包比例最高，其次是水稻，玉米的外包比例最低。对比三种类型的水稻外包情况，可以看出，中稻与早稻的外包比例差别不大，均高于晚稻。从外包的亩均费用支出来看，水稻最高，小麦次之，玉米最低，且晚稻外包的亩均费用支出高于早稻，早稻外包的亩均费用支出高于中稻。从外包环节数量占比来看，玉米与小麦一致，均已高于50%，水稻最低，并且中稻低于早稻和晚稻。从外包程度来看，水稻同样明显低于玉米与小麦，中稻的外包程度也低于早稻和晚稻。

综上所述，从不同作物类型来看，无论是玉米、小麦，还是早、中、晚稻，粮食主产区农户购买生产环节外包服务的比例均较高，但外包水平与外包程度均相对较低。这一结论与生产环节外包的总体特征和区域特征保持一致。进一步的，农户在玉米和小麦生产过程中的外包服务购买情况较为类似，可能与两种作物的生产环节相似度较高有关。并且，水稻仅在外包比例和外包费用层面高于玉米和小麦，在外包环节和外包程度两方面均明显低于玉米和小麦。

表 4-11　农户生产环节外包作物特征变量的描述性统计结果

变量名称	均值		
	玉米	小麦	水稻
是否购买生产环节外包服务	0.954 (0.209)	0.988 (0.111)	0.985 (0.120)
外包费用	131.226 (77.936)	159.567 (63.397)	426.461 (295.670)
外包环节	0.511 (0.255)	0.511 (0.150)	0.418 (0.204)
外包程度	2.537 (0.777)	2.535 (0.462)	2.160 (0.517)
样本数	703	401	482

注：括号中的数字为标准差。

表 4-12　农户水稻生产环节外包特征变量的描述性统计结果

变量名称	均值		
	晚稻	中稻	早稻
是否购买生产环节外包服务	0.978 (0.146)	0.983 (0.130)	0.982 (0.135)
外包费用	323.518 (193.820)	299.986 (166.392)	311.070 (175.773)
外包环节	0.438 (0.216)	0.419 (0.214)	0.455 (0.228)
外包程度	2.202 (0.546)	2.134 (0.506)	2.223 (0.544)
样本数	323	232	217

注：括号中的数字为标准差。

3. 环节特征分析

上文从总体层面、区域层面和作物层面描述了农户生产环节外包的基本情况，本节聚焦玉米、小麦、晚稻、中稻和早稻五种粮食作物，第一，分别横向比较不同作物在耕整、播种、施肥、病虫害防治、灌溉、收割六个环节外包的现状；第二，纵向对比同一作物在耕整、播种、施肥、病虫害防治、灌溉、收割六个环节外包的差异。

（1）耕整环节

图 4-2 是不同作物在耕整环节的外包现状，可以看出，小麦在耕整环节的外包比例最高，占比达 91.52%，远高于其他粮食作物。晚稻、中稻和早稻耕整环节的外包比例较为接近，依次为 71.21%、74.14% 和 70.51%。玉米耕整环节的外包比例最低，仅占 62.16%。

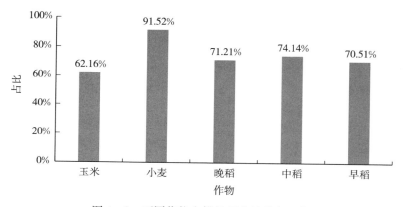

图 4-2　不同作物在耕整环节的外包现状

（2）播种环节

图 4-3 是不同作物在播种环节的外包现状，可以看出，小麦在播种环节外包的比例最高，接近 90%，远高于其他作物。其次是玉米，外包比例为 66.71%。无论是晚稻、中稻还是早稻，播种环节外包的比例均较低，均未超过 60%。其中，中稻播种环节外包的比例仅为 34.05%，其次是早稻，而晚稻播种环节的外包比例相对较高。需要说明的是，水稻播种环节与玉米和小麦存在差异，虽有部分地区开始采用水稻直播技术，但样本区大多数农户仍然使用传统的"育秧＋插秧/抛秧"方式，为便于统计和对比，本书将水稻生产的育秧环节与插秧（抛秧）环节均归为播种环节，并将育秧和插秧（抛秧）环节均没有外包定义为未外包，将育秧或插秧（抛秧）环节至少有一个环节外包定义为外包。

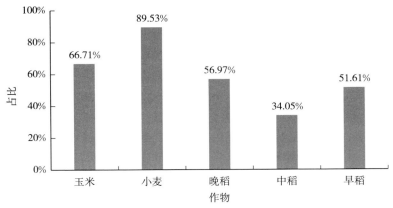

图 4-3 不同作物在播种环节的外包现状

（3）施肥环节

图 4-4 是不同作物在施肥环节的外包现状，可以看出，与播种环节类似，小麦在施肥环节的外包比例仍处于最高水平，玉米次之，水稻最低。但相对来讲，施肥环节的外包比例均不高，除小麦外，玉米、晚稻、中稻和早稻的外包比例均未超过 60%，且晚稻、中稻和早稻施肥环节的外包比例仅在 30% 左右。

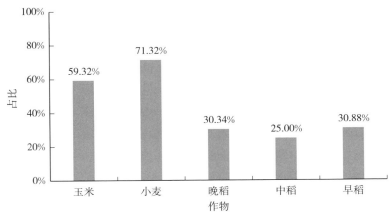

图 4-4 不同作物在施肥环节的外包现状

（4）病虫害防治环节

图 4-5 是不同作物在病虫害防治环节的外包现状，可以看出，玉米、小麦、晚稻、中稻与早稻的外包比例均不高，均未超过 50%。其中，晚稻的外包比例最高，为 43.03%，其次是早稻和中稻，分别为 39.17% 和 30.17%。玉米和小麦的外包比例均未超过 30%，小麦低至 14.21%，玉米为 25.04%。

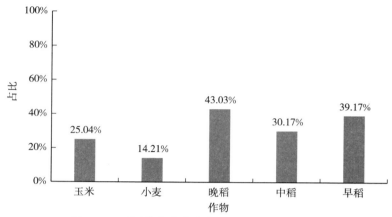

图 4-5 不同作物在病虫害防治环节的外包现状

（5）灌溉环节

图 4-6 是不同作物在灌溉环节的外包现状，可以看出，玉米、小麦、晚稻、中稻与早稻的外包比例极低，均未超过 10％。小麦和玉米的灌溉比例甚至低至 1％以下，这可能与小麦和玉米生长过程中对灌溉的低需求有关。而在水稻生长过程中，灌溉是非常烦琐且重要的环节，但晚稻、中稻和早稻的外包比例仍不高，分别为 5.26％、7.33％和 7.83％。

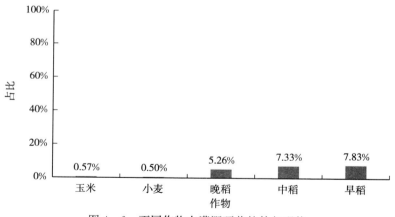

图 4-6 不同作物在灌溉环节的外包现状

（6）收割环节

图 4-7 是不同作物在收割环节的外包现状，可以看出，收割环节的外包比例非常高，尤其是小麦，外包比例已高达 97.76％；其次是中稻和玉米，分别为 89.22％和 87.91％。晚稻和早稻的外包比例相对较低，分别为 84.83％和 82.95％。

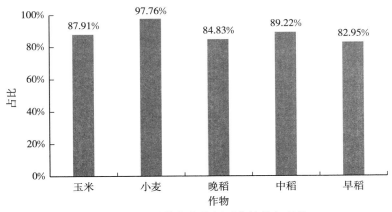

图 4-7　不同作物在收割环节的外包现状

（7）玉米生产

图 4-8 是玉米不同生产环节的外包现状，可以看出，不同环节的外包比例差异巨大，收割环节的外包比例最高，为 87.91%。播种环节和耕整环节的外包比例次之，分别为 66.71% 和 62.16%。随后是施肥环节，外包比例为 59.32%。病虫害防治和灌溉环节的外包比例最低，分别为 25.04% 和 0.57%。可以看出，劳动密集型环节的外包比例较高，技术密集型环节的外包比例相对较低。

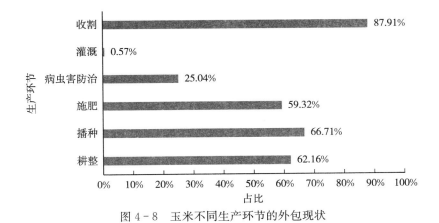

图 4-8　玉米不同生产环节的外包现状

（8）小麦生产

图 4-9 是小麦不同生产环节的外包现状，可以看出，不同环节的外包比例差异巨大，收割环节、耕整环节和播种环节的外包比例均较高，在 90% 左右。其次是施肥环节，外包比例为 71.32%。病虫害防治环节和灌溉环节的外包比例均较低，分别为 14.21% 和 0.50%。

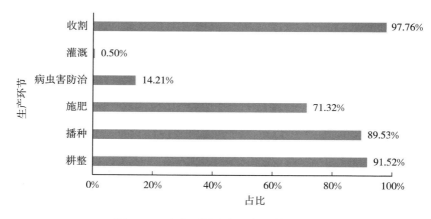

图 4-9　小麦不同生产环节的外包现状

（9）晚稻生产

图 4-10 是晚稻不同生产环节的外包现状，可以看出，收割环节的外包比例最高，为 84.83%，耕整环节和播种环节次之，分别为 71.21% 和 56.97%。随后是病虫害防治环节和施肥环节，且病虫害防治环节的外包比例高于施肥环节的外包比例。灌溉环节的外包比例最低，仅为 5.26%。

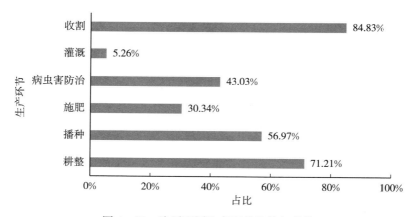

图 4-10　晚稻不同生产环节的外包现状

（10）中稻

图 4-11 是中稻不同生产环节的外包现状，可以看出，收割环节和耕整环节的外包比例较高，分别为 89.22% 和 74.14%，播种环节、病虫害防治环节和施肥环节次之，均在 30% 左右，且播种环节的外包比例高于病虫害防治环

节高于施肥环节。灌溉环节的外包比例最低，仅为 7.33%。

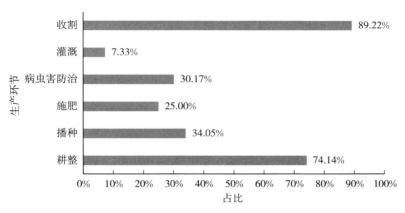

图 4 - 11 中稻不同生产环节的外包现状

（11）早稻

图 4 - 12 是早稻不同生产环节的外包现状，可以看出，收割环节、耕整环节和播种环节的外包比例较高，均已超过 50%。病虫害防治环节和施肥环节次之，分别为 39.17% 和 30.88%。灌溉环节的外包比例最低，仅为 7.83%。

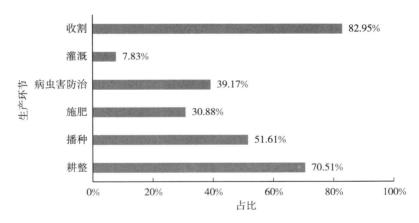

图 4 - 12 早稻不同生产环节的外包现状

综上，通过对不同作物同一生产环节外包情况的分析，本书发现，在耕整环节、收割环节和灌溉环节，不同作物的外包情况较为相似。其中，五种作物在耕整环节和收割环节的外包比例均较高、灌溉环节的外包比例均较低。在播种环节、施肥环节和病虫害防治环节，玉米与小麦的外包情况较为相似，晚稻、中稻和早稻的外包状况基本一致。其中，玉米和小麦在播种和施肥环节的外包比例均高于晚稻、中稻和早稻，而在病虫害防治环节却恰恰相反，晚稻、中稻和早稻的外包比例均高于玉米和小麦。通过对同一作物不同生产环节外包状况的对比，本书发现，无论是玉米、小麦，还是晚稻、中稻和早稻，劳动密集型生产环节（如，耕整、收割、播种）的外包比例均高于技术密集型生产环节（如，施肥、病虫害防治、灌溉），这与蔡荣和蔡书凯（2014）、王建英等（2016）的调研结果类似。且在玉米和小麦生产中，病虫害防治环节的外包比例低于施肥环节，但在晚稻、中稻和早稻生产中却相反，病虫害防治环节的外包比例高于施肥环节。

四、农户生产环节外包效益变量特征分析

1. 生产环节外包经济效益的测度与特征分析

本书从农户的农业产出和家庭收入两个维度，衡量生产环节外包的经济效益。首先，农业产出使用年粮食产量变量进行测度，即 2020 年农户的亩均粮食产量。值得一提的是，按照作物熟制进行划分，黑龙江为一年一熟制，河南为一年两熟制，湖南为一年两熟或三熟制。因此，在计算黑龙江省农户的年粮食产量时通常仅涉及 1 季粮食作物，而在计算河南省和湖南省农户的年粮食产量时，可能涉及 1~3 季粮食作物（例如，河南省小麦与玉米轮作、湖南省早晚双季稻连作）。其次，家庭收入水平包括农户家庭的总收入、农业收入和非农收入。总收入使用 2020 年农户家庭人均纯收入表示，农业收入使用 2020 年农户家庭人均农业纯收入表示，非农收入使用 2020 年农户家庭人均非农收入表示（邱海兰和唐超，2019；赵鑫等，2021）。生产环节外包经济效益各变量的含义与说明见表 4 - 13。

表 4 - 13　生产环节外包经济效益各变量的含义与说明

变量类型	变量名称	变量含义与赋值
生产环节外包的经济效益	年粮食产量	2020 年农户的亩均粮食产量（千斤/亩）
	总收入	2020 年农户家庭人均纯收入（万元/人）
	农业收入	2020 年农户家庭人均农业纯收入（万元/人）
	非农收入	2020 年农户家庭人均非农收入（万元/人）

注：1 千斤=500 千克；1 亩=1/15 公顷，下同。

生产环节外包经济效益各变量的描述性统计结果见表 4 - 14。从总体来看，样本农户的年亩均粮食产量均值为 1 031 斤/亩，其中，黑龙江省的年粮

食产量最高，为 1 158 斤/亩；其次是河南省，为 1 030 斤/亩；湖南省最低，仅为 899 斤/亩。样本农户的家庭年人均纯收入为 26 790 元/人，其中，湖南省最高，可达 35 800 元/人；其次是黑龙江省，为 24 510 元/人；河南省最低，为 20 050 元/人。进一步的，样本农户的家庭年农业人均纯收入为 8 170 元/人，其中，黑龙江省最高，为 11 150 元/人；湖南省次之为 8 680 元/人；河南省最低，仅为 4 500 元/人。样本农户的家庭年非农人均纯收入为 14 840 元/人，与不同区域农业收入的差距相反，黑龙江省最低，仅为 8 360 元/人；河南省次之，为 13 240 元/人；湖南省远高于黑龙江省和河南省，为 23 180 元/人。

表 4 - 14 生产环节外包经济效益各变量的描述性统计结果

变量名称	均值			
	总样本	黑龙江子样本	河南子样本	湖南子样本
年粮食产量（千斤/亩）	1.031（0.244）	1.158（0.297）	1.030（0.138）	0.899（0.187）
总收入（万元/人）	2.679（4.474）	2.451（3.510）	2.005（3.142）	3.580（6.069）
农业收入（万元/人）	0.817（2.889）	1.115（2.712）	0.450（1.802）	0.868（3.771）
非农收入（万元/人）	1.484（2.846）	0.836（1.232）	1.324（1.986）	2.318（4.235）
样本数	1 208	416	393	399

注：括号中的数字为标准差。

可见，从农业产出上来讲，黑龙江省与河南省差异不大，年亩均粮食产量均超过 1 000 斤，且远高于湖南省。从农户的家庭收入上来讲，黑龙江省与河南省在家庭收入层面同样差异不大，但远低于湖南省，可能是由于湖南省样本农户的非农收入较高所致。并且，通过对比不同省份样本农户的农业收入与非农收入，发现黑龙江省农户可能更倾向于以农业收入为主要收入来源，而河南省和湖南省农户则更倾向于以非农收入为主要收入来源。

2. 生产环节外包环境效益的测度与特征分析

本书以农用化学品投入为例，从农用化学品投入频率与农用化学品投入强度两个维度表征生产环节外包的环境效益。其中，农用化学品投入频率使用 2020 年农户化肥投入的次数表示，农用化学品投入强度使用 2020 年农户的亩均化肥折纯量表示。同样的，按照作物熟制进行划分，黑龙江为一年一熟制，河南为一年两熟制，湖南为一年两熟或三熟制。因此，在计算黑龙江省的年化肥投入时通常仅涉及 1 季粮食作物，而在计算河南省和湖南省的年化肥投入时，可能涉及 1～3 季粮食作物。生产环节外包环境效益各变量的含义与说明见表 4 - 15。

表 4-15 生产环节外包环境效益各变量的含义与说明

变量类型	变量名称	变量含义与赋值
生产环节外包的环境效益	农用化学品投入频率	2020年农户化肥投入的次数（次）
	农用化学品投入强度	2020年农户的亩均化肥折纯量（千克/亩）

生产环节外包环境效益各变量的描述性统计结果见表 4-16。农户化肥投入频率的均值为 2.869 次，不同省份的投入频率差异巨大。其中，湖南省化肥投入频率相对更高，为 3.840 次；河南省次之，为 2.902 次；黑龙江省的化肥投入频率最低，仅为 1.906 次。农户年化肥投入强度的均值为 21.122 千克/亩，化肥投入强度较大，且不同省份之间存在差异。其中，河南省化肥投入强度最大，为 23.934 千克/亩；黑龙江省次之，为 20.084 千克/亩；湖南省最低，为 19.435 千克/亩。初步来看，湖南省的化肥投入频率较高且化肥投入强度较低，其农业生产的生态环境可能较好。

表 4-16 生产环节外包环境效益各变量的描述性统计结果

变量名称	均值			
	总样本	黑龙江子样本	河南子样本	湖南子样本
农用化学品投入频率（次）	2.869 (1.548)	1.906 (0.690)	2.902 (1.316)	3.840 (1.775)
农用化学品投入强度（千克/亩）	21.122 (9.125)	20.084 (9.448)	23.934 (8.407)	19.435 (8.833)
样本数	1 208	416	393	399

注：括号中的数字为标准差。

3. 生产环节外包技术效益的测度与特征分析

本书使用农业环境技术效率衡量生产环节外包的技术效益。农业环境技术效率涵盖农业要素投入、农业产出以及生态环境影响三方面内容，反映了考虑以资源环境为代价的真实生产绩效和农业绿色可持续发展水平（吕娜和朱立志，2019）。本书参考 Tone（2001）、Cooper 等（2007）、潘丹（2012）、刘敏（2020）、孟祥海等（2019）的做法，通过构建了一个基于非径向非角度的 SBM-Undesirable 农业环境技术效率评价模型，来测算样本农户的农业环境技术效率值。生产环节外包技术效益变量的含义与说明见表 4-17。

考虑到不同限定条件和导向选择会造成不同的测算结果，本书以 Max-DEA Ultra 为计算平台，基于不变规模报酬（CRS）、一般规模报酬（GRS）

和可变规模报酬（VRS）三种情况与投入导向（IO）、产出导向（OO）和非导向（NO）三种形式①，在设定期望产出总权重和非期望产出总权重均为 1 时，利用 1 208 个中国粮食主产区农户微观调研数据（共 1 208 个决策单元），测算各决策单元的农业环境技术效率。表 4－18 呈现了不同限定条件和导向选择下农业环境技术效率的平均值。从趋势上看，无论是总样本还是各省样本，在产出导向和投入导向下，从 CRS 到 GRS 再到 VRS 限定条件逐渐放宽，农业环境技术效率均值呈依次增加之势。在同一限定条件下，从产出导向到投入导向再到非导向，农业环境技术效率均值呈依次降低之势。

表 4－17　生产环节外包技术效益变量的含义与说明

变量类型	变量名称	变量含义与赋值
生产环节外包的技术效益	农业环境技术效率	通过 SBM-Undesirable 模型计算所得

表 4－18　生产环节外包技术效益各变量的描述性统计结果

农业环境技术效率	均值			
	总样本	黑龙江子样本	河南子样本	湖南子样本
产出导向 CRS	0.600 (0.119)	0.681 (0.114)	0.629 (0.061)	0.486 (0.070)
投入导向 CRS	0.324 (0.167)	0.426 (0.195)	0.344 (0.110)	0.198 (0.079)
非导向 CRS	0.324 (0.167)	0.426 (0.195)	0.344 (0.110)	0.198 (0.079)
产出导向 GRS	0.618 (0.119)	0.693 (0.116)	0.641 (0.068)	0.518 (0.087)
投入导向 GRS	0.373 (0.179)	0.470 (0.194)	0.394 (0.130)	0.250 (0.123)
非导向 GRS	0.304 (0.184)	0.405 (0.204)	0.333 (0.132)	0.171 (0.111)
产出导向 VRS	0.627 (0.124)	0.701 (0.121)	0.648 (0.076)	0.528 (0.098)
投入导向 VRS	0.388 (0.189)	0.486 (0.201)	0.410 (0.145)	0.264 (0.139)
非导向 VRS	0.319 (0.196)	0.420 (0.213)	0.349 (0.149)	0.184 (0.132)
样本数	1 208	416	393	399

注：括号中的数字为标准差。

　　一般来说，生产技术的规模报酬要先后经历规模报酬递增（Increasing returns to scale，IRS）、规模报酬不变（Constant returns to scale，CRS）和规模报酬递减（Decreasing returns to scale，DRS）三个阶段。如果无法确定

―――――――――

　　①　投入导向是指在保证产出一定时，寻找最少的投入；产出导向是指在投入量一定时，寻找最大的产出；非导向是指同时从投入和产出角度进行测算，因而也被称作投入产出双向。

研究样本处于哪个阶段，或者已知研究样本处于规模报酬的各个阶段，则评价技术效率时，应选择 VRS 模型（Cooper et al.，2007；Färe and Grosskopf，1983；Färe et al.，1986；Zhu，2009）。模型导向的选择主要取决于分析目的，如果分析目的只是获得各单位的效率值，选择上述三种导向均可（成刚和钱振华，2012）。考虑到中国农户，特别是粮食种植农户，农业生产行为多呈现出较为明显的早期经验性固定行为习惯特征（高晶晶和史清华，2019），选择产出导向的测算结果更为合适。

综上，本书选择可变规模报酬（VRS）和产出导向设定下的农业环境技术效率进行后续分析。总体来看，中国粮食主产区的农业环境技术效率均值为 0.627，仅略高于及格线水平；黑龙江、河南、湖南的农业环境技术效率均值分别为 0.701、0.648、0.528，黑龙江的农业环境技术效率明显高于河南，且河南明显高于湖南。可见，中国粮食主产区的农业环境技术效率不高，且三大粮食主产省的农业环境技术效率差异显著，这一结论与现有研究结论基本吻合（Aslam et al.，2021）。这在一定程度上表明，中国粮食主产区仍然处于粗放经营的农业发展模式，更多地依靠资源的投入和对环境的破坏来拉动生产，资源、环境与农业发展处于相对失衡状态。但与 2015 年以前的效率水平相比较（孟祥海等，2019），目前中国粮食生产的农业环境技术效率已略有提升。

五、生产环节外包与其效益变量的交叉分析

为初步考察生产环节外包与农业绿色发展的关系，本书对生产环节外包与农户的农业产出及家庭收入、生产环节外包与农用化学品投入、生产环节外包与农业环境技术效率之间的关系进行了描述性统计分析。需要说明的是，农业绿色发展的指标变量均是以年为单位进行衡量和测度的，因此，在后续实证分析中，本书参考孙顶强等（2016）、张忠军和易中懿（2015）、李忠旭和庄健（2021）的做法，主要选取农户年亩均外包费用支出表征农户的生产环节外包状况，即生产环节外包变量。

1. 生产环节外包与农户的农业产出及家庭收入

表 4-19 是不同生产环节外包水平下农户的农业产出与家庭收入的对比分析，以样本农户年亩均生产环节外包费用支出的均值为划分依据，将低于均值的样本农户划分为低外包水平组，将等于或高于均值的样本农户划分为高外包水平组。从年粮食产量来看，低外包水平组与高外包水平组之间不存在显著的组间差异。从农户家庭的总收入来看，低外包水平组明显低于高外包水平组，

且组间差异显著，通过了 1% 的显著性水平。从农户家庭的农业收入来看，低外包水平组与高外包水平组之间同样不存在显著的组间差异。从农户家庭的非农收入来看，低外包水平组明显低于高外包水平组，且组间差异在 1% 的显著性水平上显著。由此可以初步判定，生产环节外包可能具有经济效益，且主要体现为，生产环节外包能够提升农户家庭的总收入与非农收入。

表 4-19　不同生产环节外包水平下农户农业产出与家庭收入差异分析

变量名称	均值		
	低外包水平组	高外包水平组	组间差异
年粮食产量（千斤/亩）	1.068（0.246）	0.974（0.229）	0.095（0.014）
总收入（万元/人）	2.424（3.301）	3.066（5.806）	−0.641***（0.263）
农业收入（万元/人）	0.899（2.422）	0.693（3.481）	0.207（0.170）
非农收入（万元/人）	1.154（1.777）	1.987（3.901）	−0.833***（0.166）
样本数	729	479	1 208

注：① *、**和***分别代表在 10%、5% 和 1% 的水平上显著；②括号中的数字为标准差。

2. 生产环节外包与农用化学品投入

图 4-13 是生产环节外包与农用化学品投入频率关系的散点图，横轴是农户 2020 年亩均生产环节外包费用支出，单位为元/亩，纵轴是农户 2020 年的农用化学品投入频率，单位为次；图 4-14 是生产环节外包与农用化学品投入强度关系的散点图，横轴是农户 2020 年亩均生产环节外包费用支出，单位为

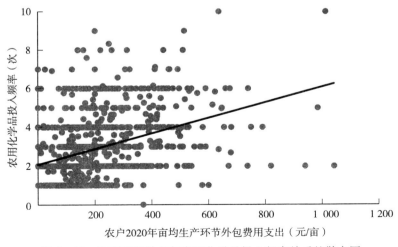

图 4-13　生产环节外包与农用化学品投入频率关系的散点图

元/亩，纵轴是农户 2020 年的农用化学品投入强度，单位为斤/亩。可以看出，生产环节外包与农用化学品投入频率和农用化学品投入强度之间均存在明显的正向关系。由此可以初步判定，生产环节外包的环境效益存在不确定性。一方面，生产环节外包可能促进农用化学品投入频率的提升，从而提高农用化学品利用效率，有助于改善农业生态环境；另一方面，生产环节外包可能导致农用化学品投入强度的增加，从而进一步加重了农用化学品的过量投入问题，不利于农业生产环境和人体健康。

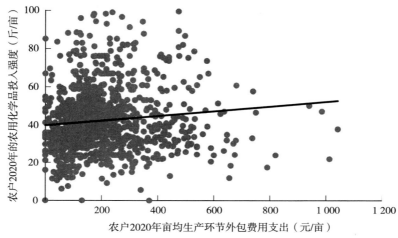

图 4-14　生产环节外包与农用化学品投入强度关系的散点图

3. 生产环节外包与农业环境技术效率

图 4-15 是基于总体样本的生产环节外包与农业环境技术效率关系的散点图。横轴是农户 2020 年每公顷土地购买生产环节外包服务的费用支出，单位为千元/公顷；纵轴是农户 2020 年的农业环境技术效率。可以看出，随着生产环节外包水平的提升，农业环境技术效率先下降后上升，可以初步判定，生产环节外包与农业环境技术效率之间存在"U"形关系。

进一步的，图 4-16 展示了不同省份生产环节外包与农业环境技术效率关系的散点图，从左至右依次是黑龙江省、河南省和湖南省。图 4-17 展示了不同作物生产环节外包与农业环境技术效率关系的散点图，从左至右依次是玉米、小麦和水稻。图 4-16 和图 4-17 的横轴均是农户 2020 年每公顷土地购买生产环节外包服务的费用支出，单位为千元/公顷；纵轴均是农户 2020 年的农业环境技术效率。可以看出，生产环节外包与农业环境技术效率之间同样存在"U"形关系。

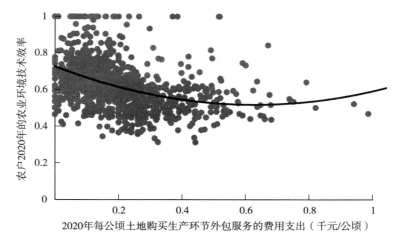

图 4 - 15　基于总体样本的生产环节外包与农业环境技术效率关系的散点图

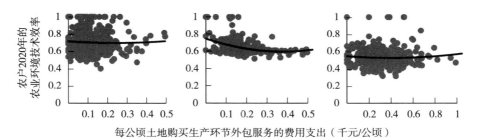

图 4 - 16　基于不同省份的生产环节外包与农业环境技术效率关系的散点图

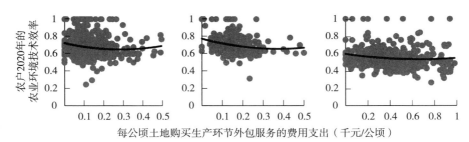

图 4 - 17　基于不同作物类型的生产环节外包与农业环境技术效率关系的散点图

由此可以初步判定，生产环节外包具有技术效益，当生产环节外包水平较高时，生产环节外包会提升农业环境技术效率；但当生产环节外包水平较低时，生产环节外包会降低农业环境技术效率。

综上，通过对生产环节外包与农户的农业产出及家庭收入、生产环节外包与农用化学品投入、生产环节外包与农业环境技术效率的描述性统计结果进行比对分析，不难发现生产环节外包与农业绿色发展之间有着密切的联系。但两者之间更为准确的数量关系，还有待后文进一步地探究。

六、本章小结

本章从微观农户层面，深入把握与刻画了样本区农户家庭及农业生产经营的基本特征，初步判断了生产环节外包与农业绿色发展之间的关系。首先，介绍了本研究实地调查的抽样方案和调研过程，并对获取的调研数据情况进行了说明。其次，依据调研数据统计分析了农户个体、家庭和农业生产经营的基本特征，并从总体层面、区域层面、作物层面和环节层面详细描述了农户购买生产环节外包服务的特征。再次，从农户的农业产出和家庭收入两方面，刻画了生产环节外包的经济效益特征；以农用化学品投入频率与投入强度为例，描述了生产环节外包的环境效益特征；聚焦农业环境技术效率，分析了生产环节外包的技术效益特征。最后，对比分析了不同外包水平下农户的农业产出、家庭收入、农用化学品投入以及农业环境技术效率的差异，为后续实证评价研究的开展奠定了基础。本章主要结论如下：

（1）样本农户基本特征符合中国粮食主产区现阶段的现实情况，即农村劳动力趋向老龄化、弱质化，农民受教育程度低、兼业化程度高，家庭规模缩小、社会资本不高，农户分化程度加深。

（2）从总体来看，样本农户购买生产环节外包的比例较高，但外包水平与外包程度均相对较低，且这一结论在不同区域与不同作物类型中存在一致性。进一步的，农户在玉米和小麦生产过程中的外包服务购买情况较为类似，水稻仅在外包比例和外包费用层面高于玉米和小麦，在外包环节和外包程度两方面均明显低于玉米和小麦。对不同作物同一生产环节外包情况进行分析，第一，在耕整环节、收割环节和灌溉环节，不同作物的外包情况较为相似。其中，在耕整环节和收割环节的外包比例均较高、灌溉环节的外包比例均较低。第二，在播种环节、施肥环节和病虫害防治环节，玉米与小麦的外包情况较为相似，晚稻、中稻和早稻的外包状况基本一致。其中，玉米和小麦在播种和施肥环节的外包比例均高于晚稻、中稻和早稻，而在病虫害防治环节却恰恰相反，晚稻、中稻和早稻的外包比例均高于玉米和小麦。通过对同一作物不同生产环节外包状况的对比，发现无论是玉米、小麦，还是晚稻、中稻和早稻，劳动密集型生产环节（如，耕整、收割、播种）的外包比例均高于技术密集型生产环节（如，施肥、病虫害防治、灌溉）。且在玉米和小麦生产中，病虫害防治环节的外包比例低于施肥环节，但在晚稻、中稻和早稻生产中却相反，病虫害防治环节的外包比例高于施肥环节。

（3）通过对生产环节外包与农户的农业产出及家庭收入、生产环节外包与农用化学品投入、生产环节外包与农业环境技术效率的描述性统计结果进行比对分析，发现生产环节外包与农业绿色发展之间有着密切的联系。首先，生产环节外包可能具有经济效益，且主要表现为，生产环节外包能够提升农户家庭的总收入与非农收入。其次，生产环节外包的环境效益存在不确定性。一方面，生产环节外包可能促进农用化学品投入频率的提升，从而提高农用化学品利用效率，有助于改善农业生态环境；另一方面，生产环节外包可能导致农用化学品投入强度的增加，从而进一步加重了农用化学品的过量投入问题，不利于农业生产环境和人体健康。最后，生产环节外包具有技术效益，当生产环节外包水平较高时，生产环节外包会提升农业环境技术效率；但当生产环节外包水平较低时，生产环节外包会降低农业环境技术效率。

第五章

生产环节外包的经济效益分析

农业绿色发展的根本目标还是经济效益，因而评价生产环节外包的经济效益是检验"生产环节外包能否推动农业绿色发展"的基本原则。农户作为理性经济人，以效用最大化作为其行为依据，生产环节外包必然是农户充分权衡成本收益之后作出的理性决策。也就是说，如果生产环节外包不能达到农户预期的经济效益目标，则农户不会选择或不会继续选择以生产环节外包的方式进行农业生产。因此，经济效益是环境效益与技术效益的基础，评估生产环节外包的经济效益是本研究的首要目标。在第二章第三部分理论分析的基础上，本章基于中国粮食主产区 1 208 户农户微观调研数据，采用 Logit 模型、CMP 方法、工具变量法、工具变量分位数回归、倾向得分匹配法等方法，实证检验生产环节外包对农户的农业产出与家庭收入的影响，以评估生产环节外包的经济效益。本章主要研究思路如下：首先，提出本研究的现实背景与理论背景；其次，构建计量模型，描述相关变量；最后，实证检验生产环节外包对农户的农业产出与家庭收入的影响，评估生产环节外包的经济效益。

一、问题提出

"食为政首，农为邦本"。一直以来，党中央、国务院都高度重视国家粮食安全，把解决中国 14 亿人口的吃饭问题作为治国安邦重中之重的大事（姜长云和王一杰，2019）。目前，中国已实现粮食由产不足需到产需稳定、丰年略有余的历史性跨越，为中国经济社会平稳发展夯实了基础（普蓂喆等，2019）。但粮食供需仍处于紧平衡状态，且受边际收益递减规律的支配，中国长期依赖物质要素投入驱动实现粮食增产已呈乏力态势（于法稳，2018；Liu et al.，2020）。更令人担忧的是，物质要素的密集投入不仅导致粮食生产成本增加、种植收益减少，还加剧了生产效率损失、资源浪费与环境污染等问题（何可和宋洪远，2021；Holden et al.，2018）。与此同时，当今世界正处于百年未有之大变局，中国粮食安全还受到国际贸易环境、气候变化、贸易政策等多方面的影响，市场波动性、不确定性等成为了国际市场的基本特征，中国利用外部粮源的风险也将随之增加（朱晶等，2021）。可见，中国粮食产业发展到了一个关键的转折关口，"内忧外患"的客观形势为解决中国粮食安全问题增加了困难和复杂性。

中国粮食主产区肩负着保障国家粮食安全的重任。但随着种粮收益的持续走低，农户往往更倾向于关注相对收益更高的生计活动，农业"边缘化"问题突出，可能成为保障国家粮食安全的潜在威胁（崔宁波和董晋，2021）。目前，兼顾农户增收与粮食稳产保供成为中国粮食主产区亟须实现的重要目标。为此，国家一方面积极推动土地流转，另一方面高度重视农业生产环节外包服务业的发展，希望借助土地规模经营与服务规模经营促进农业、农民的同步转型。大量研究已经证实，土地流转及其带来的规模经营发挥了重要作用（冒佩华和徐骥，2015；陈飞和翟伟娟，2015；许彩华和余劲，2020），但目前，土地流转增速明显放缓、增收效应呈乏力态势（钟甫宁，2016；罗必良，2014）。而小农户仍然是中国粮食生产的绝对主力，并可能贯穿中国农业现代化全程（张天佐，2020；芦千文和苑鹏，2021）。在此背景下，生产环节外包作为一种新型现代化生产要素和农业生产经营模式，凭借其不改变农地物质生产、社会保障功能且易于被农户接受等优势（栾健等，2022），呈现出了较好的发展趋势（Yang J et al.，2013），并受到了学术界和相关政府部门的重点关注（冀名峰，2018）。那么，在实际生产中，生产环节外包是否能有效兼顾农户增收与粮食稳产保供？若是，生产环节外包提高农户的农业产出与家庭收入的路径及机理如何？进一步地，从社会公平视角来看，生产环节外包是否有助于缩小农户间的收入差距？相关研究尚处于探索与讨论阶段，暂无定论。本章将立足中国粮食主产区农户的生产经营状况，尝试回应上述问题。

二、模型设定与变量选取

为了探讨生产环节外包与农户的农业产出和家庭收入之间的关系，根据第二章第三部分的研究假说，本书构建了以年粮食产量、总收入、农业收入和非农收入为被解释变量，以生产环节外包为解释变量的计量模型，模型设定如下：

$$Y_i = \beta_0 + \beta_1 N_i + \delta Z_i + \varepsilon_i \qquad (5-1)$$

（5-1）式中，Y_i 表示第 i 个农户的经济效益变量，包括年粮食产量、总收入、农业收入和非农收入；N_i 表示第 i 个农户的生产环节外包情况；Z_i 表示影响第 i 个农户经济效益变量的控制变量向量；β_0 表示常数项；ε_i 表示随机扰动项，β_1、δ 分别表示待估计参数与参数矩阵。此外，生产环节外包与农户的总收入之间可能存在由反向因果和遗漏变量导致的内生性问题，本章主要采取 CMP 方法和工具变量法来处理。

进一步地，生产环节外包对农户的收入水平的影响可能存在异质性，参考已有文献（Koenker and Bassett，1978；高梦滔和姚洋，2006），本书设定了一个简约形式的农户分位收入函数估计生产环节外包对农户收入差距的影响，模型设定如下：

$$Y_i^{(q)} = \beta_0^{(q)} + \beta_1^{(q)} N_i + \delta^{(q)} Z_i + \varepsilon_i \qquad (5-2)$$

其中，上标（q）表示第 q 分位数，其他指标和变量含义同（5-1）式。

具体而言，本书依据收入水平将样本农户分为低收入组农户、中低收入组农户、中高收入组农户以及高收入组农户四组（分别对应 20、40、60 和 80 分位点）。估计策略为：分别估计生产环节外包对不同收入组农户收入的边际贡献，如果生产环节外包对低收入群体收入的边际贡献大于中等收入群体和高收入群体，则生产环节外包缩小了农户间的收入差距，反之则扩大了收入差距。需要说明的是，Koenker and Bassett（1978）提出的工具变量分位数回归是基于解释变量外生的假定，考虑到生产环节外包与农户收入之间可能存在内生性，本书采用 Chernozhukov and Hansen（2005）提出的工具变量分位数回归进行估计。

依据本书第四章第四节所述，本研究分别采用 2020 年农户的亩均粮食产量（千斤/亩）来表征农业产出变量——年粮食产量，采用 2020 年农户家庭人均纯收入（万元/人）表征农户家庭的总收入，采用 2020 年农户家庭人均农业纯收入（万元/人）表示农户家庭的农业收入，采用 2020 年农户家庭人均非农收入（万元/人）表示农户家庭的非农收入。依据 4.3.1 所示，主要采用农户 2020 年购买生产环节外包服务的亩均费用（元/亩）表征生产环节外包变量。此外，梳理相关研究成果（Ma et al.，2018；梁志会等，2020；唐林等，2021；赵鑫等，2021；王玉斌和李乾，2019），本研究还选取了可能影响农户的年粮食产量和家庭收入状况的其他控制变量，涉及户主个体特征、农户家庭特征、农业生产经营特征和区域特征四个方面。特别地，考虑到地区经济社会发展的差异，本研究还依据样本市经济发展水平的聚类结果，将其分为高、中、低三个层次，以虚拟变量的形式加入模型。变量的含义及描述性统计见表 5-1。

表 5-1 变量的含义及描述性统计表

变量名称	变量含义和赋值	均值	标准差
被解释变量			
年粮食产量	2020 年农户经营耕地的亩均粮食产量（千斤/亩）	1.031	0.244
总收入	2020 年农户家庭人均纯收入（万元/人）	2.679	4.474
农业收入	2020 年农户家庭人均农业纯收入（万元/人）	0.817	2.889
非农收入	2020 年农户家庭人均非农收入（万元/人）	1.484	2.846
核心解释变量			
生产环节外包	2020 年农户在农业生产过程中购买生产环节外包服务的亩均费用（千元/亩）	0.198	0.141
控制变量			
户主年龄	户主年龄（岁）	56.780	10.388
户主受教育程度	户主受教育年限（年）	7.888	3.322
户主健康状况	户主身体健康状况自评：1＝非常差；2＝比较差；3＝一般；4＝比较健康；5＝非常健康	4.274	0.984
家庭规模	家庭人口总数（人）	4.334	1.771
家庭收入水平	2020 年农户家庭总毛收入（元），取对数处理	11.488	1.105
非农收入占比	2020 年非农收入占农户家庭收入的比例（%）	39.210	36.876
农业补贴	2020 年农户的农业补贴收入（元），加 1 后取对数处理	7.272	1.674
社会资本	在县级及以上城市当公职人员的亲戚好友数量（人）	1.083	3.998
粮食种植面积	2020 年家庭粮食种植面积（亩）	49.803	135.153
土地细碎化程度	2020 年家庭粮食种植地块数（块），块数越多，表明土地细碎化程度越高	14.057	52.953
耕地质量	农户对实际耕种地块的评价：1＝非常差；2＝比较差；3＝一般；4＝比较好；5＝非常好	3.379	0.767
复种指数	2020 年农户总播种面积与耕地经营面积之比	1.521	0.486
生产性固定资产	2020 年农户家庭拥有的生产性固定资产现值（元），加 1 后取对数处理	6.332	3.925
农业组织参与	1＝加入合作社或登记为家庭农场或科技示范户或农业企业等农业组织；0＝无	0.230	0.421
农业技术培训	近 3 年，是否参加农业技术培训：1＝是；0＝否	0.350	0.477
气象灾害	2020 年农业生产过程中遭受气象灾害的次数（次）	0.838	1.014

（续）

变量名称	变量含义和赋值	均值	标准差
住宅到县城的距离	农户在村庄内的住宅到最近县城的距离（米），加 1 后取对数处理	9.576	1.069
区域虚拟变量（以经济发展水平低为对照组）			
经济发展水平高	经济发展水平高＝1；其他＝0	0.338	0.473
经济发展水平中	经济发展水平中＝1；其他＝0	0.336	0.473

注：①家庭收入水平、非农收入占比和农业补贴仅作为生产环节外包影响农户的农业产出模型回归的控制变量；②分样本回归中的粮食种植面积和土地细碎化程度均使用特定作物的种植面积和地块数量进行表征。

三、实证分析

1. 生产环节外包影响农户的农业产出的实证结果分析

（1）生产环节外包对农业产出的基准回归结果

本书运用 Stata17.0 软件，估计了生产环节外包对农户年粮食产量的影响。表 5-2 为模型的估计结果。

从估计结果来看，生产环节外包在 1％的显著性水平上正向影响农户年粮食产量，即随着生产环节外包水平的提升，农户年粮食产量会相应增加。由此可以初步判断，生产环节外包能够促进农业产出的提升，这一结论与现有研究基本一致。例如，钟真等（2020）的研究发现，社会化服务在提升农业产出上更具有优势；SUN 等（2018）通过对病虫害管理外包的研究发现，专业服务外包可以增加 4.1％的水稻产量；孙小燕等（2021）的研究也表明，土地托管有助于提高小麦产量，且其效果在 10％以上。

就控制变量而言，大多数变量也对农户年粮食产量存在显著影响，且回归结果与现实情况和以往文献基本一致。其中，健康状况在 10％的显著性水平上正向影响农户年粮食产量，可能的原因是，健康状况越好的农户对农地的照料相对更好，可能会促进年粮食产量的增加。家庭收入水平在 1％的显著性水平上正向影响农户年粮食产量，家庭收入水平越高，农户的预算约束越弱，对农业生产的投资可能越多，从而有助于年粮食产量的提升。但农业补贴在 1％的显著性水平上负向影响农户年粮食产量，与家庭收入的影响方向完全相反。

表 5 - 2　生产环节外包对年粮食产量的回归结果

变量名称	年粮食产量	
	系数	稳健标准误
生产环节外包	0.129***	0.047
户主年龄	0.002***	0.001
户主受教育程度	0.003	0.002
户主健康状况	0.012*	0.006
家庭规模	0.005	0.004
家庭收入水平	0.036***	0.008
非农收入占比	−0.000**	0.000
农业补贴	−0.038***	0.005
生产性固定资产	−0.002	0.002
住宅到县城的距离	−0.013**	0.005
粮食种植面积	0.000*	0.000
土地细碎化程度	−0.000	0.000
耕地质量	0.060***	0.008
复种指数	−0.067***	0.020
社会资本	0.001	0.001
农业组织参与	−0.022	0.015
气象灾害	−0.015**	0.007
地区	已控制	
常数项	0.740***	0.115
F 值	31.11***	
拟合优度	0.317	
观测值	1 208	

注：①***、**和*分别表示1%、5%和10%的显著性水平；②模型已通过多重共线性检验。

（2）基于 CMP 方法的内生性讨论估计结果

农户的生产环节外包决策很可能由于遗漏变量、测量误差等而存在内生性问题。首先，一些难以衡量的遗漏变量，如受访者的心理因素、习惯、能力等，很可能同时影响农户的外包决策以及粮食生产状况，从而产生遗漏变量问题。其次，本部分使用的生产环节外包变量为农户 2020 年的年农业生产状况均值，可能存在测量误差问题。因此，本书借鉴李忠旭和庄健（2021）的做法，将"村内其他样本农户外包水平的平均值"作为生产环节外包的工具变量,命名为村庄外包水平变量,使用 Roodman(2011)提出的 CMP 方法对模型进行重新估计。

本书工具变量的选择满足以下两个条件:一是与生产环节外包变量相关;二是对农户年粮食产量没有直接影响。具体而言,一方面,农户外包行为的发生与否依赖于村内能够提供外包服务的供给主体,且同一村庄内从事农业生产的农户之间可能存在羊群效应(杨唯一和鞠晓峰,2014),使农户的外包状况必然受到村内其他农户的影响;另一方面,农户年粮食产量是家庭生产经营的结果,本村其他农户的外包水平对其并不存在直接影响。因此,从理论上讲,上述工具变量可以作为生产环节外包的工具变量。

本书在基准模型的基础上,采用 CMP 方法进行联立似然估计,估计结果如表 5-3 所示。从回归结果来看,第一阶段的估计结果显示,村庄外包水平对生产环节外包的影响在 1% 的水平上具有统计显著性,满足工具变量相关性条件。进一步地,内生检验参数 *atanhrho* _ 12 在 1% 的水平上显著不为 0,说明生产环节外包变量在模型估计中存在内生性。从第二阶段的回归结果来看,在纠正可能的内生性偏误后,生产环节外包对农户的年粮食产量仍具有显著的正向作用。控制变量的回归结果与基准回归基本一致。

表 5-3　生产环节外包对年粮食产量的 CMP 方法估计结果

变量名称	第一阶段		第二阶段	
	系数	标准误	系数	标准误
生产环节外包	—	—	1.645***	0.249
户主年龄	−0.000	0.000	0.002***	0.001
户主受教育程度	−0.000	0.001	0.003	0.002
户主健康状况	−0.006*	0.003	0.019**	0.008
家庭规模	0.001	0.002	0.004	0.006
家庭收入水平	−0.004	0.004	0.041***	0.010
非农收入占比	0.000	0.000	−0.001***	0.000
农业补贴	0.006**	0.003	−0.045***	0.008
生产性固定资产	−0.005***	0.001	0.008***	0.003
住宅到县城的距离	−0.000	0.004	−0.004	0.008
粮食种植面积	0.000**	0.000	−0.000	0.000
土地细碎化程度	−0.000	0.000	−0.000	0.000

（续）

变量名称	第一阶段		第二阶段	
	系数	标准误	系数	标准误
耕地质量	−0.004	0.004	0.062 ***	0.010
复种指数	0.005	0.016	−0.090 ***	0.032
社会资本	−0.000	0.001	0.001	0.002
农业组织参与	0.028 ***	0.009	−0.074 ***	0.022
气象灾害	−0.001	0.004	−0.021 **	0.008
地区	已控制		已控制	
常数项	−0.289 ***	0.088	0.329 **	0.164
村庄外包水平	0.093 ***	0.009	—	—
$atanhrho\_12$	−0.821 ***	0.102	—	—
$Wald$ 值	361.42 ***			
观测值	1 208			

注：① ***、** 和 * 分别表示 1%、5% 和 10% 的显著性水平；②模型已通过多重共线性检验。

因此，结合基准回归与内生性讨论的估计结果，可以认为，生产环节外包能够促进年粮食产量的增加，有助于提升农户的农业产出。

（3）玉米、小麦和水稻的分样本回归结果

上文从总体上考察了生产环节外包对农户年粮食产量的影响，但上述结果只是三大主粮作物总体层面的平均效应，并未考虑不同作物之间的差异。为此，本书基于 CMP 方法分别考察在玉米、小麦和水稻在种植过程中，生产环节外包对其粮食产量影响的异质性。估计结果如表 5-4 至表 5-6 所示。

表 5-4 是生产环节外包对玉米产量影响的 CMP 方法估计结果。从回归结果来看，第一阶段的估计结果显示，村庄外包水平对生产环节外包的影响在 1% 的水平上具有统计显著性，满足工具变量相关性条件。进一步地，内生检验参数 $atanhrho\_12$ 在 1% 的水平上显著不为 0，说明生产环节外包变量在模型估计中存在内生性。从第二阶段的回归结果来看，在纠正可能的内生性偏误后，生产环节外包对玉米产量存在显著的正向影响。这说明，生产环节外包有助于玉米增产，且随着玉米种植户外包水平的提升，其增产效果会逐渐增强。

表 5-4 生产环节外包对农户玉米产量影响的 CMP 方法估计结果

变量名称	第一阶段		第二阶段	
	系数	标准误	系数	标准误
生产环节外包	—	—	5.552***	0.860
户主年龄	−0.000	0.000	0.003	0.002
户主受教育程度	−0.001	0.001	0.007	0.005
户主健康状况	−0.000	0.003	0.016	0.016
家庭规模	−0.001	0.002	0.015	0.014
家庭收入水平	0.001	0.004	0.049**	0.023
非农收入占比	0.000	0.000	−0.001**	0.001
农业补贴	0.001	0.003	−0.037**	0.017
生产性固定资产	−0.006***	0.001	0.032***	0.008
住宅到县城的距离	−0.004	0.004	0.025	0.022
粮食种植面积	−0.000	0.000	0.000	0.000
土地细碎化程度	−0.000	0.001	−0.003	0.003
耕地质量	−0.006	0.004	0.085***	0.023
复种指数	0.003	0.018	0.150	0.102
社会资本	−0.000	0.000	0.005**	0.002
农业组织参与	0.009	0.007	−0.050	0.045
气象灾害	0.000	0.002	−0.022	0.015
地区	已控制		已控制	
常数项	−0.118	0.087	−1.330***	0.458
村庄外包水平	0.062***	0.009		
atanhrho _ 12	−1.341***	0.150	—	—
Wald 值	115.04***			
观测值	703			

注：① ***、** 和 * 分别表示 1%、5% 和 10% 的显著性水平；② 模型已通过多重共线性检验。

　　表 5-5 是生产环节外包对农户小麦产量影响的 CMP 方法估计结果。从回归结果来看，第一阶段的估计结果显示，村庄外包水平对农户生产环节外包的影响在 5% 的水平上具有统计显著性，满足工具变量相关性条件。进一步地，内生检验参数 *atanhrho* _ 12 在 1% 的水平上显著为 0，说明生产环节外包变量在模型估计中不存在内生性。参考 Logit 模型的估计结果即可。从 Logit 模型的回归结果来看，生产环节外包对小麦产量的影响不显著，这说明，生产环节

外包并未提升小麦产量。可能的原因是,相对于玉米与水稻而言,小麦种植收益更低,农户小麦生产环节外包服务的购买逻辑是成本最小化,而非收益最大化,因此,生产环节外包在小麦生产过程中主要发挥劳动替代效应,以确保小麦产量稳定,但并未发挥技术进步等的增产优势。

表 5-5　生产环节外包对农户小麦产量影响的 CMP 方法估计结果

变量名称	第一阶段		第二阶段		Logit 回归	
	系数	标准误	系数	标准误	系数	标准误
生产环节外包	—	—	−2.470	1.764	−0.125	0.124
户主年龄	−0.000	0.000	0.001	0.001	0.002**	0.001
户主受教育程度	0.000	0.001	0.002	0.003	0.002	0.002
户主健康状况	−0.005*	0.003	−0.004	0.012	0.008	0.007
家庭规模	0.003	0.002	0.008	0.009	0.000	0.005
家庭收入水平	−0.003	0.004	0.002	0.013	0.009	0.010
非农收入占比	−0.000	0.000	−0.000	0.000	−0.000	0.000
农业补贴	−0.002	0.003	−0.015	0.010	−0.012*	0.007
生产性固定资产	−0.004***	0.001	−0.008	0.008	0.002	0.002
住宅到县城的距离	−0.019**	0.008	−0.039	0.043	0.010	0.015
粮食种植面积	−0.000***	0.000	−0.000	0.000	0.000	0.000
土地细碎化程度	0.000	0.001	−0.007	0.004	−0.007**	0.004
耕地质量	−0.002	0.004	0.023	0.016	0.028***	0.010
复种指数	0.010	0.012	0.081	0.055	0.054	0.035
社会资本	−0.001	0.002	0.003	0.008	0.006	0.005
农业组织参与	0.007	0.009	0.017	0.033	−0.007	0.019
气象灾害	0.011**	0.005	0.032	0.028	0.003	0.014
地区	已控制		已控制		已控制	
常数项	0.310***	0.109	1.565**	0.782	0.562***	0.191
村庄外包水平	0.019**	0.009	—	—		
atanhrho_12	0.868*	0.524				
Wald 值			271.83***			
F 值			—		10.77***	
观测值			401		401	

注:① ***、** 和 * 分别表示 1%、5% 和 10% 的显著性水平;②模型已通过多重共线性检验。

表 5-6 是生产环节外包对水稻产量影响的 CMP 方法估计结果。从回归结

果来看，第一阶段的估计结果显示，村庄外包水平对生产环节外包的影响在1%的水平上具有统计显著性，满足工具变量相关性条件。进一步地，内生检验参数 *atanhrho* _ 12 在 1%的水平上显著不为 0，说明生产环节外包变量在模型估计中存在内生性。从第二阶段的回归结果来看，在纠正可能的内生性偏误后，生产环节外包对水稻产量存在显著的正向影响。这说明，生产环节外包有助于水稻增产，且随着水稻种植户外包水平的提升，其增产效果会逐渐增强。

表 5 - 6　生产环节外包对农户水稻产量影响的 CMP 方法估计结果

变量名称	第一阶段		第二阶段	
	系数	标准误	系数	标准误
生产环节外包	—	—	1.020***	0.209
户主年龄	−0.000	0.001	0.000	0.002
户主受教育程度	0.005	0.004	−0.002	0.006
户主健康状况	−0.014	0.014	0.019	0.021
家庭规模	0.001	0.008	−0.005	0.011
家庭收入水平	−0.010	0.018	0.001	0.025
非农收入占比	0.001	0.000	−0.000	0.001
农业补贴	0.023**	0.009	−0.014	0.012
生产性固定资产	−0.006*	0.003	0.006	0.005
住宅到县城的距离	0.006	0.013	−0.033**	0.015
粮食种植面积	0.000	0.000	−0.000	0.000
土地细碎化程度	−0.000	0.000	−0.000	0.000
耕地质量	−0.014	0.015	0.069***	0.021
复种指数	0.173***	0.026	0.171***	0.054
社会资本	0.003	0.004	−0.001	0.005
农业组织参与	0.058*	0.032	−0.088**	0.045
气象灾害	0.014	0.014	0.009	0.019
地区	已控制		已控制	
常数项	−1.468***	0.341	0.368	0.328
村庄外包水平	0.241***	0.037	—	—
atanhrho _ 12	−0.646***	0.152	—	—
Wald 值	186.75***			
观测值	482			

注：① ***、 ** 和 * 分别表示 1%、5%和 10%的显著性水平；②模型已通过多重共线性检验。

综上，根据对三大主粮的总体估计，以及对玉米、水稻的子样本估计，可以得出生产环节外包能够促进年粮食产量增加、有助于农户的农业产出提升。但就小麦生产而言，生产环节外包的增产效果并不明显。

（4）生产环节外包影响农业产出的稳健性检验回归结果

虽然上文使用 CMP 方法尽可能地克服了遗漏变量、测量误差等内生性问题，但由于数据、变量等的限制，实证分析仍然可能存在选择性偏误问题，即农户是否参与外包可能并不满足随机抽样，而是自选择的结果。为此，本书采用倾向得分匹配法（PSM）构建农户是否参与外包对年粮食产量的反事实框架来纠正可能的选择性偏误，以验证生产环节外包对中国粮食安全的影响是否具有一致、稳定的效果。此外，本书还通过调整被解释变量、子样本回归展开更进一步的稳健性检验。

首先，本书定义了是否参与外包变量，由于完全不参与任何生产环节外包的农户仅占总样本的 1.65%，本书将 2020 年农户年均外包环节数占总生产环节数的比例定义为外包环节数占比，并作为划分依据，大于平均值的赋值为 1，小于等于平均值的赋值为 0，采用倾向得分匹配法进行检验。表 5 - 7 展示了五种匹配方法下农户是否参与外包对年粮食产量的影响。处理组平均处理效应（ATT）的结果显示，在消除了样本间可观测的系统性差异后，农户是否参与外包对年粮食产量仍然存在正向影响。这与前文实证结果基本一致，进一步验证了结果的稳健性。

表 5 - 7　是否参与外包对农户的年粮食产量影响的倾向得分匹配法结果

匹配方法	最小近邻匹配	半径匹配	核匹配	局部线性规划匹配	马氏匹配
处理组平均处理效应（ATT）	0.038*	0.023	0.025	0.012	0.007*
控制变量	已控制	已控制	已控制	已控制	已控制
处理组样本数	477	477	477	477	477
对照组样本数	731	731	731	731	731

注：①***、**和*分别表示 1%、5% 和 10% 的显著性水平。②参考已有文献，最小近邻匹配元数为 2，半径匹配中半径设定为 0.000 5，核匹配使用默认的核函数；局部线性匹配使用默认的带宽；马氏匹配中马氏距离的近邻匹配元数与计算稳健标准误的近邻个数一致，取 4。③鉴于文章篇幅，省略了平衡性检验结果。

其次，使用上文界定的是否参与外包变量，利用 CMP 方法进行估计。回归结果显示（表 5 - 8），生产环节外包会显著提升农户的年粮食产量，验证了结果的稳健性。

表 5 - 8　调整被解释变量的 CMP 方法估计结果

变量名称	第一阶段		第二阶段	
	均值	标准误	均值	标准误
外包环节数占比	—	—	0.534***	0.091
户主年龄	−0.001	0.001	0.002**	0.001
户主受教育程度	0.000	0.004	0.002	0.003
户主健康状况	−0.013	0.012	0.016*	0.009
家庭规模	0.012	0.008	−0.001	0.006
家庭收入水平	−0.002	0.013	0.036***	0.010
非农收入占比	0.000	0.000	−0.001**	0.000
农业补贴	0.009	0.008	−0.039***	0.007
生产性固定资产	−0.022***	0.003	0.011***	0.003
住宅到县城的距离	−0.004	0.012	−0.002	0.008
粮食种植面积	0.000*	0.000	0.000	0.000
土地细碎化程度	−0.000		−0.000	
耕地质量	−0.006	0.014	0.059***	0.010
复种指数	0.004	0.039	−0.085***	0.029
社会资本	0.000	0.002	0.001	0.002
农业组织参与	0.062**	0.028	−0.062***	0.022
气象灾害	−0.014	0.011	−0.015*	0.008
地区	已控制		已控制	
常数项	−1.228***	0.297	0.509***	0.163
村庄外包水平	0.287***	0.034	—	—
*atanhrho*_12	−0.903***	0.122		
Wald 值	326.00***			
观测值	1 208			

注：①***、**和*分别表示1%、5%和10%的显著性水平；②模型已通过多重共线性检验。

　　再次，本部分重新定义了生产环节外包变量，使用 2020 年农户年均外包环节数占总生产环节数的比例表征农户的生产环节外包状况即外包环节数占比。随后，利用 CMP 方法进行估计。回归结果显示（表 5 - 9），外包环节数占比在 1% 的显著性水平上正向影响农户年粮食产量，说明随着生产环节外包水平的提升，农户年粮食产量也随之增加，验证了结果的稳健性。

表 5-9　重新定义被解释变量的 CMP 方法估计结果

变量名称	第一阶段		第二阶段	
	均值	标准误	均值	标准误
外包环节数占比	—	—	1.823***	0.434
户主年龄	0.001	0.001	0.001	0.001
户主受教育程度	−0.002	0.002	0.007*	0.004
户主健康状况	−0.013**	0.006	0.033**	0.014
家庭规模	−0.008*	0.004	0.020**	0.010
家庭收入水平	0.003	0.008	0.029*	0.016
非农收入占比	0.000	0.000	−0.001	0.000
农业补贴	0.012**	0.005	−0.056***	0.012
生产性固定资产	−0.016***	0.002	0.029***	0.008
住宅到县城的距离	0.009	0.007	−0.020	0.014
粮食种植面积	0.000***	0.000	−0.000*	0.000
土地细碎化程度	0.000	0.000	−0.001	0.000
耕地质量	0.011	0.008	0.036**	0.017
复种指数	−0.017	0.021	−0.051	0.042
社会资本	−0.000	0.001	0.002	0.003
农业组织参与	0.033**	0.016	−0.088**	0.036
气象灾害	0.027***	0.007	−0.073***	0.022
地区	已控制		已控制	
常数项	−0.047	0.166	−0.061	0.319
村庄外包水平	0.084***	0.018	—	—
atanhrho _ 12	−1.440***	0.217		
Wald 值			112.77***	
观测值			1 208	

注：①***、**和*分别表示 1%、5% 和 10% 的显著性水平；②模型已通过多重共线性检验。

最后，考虑到年龄为 45～60 岁的农户占样本总数的比例较高，且目前及未来都是粮食生产的主体，其生产环节外包的经济影响尤为值得关注，并且为避免青年劳动力随时离开农业劳动力市场以及老年劳动力死亡率等问题可能带来的样本偏误，本部分删除了户主年龄在 45 岁以下及 65 岁以上的样本，并采用 CMP 方法进行估计，回归结果如表 5-10 所示。从第二阶段的回归结果来看，在纠正可能的内生性偏误后，生产环节外包同样在 1% 的显著性水平上正向影响农户年粮食产量。

以上分析充分证明了生产环节外包对农户的农业产出的影响结果是稳健的、可信的。

表 5-10　子样本的 CMP 方法估计结果

变量名称	第一阶段		第二阶段	
	均值	标准误	均值	标准误
外包环节数占比	—	—	1.643***	0.298
户主年龄	−0.000	0.000	0.003***	0.001
户主受教育程度	0.001	0.001	0.006**	0.003
户主健康状况	−0.005	0.004	0.021**	0.010
家庭规模	−0.002	0.003	0.009	0.007
家庭收入水平	−0.000	0.006	0.028**	0.013
非农收入占比	0.000	0.000	−0.001*	0.000
农业补贴	0.007**	0.004	−0.046***	0.009
生产性固定资产	−0.006***	0.001	0.010***	0.004
住宅到县城的距离	−0.002	0.005	0.002	0.009
粮食种植面积	−0.000	0.000	0.000	0.000
土地细碎化程度	−0.000	0.000	−0.000	0.000
耕地质量	−0.008	0.006	0.066***	0.013
复种指数	−0.002	0.020	−0.069*	0.038
社会资本	−0.000	0.001	0.001	0.002
农业组织参与	0.021*	0.011	−0.068***	0.026
气象灾害	−0.001	0.004	−0.024**	0.010
地区	已控制		已控制	
常数项	−0.269***	0.100	0.261	0.197
村庄外包水平	0.093***	0.010	—	—
*atanhrho*_12	−0.822***	0.123	—	—
Wald 值		239.17***		
观测值		814		

注：①***、**和*分别表示1%、5%和10%的显著性水平；②模型已通过多重共线性检验。

2. 生产环节外包影响农户的家庭收入的实证结果分析

（1）生产环节外包对农户的总收入的影响

表 5-11 是生产环节外包对农户的总收入影响的估计结果。其中，回归 1

（OLS）是直接采用最小二乘法（OLS）的回归，估计结果显示生产环节外包对农户的总收入的影响为正，但不显著。考虑到本书使用的数据类型为截面数据，可能存在异方差问题，本书在 OLS 估计方法的基础上对模型分别进行了怀特检验和 BP 检验，检验结果均显示，计量模型存在异方差。因此，本书参考刘同山（2018）的做法，采用加权最小二乘法（WLS）对模型进行了重新估计。估计结果如回归 2 所示，模型的拟合优度得到了一定程度的提高，生产环节外包（此处变量含义见表 5-1）的回归系数依旧为正且显著，其他回归系数的大小和符号基本未发生显著变化。

表 5-11 生产环节外包对农户总收入影响的 OLS 和 WLS 回归结果

变量名称	回归 1（OLS）		回归 2（WLS）	
	系数	标准误	系数	稳健标准误
生产环节外包	1.436	0.924	1.466**	0.672
户主年龄	0.025**	0.013	0.017***	0.005
户主受教育程度	0.050	0.038	−0.028	0.022
户主健康状况	0.223*	0.126	0.216***	0.055
家庭规模	0.011	0.070	0.139***	0.041
社会资本	0.113***	0.029	0.207***	0.062
粮食种植面积	0.014***	0.001	0.014***	0.003
土地细碎化程度	−0.010***	0.003	−0.014**	0.006
耕地质量	0.147	0.152	−0.025	0.096
复种指数	−0.003	0.258	0.057	0.165
生产性固定资产	0.080**	0.033	0.054**	0.022
农业组织参与	0.902***	0.300	0.431	0.325
农业技术培训	0.147	0.262	0.098	0.205
气象灾害	−0.005	0.128	−0.018	0.080
住宅到县城的距离	−0.049	0.111	0.047	0.068
地区	已控制		已控制	
常数项	−2.062	1.626	−1.438**	0.724
F 值	20.05***		21.70***	
样本量	1 208		1 208	

注：①***、**和*分别表示 1%、5%和 10%的显著性水平；②模型已通过多重共线性检验。

进一步地，生产环节外包与农户的总收入之间同样可能存在由于反向因果和遗漏变量导致的内生性问题。首先，总收入可能反向影响农户的生产环节外包水平。其次，某些不可观测因素可能会同时影响生产环节外包和农户的总收入，例如农户的习惯、能力等。基于此，参考第五章第三部分的做法，采用村庄外包水平作为农户生产环节外包的工具变量，使用 CMP 方法和工具变量法对模型进行重新估计①。具体来讲，村庄外包水平使用"村内其他样本农户外包水平的平均值"来表示。原因在于，中国农村家庭的农业生产决策通常表现出一定的同群效应（杨唯一和鞠晓峰，2014），而这种同群效应会使村庄外包水平与生产环节外包存在直接关系，满足相关性条件；但村庄外包水平与农户的总收入之间不存在直接关系，满足外生性条件。因此，理论上村庄外包水平可以作为生产环节外包的工具变量。同时，Durbin-Wu-Hausman 内生性检验结果为 5.29，拒绝了生产环节外包是外生变量的假设。弱工具变量的检验结果表明，第一阶段的 F 统计量为 393.69，远超过 10 的临界经验值，拒绝了弱工具变量假设。

生产环节外包对农户的总收入影响的工具变量回归结果见表 5-12，估计结果表明，在处理了内生性问题之后，生产环节外包对农户的总收入的影响仍为正且在 1% 的水平上显著，说明生产环节外包显著促进了农户的总收入的提升，估计结果稳健且作用方向与理论分析一致。从其他控制变量对农户的总收入的影响来看，健康状况、社会资本、粮食种植面积、生产性固定资产、农业组织参与对农户的总收入有显著的正向影响，而土地细碎化程度对农户的总收入存在显著的负向影响，与已有研究和现实情况基本一致。而年龄对农户的总收入的影响在 5% 的显著性水平上显著为正，与唐林等（2021）的研究结论和预期不相符。可能的解释是，随着年龄的增长，一方面，农户的农业知识更加丰富，能够显著提高生产效率和务农收入；另一方面，年龄增长可能带来工作经验的增加，进而促进了农户非农收入的提高。

表 5-12　生产环节外包对农户的总收入影响的工具变量回归结果

变量名称	第一阶段		第二阶段	
	系数	标准误	系数	标准误
生产环节外包	—	—	5.126***	1.852
户主年龄	−0.000	0.000	0.026**	0.013
户主受教育程度	0.000	0.001	0.051	0.038
户主健康状况	−0.003	0.003	0.216*	0.125
家庭规模	0.001	0.002	−0.021	0.071

① 由于 CMP 方法的估计结果与 IV 估计结果一致，下文仅展示 IV 估计结果。

（续）

变量名称	第一阶段		第二阶段	
	系数	标准误	系数	标准误
社会资本	0.000	0.001	0.108***	0.029
粮食种植面积	0.000**	0.000	0.014***	0.001
土地细碎化程度	−0.000	0.000	−0.011***	0.003
耕地质量	−0.004	0.004	0.157	0.152
复种指数	0.013*	0.007	−0.192	0.271
生产性固定资产	−0.005***	0.001	0.107***	0.035
农业组织参与	0.018**	0.008	0.773**	0.305
农业技术培训	0.007	0.007	0.151	0.262
气象灾害	0.006	0.004	−0.146	0.142
住宅到县城的距离	−0.002	0.003	−0.025	0.111
地区	已控制		已控制	
村庄外包水平	0.836***	0.042	—	
常数项	0.083*	0.044	−2.838*	1.659
F 值	51.59***		—	
Wald 值	—		346.67***	
样本量	1 208		1 208	

注：① *** 、 ** 和 * 分别表示1%、5%和10%的显著性水平；②模型已通过多重共线性检验。

（2）生产环节外包影响农户的总收入的路径分析

依据第二章第三部分的理论分析，本书检验了生产环节外包对农户的农业收入与非农收入的影响及原因，以验证生产环节外包的增收效应是否以及如何影响农业收入增长和非农收入提高。回归结果见表5-13至表5-16。

表5-13是生产环节外包对农户的农业收入影响的回归结果。估计结果显示，在纠正可能的内生性偏误后，生产环节外包对农业收入的影响为负但不显著，说明生产环节外包并未促进农户农业收入的提升，与理论预期不符。可能的原因是：首先，生产环节外包从本质上来讲仍属于雇工劳动，基于委托代理理论，雇工生产与家庭自用工异质，可能存在效率损失（Coelli and Battese，1996），阻碍了农业产出的增加；其次，由于农户与外包供给主体之间的信息不对称，可能同时存在外包供给主体降低服务质量和农户"过度监督"的双边道德风险（宦梅丽和侯云先，2020；蔡键和刘文勇，2019），阻碍了农业生产成本的下降；最后，生产环节外包可能更多的是发挥劳动替代效应而非产出增

长效应（赵玉姝等，2013），因而对农户的农业收入的影响有限。更为重要的是，生产环节外包进一步推动了农村优质劳动力的大量外流，可能不利于先进农业技术的采纳和扩散，从而进一步抑制了农业生产效率的提升（黄祖辉等，2014）。此外，李佩和罗必良（2022）也发现，生产环节外包的价格呈现出了逐年升高的变动趋势，可能增加农户的农业生产成本，即农业生产投入的增加也可能是生产环节外包未促进农户农业收入提升的原因。

表 5-13　生产环节外包对农户的农业收入影响的工具变量回归结果

变量名称	第一阶段		第二阶段	
	系数	标准误	系数	标准误
生产环节外包	—	—	−1.655	4.880
户主年龄	−0.000	0.000	−0.005	0.033
户主受教育程度	0.000	0.001	0.023	0.099
户主健康状况	−0.003	0.003	0.373	0.331
家庭规模	0.001	0.002	0.182	0.187
社会资本	0.000	0.001	0.131*	0.077
粮食种植面积	0.000**	0.000	0.019***	0.003
土地细碎化程度	−0.000	0.000	0.016**	0.007
耕地质量	−0.004	0.004	0.689*	0.399
复种指数	0.013*	0.007	−1.492**	0.714
生产性固定资产	−0.005***	0.001	0.236**	0.092
农业组织参与	0.018**	0.008	3.437***	0.803
农业技术培训	0.007	0.007	0.559	0.690
气象灾害	0.006	0.004	−0.341	0.374
住宅到县城的距离	−0.002	0.003	−0.037	0.292
地区	已控制		已控制	
村庄外包水平	0.836***	0.042	—	—
常数项	0.083*	0.044	−2.231	4.372
F 值	51.59***		—	
Wald 值	—		217.79***	
样本量	1 208		1 208	

注：①***、**和*分别表示1%、5%和10%的显著性水平；②模型已通过多重共线性检验；③模型拒绝了变量外生性假设和弱工具变量假设，且通过了2SLS第一阶段F检验。

　　基于此，本书从农业生产投入和产出两个维度检验生产环节外包对农户的农业收入的影响逻辑，估计结果见表5-14。估计结果表明，在纠正可能的内生性偏误后，生产环节外包对农户粮食生产投入与产出的影响均为正但不显著，这在一定程度上佐证了上文分析。这说明生产环节外包对农户的总收入的提升并不是通过增加农业收入这一途径。虽与预期不相符，但与当前农户购买生产环节外包服务的实际情况较为接近。具体而言，出于土地情感等考虑，农户不愿放弃农业经营，但也不重视农业增长，仅借助生产环节外包实现保留土地承包经营权并参与非农就业的双重目标。郑阳阳和罗建利（2019）将其描述为，农户对农业生产存在一种若即若离的状态，农业越来越呈现"副业化"，但农户仍然不愿离开农业，表现出既依赖农业而又不依靠农业的状态。类似地，唐林等（2021）也指出，在土地规模及其他条件不变的情况下，农业机械化更多的是通过替代效应增加农户收入而非直接增加农业产出。

表 5-14　生产环节外包对农户农业生产投入与产出影响的工具变量回归结果

变量名称	农业生产投入				农业生产产出			
	第一阶段		第二阶段		第一阶段		第二阶段	
	系数	标准误	系数	标准误	系数	标准误	系数	标准误
生产环节外包	—	—	7.823	6.793	—	—	6.169	9.475
户主年龄	−0.000	0.000	−0.018	0.046	−0.000	0.000	−0.022	0.064
户主受教育程度	0.000	0.001	−0.154	0.138	0.000	0.001	−0.131	0.192
户主健康状况	−0.003	0.003	0.677	0.460	−0.003	0.003	1.050	0.642
家庭规模	0.001	0.002	0.181	0.261	0.001	0.002	0.362	0.364
社会资本	0.000	0.001	0.085	0.108	0.000	0.001	0.215	0.150
粮食种植面积	0.000**	0.000	0.042***	0.004	0.000**	0.000	0.061***	0.005
土地细碎化程度	−0.000	0.000	0.085***	0.009	−0.000	0.000	0.100***	0.013
耕地质量	−0.004	0.004	1.198**	0.556	−0.004	0.004	1.887**	0.775
复种指数	0.013*	0.007	−1.315	0.994	0.013*	0.007	−2.807**	1.387
生产性固定资产	−0.005***	0.001	0.462***	0.127	−0.005***	0.001	0.698***	0.178
农业组织参与	0.018**	0.008	1.755	1.118	0.018**	0.008	5.193***	1.559
农业技术培训	0.007	0.007	1.731*	0.961	0.007	0.007	2.290*	1.341
气象灾害	0.006	0.004	0.020	0.521	0.006	0.004	−0.321	0.726
住宅到县城的距离	−0.002	0.003	0.437	0.407	−0.002	0.003	0.400	0.568
地区	已控制		已控制		已控制		已控制	
村庄外包水平	0.836***	0.042	—		0.836***	0.042	—	
常数项	0.083*	0.044	−9.961	6.087	0.083***	0.044	−12.192	8.489
F 值	51.59***		—		51.59***		—	
Wald 值	—		614.01***		—		618.90***	
样本量	1 208		1 208		1 208		1 208	

注：①***、**和*分别表示1%、5%和10%的显著性水平；②模型已通过多重共线性检验；③模型拒绝了变量外生性假设和弱工具变量假设，且通过了2SLS第一阶段F检验。

表 5-15 至表 5-16 是生产环节外包对农户的非农收入的影响及原因的回归结果。其中，表 5-15 是生产环节外包对农户的非农收入的影响，估计结果显示，在纠正可能的内生性偏误后，生产环节外包对农户的非农收入的影响在 1％的显著性水平下为正，说明生产环节外包显著提升了农户的非农收入，与李忠旭和庄健（2021）及唐林等（2021）的研究结论一致。

表 5-15　生产环节外包对农户的非农收入影响的工具变量回归结果

变量名称	第一阶段		第二阶段	
	系数	标准误	系数	标准误
生产环节外包	—	—	5.441***	1.294
户主年龄	−0.000	0.000	0.010	0.009
户主受教育程度	0.000	0.001	0.038	0.026
户主健康状况	−0.003	0.003	0.108	0.088
家庭规模	0.001	0.002	0.228***	0.050
社会资本	0.000	0.001	0.062***	0.021
粮食种植面积	0.000**	0.000	0.000	0.001
土地细碎化程度	−0.000	0.000	−0.005***	0.002
耕地质量	−0.004	0.004	−0.043	0.106
复种指数	0.013*	0.007	−0.018	0.189
生产性固定资产	−0.005***	0.001	0.057**	0.024
农业组织参与	0.018**	0.008	0.169	0.213
农业技术培训	0.007	0.007	0.059	0.183
气象灾害	0.006	0.004	−0.029	0.099
住宅到县城的距离	−0.002	0.003	−0.083	0.078
地区	已控制		已控制	
村庄外包水平	0.836***	0.042	—	—
常数项	0.083*	0.044	−1.638	1.159
F 值	51.59***		—	
Wald 值	—		102.69***	
样本量	1 208		1 208	

注：①***、**和*分别表示 1％、5％和 10％的显著性水平；②模型已通过多重共线性检验；③模型均拒绝了变量外生性假设和弱工具变量假设，且通过了 2SLS 第一阶段 F 检验。

进一步地，依据理论分析，本书检验了生产环节外包是否通过增加农户的非农就业水平从而提升农户的非农收入（表 5-16）。非农就业水平使用非农劳动力占家庭总劳动力之比来表示。回归结果显示，在纠正可能的内生性偏误后，生产环节外包对农户非农就业水平的影响在1％的显著性水平上为正，说明生产环节外包显著提升农户的非农就业水平，与理论分析一致。

表5-16 生产环节外包对农户非农就业水平影响的工具变量回归结果

变量名称	第一阶段		第二阶段	
	系数	标准误	系数	标准误
生产环节外包	—	—	0.485***	0.105
户主年龄	-0.000	0.000	0.001	0.001
户主受教育程度	0.000	0.001	0.014***	0.002
户主健康状况	-0.003	0.003	0.014**	0.007
家庭规模	0.001	0.002	0.046***	0.004
社会资本	0.000	0.001	0.003*	0.002
粮食种植面积	0.000**	0.000	-0.000**	0.000
土地细碎化程度	-0.000	0.000	-0.000**	0.000
耕地质量	-0.004	0.004	-0.002	0.009
复种指数	0.013*	0.007	-0.042***	0.015
生产性固定资产	-0.005***	0.001	0.001	0.002
农业组织参与	0.018**	0.008	0.014	0.017
农业技术培训	0.007	0.007	0.016	0.015
气象灾害	0.006	0.004	-0.011	0.008
住宅到县城的距离	-0.002	0.003	-0.010	0.006
地区	已控制		已控制	
村庄外包水平	0.836***	0.042	—	—
常数项	0.083***	0.044	-0.052	0.094
F值	51.59***		—	
Wald值	—		314.44***	
样本量	1 208		1 208	

注：①***、**和*分别表示1％、5％和10％的显著性水平；②模型已通过多重共线性检验；③模型均拒绝了变量外生性假设和弱工具变量假设，且通过了2SLS第一阶段F检验。

综上所述，生产环节外包具有明显的增收效应，且主要通过劳动力替代提升农户非农就业水平，增加非农收入，进而促进农户总收入的增长，但也同时致使农业收入增长效应未能充分实现。研究假说H1部分得证。

（3）生产环节外包对农户收入差距的影响

为全面刻画和分析不同收入群体生产环节外包的收入效应。本书将农户的收入水平分为4个分位数（Q=20、40、60、80），分别对应低收入组农户、中低收入组农户、中高收入组农户和高收入组农户，采用工具变量分位数回归进行估计。表 5 - 17 至表 5 - 19 分别汇报了生产环节外包对农户的总收入、农业收入与非农收入影响的工具变量分位数回归结果。估计结果显示，生产环节外包对中低、中高和高收入组农户的总收入和非农收入的影响均显著为正，且边际影响呈递增趋势；但对低收入组农户的总收入和非农收入没有显著影响，同时，生产环节外包对不同收入组农户农业收入的影响也不存在显著差异。这说明，生产环节外包的提升加剧了农户间的收入差距，且收入差距主要来源于不同收入组农户非农收入增长的差别。研究假说 H1 得证。

综上，生产环节外包虽然提升了农户收入水平，但由此带来的农户间收入差距扩大问题不容忽视。

表 5 - 17　生产环节外包对农户的总收入影响的工具变量分位数回归结果（2SLS第二阶段）

变量名称	Q（20）	Q（40）	Q（60）	Q（80）
生产环节外包	2.240（2.334）	4.101**（1.975）	4.748**（1.969）	7.213***（2.423）
户主年龄	0.014（0.019）	0.018（0.016）	0.009（0.016）	0.008（0.020）
户主受教育程度	0.021（0.057）	0.059（0.048）	0.057（0.048）	0.051（0.059）
户主健康状况	0.053（0.190）	0.093（0.160）	0.117（0.160）	0.136（0.197）
家庭规模	0.062（0.107）	0.026（0.090）	0.009（0.090）	−0.043（0.111）
社会资本	0.050（0.044）	0.082**（0.037）	0.118***（0.037）	0.192***（0.046）
粮食种植面积	0.005***（0.002）	0.013***（0.001）	0.014***（0.001）	0.027***（0.002）
土地细碎化程度	−0.001（0.004）	−0.007**（0.003）	−0.010***（0.003）	−0.017***（0.004）
耕地质量	0.061（0.228）	0.105（0.193）	0.126（0.193）	0.213（0.237）
复种指数	−0.279（0.398）	−0.298（0.337）	−0.167（0.335）	−0.280（0.413）
生产性固定资产	0.015（0.049）	0.030（0.041）	0.053（0.041）	0.117**（0.051）
农业组织参与	0.067（0.451）	0.299（0.382）	0.420（0.381）	0.471（0.469）
农业技术培训	−0.049（0.396）	−0.069（0.335）	0.172（0.334）	−0.085（0.411）
气象灾害	−0.055（0.206）	−0.038（0.175）	−0.041（0.174）	0.053（0.214）
住宅到县城的距离	0.052（0.167）	−0.002（0.141）	0.040（0.141）	−0.024（0.173）
地区	已控制	已控制	已控制	已控制
常数项	−1.630（2.458）	−1.804（2.080）	−1.647（2.073）	−0.946（2.552）
样本量	1 208	1 208	1 208	1 208

注：①***、**和*分别表示1%、5%和10%的显著性水平；②括号中是标准误；③模型已通过多重共线性检验；④模型均拒绝了变量外生性假设和弱工具变量假设，且通过了2SLS第一阶段F检验。

表 5 - 18 生产环节外包对农户的农业收入影响的工具变量

分位数回归结果 （2SLS 第二阶段）

变量名称	Q (20)	Q (40)	Q (60)	Q (80)
生产环节外包	−2.685 (6.124)	−3.189 (5.323)	−1.439 (5.631)	−1.672 (7.398)
户主年龄	0.000 (0.050)	−0.001 (0.043)	0.000 (0.046)	−0.005 (0.060)
户主受教育程度	−0.017 (0.149)	−0.005 (0.129)	0.002 (0.137)	0.008 (0.180)
户主健康状况	0.010 (0.497)	0.003 (0.432)	0.011 (0.457)	0.031 (0.601)
家庭规模	0.034 (0.280)	0.038 (0.243)	0.019 (0.257)	0.011 (0.338)
社会资本	0.004 (0.116)	0.004 (0.101)	0.006 (0.107)	0.033 (0.140)
粮食种植面积	0.006 (0.004)	0.036*** (0.004)	0.057*** (0.004)	0.087*** (0.005)
土地细碎化程度	0.010 (0.010)	−0.001 (0.009)	−0.007 (0.009)	−0.014 (0.012)
耕地质量	−0.028 (0.599)	0.034 (0.521)	0.072 (0.551)	0.107 (0.724)
复种指数	0.092 (1.044)	0.092 (0.907)	0.128 (0.960)	0.294 (1.261)
生产性固定资产	0.015 (0.128)	0.004 (0.111)	0.017 (0.118)	0.020 (0.154)
农业组织参与	0.281 (1.185)	0.440 (1.030)	0.308 (1.089)	0.549 (1.431)
农业技术培训	0.212 (1.039)	0.097 (0.903)	0.031 (0.955)	−0.054 (1.255)
气象灾害	−0.095 (0.541)	−0.062 (0.471)	−0.091 (0.498)	−0.068 (0.654)
住宅到县城的距离	0.031 (0.438)	−0.032 (0.380)	−0.018 (0.402)	0.001 (0.529)
地区	已控制	已控制	已控制	已控制
常数项	0.301 (6.450)	0.913 (5.606)	0.230 (5.931)	−0.033 (7.791)
样本量	1 208	1 208	1 208	1 208

注：①*** 、** 和 * 分别表示1%、5%和10%的显著性水平；②括号中是标准误；③模型已通过多重共线性检验；④模型均拒绝了变量外生性假设和弱工具变量假设，且通过了 2SLS 第一阶段 F 检验。

表 5 - 19 生产环节外包对农户的非农收入影响的工具变量

分位数回归结果 （2SLS 第二阶段）

变量名称	Q (20)	Q (40)	Q (60)	Q (80)
生产环节外包	2.410 (1.558)	3.770*** (1.370)	5.746*** (1.381)	8.133*** (1.598)
户主年龄	0.007 (0.013)	0.007 (0.011)	0.007 (0.011)	−0.002 (0.013)
户主受教育程度	0.016 (0.038)	0.034 (0.033)	0.050 (0.034)	0.053 (0.039)
户主健康状况	0.016 (0.127)	0.081 (0.111)	0.108 (0.112)	0.131 (0.130)
家庭规模	0.142** (0.071)	0.185*** (0.063)	0.218*** (0.063)	0.165** (0.073)
社会资本	0.000 (0.030)	0.030 (0.026)	0.048* (0.026)	0.085*** (0.030)

（续）

变量名称	Q（20）	Q（40）	Q（60）	Q（80）
粮食种植面积	−0.001（0.001）	0.001（0.001）	0.000（0.001）	−0.000（0.001）
土地细碎化程度	−0.001（0.003）	−0.003（0.002）	−0.003（0.002）	−0.004（0.003）
耕地质量	0.006（0.153）	0.001（0.134）	−0.010（0.135）	0.091（0.156）
复种指数	−0.245（0.266）	−0.172（0.233）	−0.167（0.235）	−0.123（0.272）
生产性固定资产	0.011（0.033）	0.012（0.029）	0.024（0.029）	0.083**（0.033）
农业组织参与	−0.026（0.301）	−0.038（0.265）	0.158（0.267）	0.060（0.309）
农业技术培训	−0.031（0.264）	−0.046（0.232）	0.011（0.234）	−0.099（0.271）
气象灾害	−0.031（0.138）	−0.018（0.121）	−0.031（0.122）	0.004（0.141）
住宅到县城的距离	0.016（0.111）	0.027（0.098）	0.007（0.099）	−0.065（0.114）
地区	已控制	已控制	已控制	已控制
常数项	−1.259（1.641）	−1.942（1.443）	−2.031（1.454）	−0.878（1.683）
样本量	1 208	1 208	1 208	1 208

注：①***、**和*分别表示1%、5%和10%的显著性水平；②括号中是标准误；③模型已通过多重共线性检验；④模型均拒绝了变量外生性假设和弱工具变量假设，且通过了2SLS第一阶段F检验。

（4）生产环节外包影响农户的家庭收入的稳健性检验回归结果

为了进一步证实研究结论的科学性与可靠性，本书通过倾向得分匹配法（PSM）、缩尾处理法进行稳健性检验。

①倾向得分匹配法。上述分析虽然表明，生产环节外包促进了农户收入水平的提升和收入差距的扩大，但此处的收入是已经购买了生产环节外包服务之后的结果，并非购买之前的初始收入。因此，生产环节外包可能并不满足随机抽样，而是自选择的结果，可能导致选择性偏误。基于此，本书采用倾向得分匹配法，构建生产环节外包对农户收入影响的反事实框架来纠正可能的选择性偏误[①]，以验证生产环节外包对农户收入水平与收入差距的正向影响是否具有一致、稳健的效果。为确保匹配结果的可靠性，本书对协变量的平衡性进行了检验，如表5-20所示，匹配前多数控制变量存在显著性差异，匹配后处理组与控制组间无系统差异。

---

① 由于未购买任何生产环节外包服务的农户仅占总样本的1.65%，在设置处理组和对照组时，本书依据样本农户生产环节外包的平均值，将外包水平高于平均值的样本定义为处理组，将外包水平低于平均值的样本定义为对照组。

表 5 - 20　平衡性检验结果

变量名称	匹配类型	处理组	对照组	偏误比例	偏误降低比例	两组差异 t 值
户主年龄	匹配前	56.144	57.198	−10.2	59.7	−1.73*
	匹配后	56.144	56.569	−4.1		−0.65
户主受教育程度	匹配前	8.144	7.720	12.9	58.5	2.17**
	匹配后	8.144	8.320	−5.3		−0.83
户主健康状况	匹配前	4.372	4.210	16.5	90.8	2.80***
	匹配后	·4.372	4.386	−1.5		−0.25
家庭规模	匹配前	4.766	4.049	41.1	96.9	7.02***
	匹配后	4.766	4.744	1.3		0.19
社会资本	匹配前	1.301	0.940	9.4	58.2	1.54
	匹配后	1.301	1.451	−3.9		−0.39
粮食种植面积	匹配前	58.616	44.012	10.2	69.3	1.84*
	匹配后	58.616	54.127	3.1		0.42
土地细碎化程度	匹配前	20.825	9.610	20.3	94.5	3.62***
	匹配后	20.825	21.444	−1.1		−0.12
耕地质量	匹配前	3.376	3.381	−0.7	−561.8	−0.12
	匹配后	3.376	3.339	4.8		0.76
复种指数	匹配前	1.626	1.451	36.6	99.1	6.19***
	匹配后	1.626	1.624	0.3		0.05
生产性固定资产	匹配前	5.393	6.949	−39.9	89.2	−6.87***
	匹配后	5.393	5.225	4.3		0.62
农业组织参与	匹配前	0.276	0.200	17.7	45.5	3.05***
	匹配后	0.276	0.235	9.7		1.46
农业技术培训	匹配前	0.340	0.357	−3.4	−10.9	−0.58
	匹配后	0.340	0.322	3.8		0.6
气象灾害	匹配前	1.127	0.647	48	99.6	8.26***
	匹配后	1.127	1.129	−0.2		−0.03
住宅到县城的距离	匹配前	9.593	9.564	2.7	59.9	0.47
	匹配后	9.593	9.581	1.1		0.15
区域高	匹配前	0.261	0.388	−27.4	80.8	−4.61***
	匹配后	0.261	0.285	−5.3		−0.85
区域中	匹配前	0.278	0.374	−20.7	53.2	−3.5***
	匹配后	0.278	0.232	9.7		1.61

注：鉴于本书篇幅，表中只报告了运用核匹配方法进行倾向得分匹配后的平衡性检验结果。

表 5-21 汇报了最小近邻匹配、半径匹配、核匹配和局部线性规划匹配四种匹配方法下生产环节外包对农户的总收入的影响。处理组平均处理效应（ATT）的结果均显示，在消除了样本间可观测的系统性差异后，生产环节外包对农户的总收入仍存在显著的正向影响。这与前文实证结果一致，验证了结果的稳健性。

表 5-21　生产环节外包对农户的总收入影响的倾向得分匹配结果

匹配方法	最小近邻匹配	半径匹配	核匹配	局部线性规划匹配
处理组平均处理效应 ATT	0.648**	0.767**	0.746**	0.735**
其他控制变量	已控制	已控制	已控制	已控制
处理组样本数	479	479	479	479
对照组样本数	729	729	725	725

注：① ***、**和*分别表示1%、5%和10%的显著性水平。②参考已有文献，最小近邻匹配元数为2，半径匹配中半径设定为0.0005，核匹配使用默认的核函数；马氏匹配中马氏距离的近邻匹配元数与计算稳健标准误的近邻个数一致，取4。

此外，借鉴已有文献的做法（许彩华和余劲，2020），本书基于倾向得分匹配法对处理组与对照组两组农户的匹配结果，按照农户的总收入由小到大排序后计算出农户的总收入在两组中的基尼系数（两组农户总收入的基尼系数可以近似认为是同一组农户两次不同的实验结果）。如表 5-22 所示，处理组和对照组的基尼系数分别为 0.596 和 0.510。正态分布检验结果显示两组数据均不服从正态分布，方差齐性检验结果显示两组数据方差不齐，即处理组和对照组两组连续变量数据既不服从正态分布、也不满足方差齐性。因此，本书采用非参数检验控制组和处理组的组间差异，检验结果显示，两组农户的基尼系数存在显著差异。可见，生产环节外包对农户间收入差距的扩大具有显著影响。这与前文实证结果一致，验证了结果的稳健性。

表 5-22　处理组与对照度收入差距比较

生产环节外包水平	基尼系数	正态分布检验	方差齐性检验	非参数检验
对照组	0.510	9.876***	37.382***	8.888***
处理组	0.596	11.414***		

②缩尾处理法。表 5-23 表示采用缩尾处理法（Winsor）后，生产环节外包对农户收入水平与收入差距影响的回归结果，估计结果显示，生产环节外包对农户的总收入的影响为正且在1%的水平上显著，生产环节外包对中低、中

高和高收入组农户总收入的影响均显著为正，且边际影响呈递增趋势，但对低收入组农户总收入的影响不显著。这与前文实证结果一致，验证了研究结果的稳健性。

表 5 - 23 生产环节外包对农户收入水平与收入差距影响的
缩尾处理法回归结果（2SLS第二阶段）

变量名称	总收入	收入差距			
		Q（20）	Q（40）	Q（60）	Q（80）
生产环节外包	4.029***	2.293	3.465**	4.661***	7.197***
	(1.303)	(1.605)	(1.398)	(1.414)	(2.098)
户主年龄	0.015*	0.014	0.012	0.009	0.008
	(0.009)	(0.013)	(0.011)	(0.011)	(0.017)
户主受教育程度	0.058**	0.021	0.056*	0.062*	0.051
	(0.026)	(0.039)	(0.034)	(0.034)	(0.051)
户主健康状况	0.220**	0.052	0.113***	0.118	0.136
	(0.088)	(0.130)	(0.114)	(0.115)	(0.170)
家庭规模	−0.051	0.062	0.039***	0.004	−0.043
	(0.050)	(0.073)	(0.064)	(0.065)	(0.096)
社会资本	0.078***	0.050	0.086	0.116***	0.192***
	(0.021)	(0.030)	(0.026)	(0.027)	(0.040)
粮食种植面积	0.007***	0.005***	0.005	0.011***	0.027***
	(0.001)	(0.001)	(0.001)	(0.001)	(0.001)
土地细碎化程度	−0.002	−0.001	0.000	−0.007***	−0.017***
	(0.002)	(0.003)	(0.002)	(0.002)	(0.003)
耕地质量	0.233**	0.062	0.087	0.122	0.213
	(0.107)	(0.157)	(0.137)	(0.138)	(0.205)
复种指数	−0.251	−0.277	−0.302	−0.179	−0.279
	(0.191)	(0.274)	(0.238)	(0.241)	(0.357)
生产性固定资产	0.115***	0.015	0.041	0.060**	0.117***
	(0.024)	(0.033)	(0.029)	(0.030)	(0.044)
农业组织参与	0.686***	0.066	0.445	0.508*	0.469
	(0.214)	(0.310)	(0.270)	(0.273)	(0.406)
农业技术培训	0.072	−0.048	−0.083	0.144	−0.084
	(0.184)	(0.272)	(0.237)	(0.240)	(0.356)

（续）

变量名称	总收入	收入差距			
		Q（20）	Q（40）	Q（60）	Q（80）
气象灾害	−0.054	−0.054	−0.024	−0.050	0.053
	(0.100)	(0.142)	(0.124)	(0.125)	(0.185)
住宅到县城的距离	−0.008	0.050	−0.012	0.023	−0.023
	(0.078)	(0.115)	(0.100)	(0.101)	(0.150)
地区	已控制	已控制	已控制	已控制	已控制
常数项	−2.050*	−1.614	−1.279	−1.435	−0.957
	(1.167)	(1.691)	(1.472)	(1.489)	(2.210)
Wald 值	325.30***	—	—	—	—
样本量	1 208	1 208	1 208	1 208	1 208

注：①***、**和*分别表示1%、5%和10%的显著性水平；②括号中是标准误；③模型已通过多重共线性检验；④模型均拒绝了变量外生性假设和弱工具变量假设，且通过了2SLS第一阶段 F检验。

四、本章小结

本章基于中国粮食主产区 1 208 户农户的微观调研数据，采用 Logit 模型、CMP 方法、工具变量法、工具变量分位数回归、倾向得分匹配等方法，实证检验了生产环节外包对农户的农业产出与家庭收入的影响，评估了生产环节外包的经济效益。

总体来看，生产环节外包具有经济效益。具体而言：①从三大主粮的总体估计来看，生产环节外包有助于增加农户的农业产出，在解决潜在的内生性问题后，这一结论依然成立；从玉米、小麦和水稻的分样本估计来看，生产环节外包对农业产出的影响在玉米和水稻生产中仍较为稳健，但生产环节外包对小麦的增产效果并不明显。②生产环节外包具有明显的增收效应，主要通过劳动力替代提升农户非农就业水平，增加非农收入，进而促进总收入的增长，但也同时致使农户的农业收入增长效应未能充分实现。③生产环节外包的增收效应对中等收入和高收入组农户更为明显，扩大了农户间的收入差距，且这一扩大效应主要来源于生产环节外包在促进中高收入组农户的非农收入增长中的优势。④聚焦于农业自身而言，生产环节外包表现出了增产但不增收的特征，不利于农业的长期发展。

　　基于上述研究结论，本章的政策启示是：首先，继续完善农业生产环节外包服务体系建设、加快推进农业生产环节外包服务业发展，一方面，充分发挥生产环节外包对保障农业产出的积极作用，尤其是对玉米和水稻种植；另一方面，充分发挥生产环节外包的持续增收效应及劳动力释放潜能。同时，着力于优化农村劳动力的非农就业环境，加大农村地区非农就业培训投入，为劳动力的进一步转移提供就业支持和保障。其次，重视低收入组农户的发展问题，通过制定相关帮扶政策，充分满足低收入组农户的生产环节外包需求，确保低收入组农户与生产环节外包的有效衔接，防止其因缺乏增收机会而陷入"贫困陷阱"。最后，鼓励更加专业化、市场化的生产环节外包服务供给，促进农业提质增效。一方面，以降低粮食生产成本和提高生产效率为目标，推动生产环节外包与农业高质量发展的有机衔接；另一方面，健全生产环节外包的监督管控体系，以减少外包服务供给主体降低服务质量和农户"过度监督"的双边道德风险。

第六章

生产环节外包的环境效益分析

上一章实证检验了生产环节外包对农户的农业产出与家庭收入的影响，评估了生产环节外包的经济效益。进一步地，鉴于在农业生产过程中更加注重环境友好，突出农业发展的绿色本质，是农业绿色发展的内在属性，因此，评估生产环节外包的环境效益是评价"生产环节外包能否推动农业绿色发展"的重要内容，也是本研究的重要目标。考虑到农用化学品的不合理使用是引发农业生态环境风险的重要因素，本章以农用化学品投入为例，在第二章第三部分理论分析的基础上，基于中国粮食主产区 1 208 户农户微观调研数据，采用 Logit 模型、CMP 方法、中介效应检验模型、倾向得分匹配法等方法，从农用化学品投入频率与农用化学品投入强度两个方面，实证检验生产环节外包的环境效益。

一、问题提出

不可否认，农用化学品的广泛使用为保障全球农产品供给、维护粮食安全作出了重要贡献（Wang et al.，2018；Xu et al.，2019；Dawson and Hilton，2011；Erisman et al.，2013；Sutton et al.，2013；Stewart and Roberts，2012）。但农用化学品的过量投入与低效利用的现象在中国普遍存在（Zhang et al.，2015；Zhang et al.，2016；Ju et al.，2016；Wu et al.，2018；Chen et al.，2022；Xu et al.，2019），不仅增加了农业生产成本和资源浪费，还导致了耕地板结、土壤酸化、地表水富营养化以及温室气体排放量增加等诸多农业污染问题（Buono，2020；Bünemann et al.，2018；Jaraite and Kazukaus-kas，2013；Chang and Mishra，2012；Fischer et al.，2010；Seiber et al.，2014；Pimentel，1995；Seneviratne and Kulasooriya，2013；Huang et al.，2019；Fischer et al.，2010；Asai et al.，2010；Ibarrola-Rivas et al.，2016；Rahman and Zhang，2018）。甚至是，农用化学品通过食物链或饮用水直接或间接地进入人体，还造成了免疫力降低、神经系统破坏等严重危害健康的现状

(Omonona and Okogbue, 2021；Loan et al., 2018；高晶晶和史清华, 2019)。因此, 优化中国农用化学品使用对保障粮食安全、改善生态环境与增强居民健康至关重要。

尤其是, 农户作为农用化学品投入的行为主体, 是优化农用化学品使用的微观基础。基于此, 大量学者从城市化、农民认知、农场特征等方面分析了影响农户农用化学品投入的因素。例如, You(2016)通过使用向量自回归模型(VAR 模型), 考察了城市化对农用化学品投入强度的影响, 发现城市化对化肥使用、农药使用和农用塑料薄膜使用强度有明显影响。Ren 等(2021)发现机械和知识等固定投入占总投入的比例较低是导致小农农场过度施肥的关键因素。

还有部分学者聚焦于农用化学品的减施路径研究, 重点关注了农业生产组织方式(Yu et al., 2021；Liu and Wu, 2021)、土地流转及由此实现的农地规模经营(Ju et al., 2016；Wu et al., 2018；Zhu et al., 2017)等在规范农用化学品投入中的作用。例如, Yu 等(2021)发现, 家庭农场和农民专业合作社等替代耕作模式与小农户相比, 可以减少 8% 的化肥使用量, 还可以极大地提高化肥使用效率, 减少农业污染。Liu 和 Wu(2021)发现, 加入农民专业合作社可以减少化肥和农药的使用频率, 同时认为农民专业合作社的发展对促进中国的绿色农业生产具有重要作用。Zhu 等(2017)研究表明, 通过土地使用权转让来扩大农场规模是减少化肥和农药使用的重要途径。Wu 等(2018)也认为, 扩大农场规模可以显著降低农用化学品的使用强度, 其进一步的统计分析还发现, 农场规模每增加 1%, 每公顷的化肥和农药使用量分别下降 0.3% 和 0.5%。

然而实践发现, 在短期内, 上述研究成果均难以有效推进并达到预期的优化目标。这时, 农业生产经营活动可分性增强和农业科学技术进步均极大地促进了农业生产经营方式的转变(Yang et al., 2013；Zhang et al., 2017), 即农业生产环节外包服务业的出现, 这一转变为促进农用化学品科学、合理使用提供了新的思路。生产环节外包, 即以市场为媒介, 运用经济的手段, 以支付服务费用的方式, 通过让专业人办专业事, 帮助农户解决自身"解决不了、解决不好、解决起来不经济合理"的问题(Tan et al., 2008；Hallam, 2011；Otsuka, 2013；Zhang et al., 2017；姜长云等, 2021), 而且其在近些年呈快速发展态势。

从研究趋势上看, 生产环节外包的研究正不断丰富, 多数研究聚焦于农户是否参与外包、参与何种外包以及如何促进农户参与外包等方面。例如, Massayo 等(2008)比较了日本和荷兰的农业外包, 研究认为农场规模、劳动力、生产多样性、机器设备和文化因素是影响农业外包的主要因素。Igata 等（2008）通过比较日本和荷兰的农业外包来调查其原因，发现荷兰缺乏足够劳动力的小型和多样化农场倾向于农业外包。Ji 等（2017）的研究表明，农场规模、外包服务费和当地工资水平是影响农民对生产任务的专业服务外包的主要因素。此外，Baiyegunhi 等（2019）和 Gebrehiwot（2015）还表明，年龄、性别、教育水平、社会网络、耕地面积、非农业收入和其他家庭特征对农业外包存在不同程度的影响。

也有部分学者从成本收益视角，证实了外包服务在提高农业专业化生产效率、提升农户种粮积极性、促进农民增收等方面的作用。例如，Gillespie 等（2010）评估了美国乳品行业外包服务的程度，结果显示外包服务对盈利能力有影响，且主要盈利能力的驱动因素是农场规模和效率。Picazo-Tadeo and Reig-Martínez（2010）实证研究了外包服务对西班牙柑橘生产技术效率的影响，发现外包服务与技术效率之间存在正相关。Baiyegunhi 等（2019）表明，参与农业外包推广项目对参与者的家庭净收入有明显的积极影响。Michael 等（1985）发现，南非农业外包的推广对家庭农业收入和净收入都有很大的实质性贡献，促进了农产品质量的提高，使农民有更好的饮食，创造了就业机会。Pingali（2007）、Baiyegunhi 等（2019）指出，在农业生产相对落后的发展中国家，农业外包可以有效地协调区域资源，典型表现为通过满足对农业机械的需求，从而提高农业生产效率，增加中小农户收入，消除贫困，实现农业的可持续发展。

那么，生产环节外包能否影响农户的农用化学品投入呢？现有研究尚未达成一致结论。一方面，从理论上来讲，外包服务作为技术创新中管理创新的"软技术进步"，不仅是专业化分工在农业生产中特有的运用方式，还是技术创新成果的重要载体，有助于通过专业、科学的生产服务，规范农户的农用化学品投入，从而提升农业生态环境效益（Ji et al.，2017；Lewis and Pattina-sarany，2010）。另一方面，也有相关研究发现，服务提供者和农民之间的信息不对称可能导致机会主义行为，反而加重了农用化学品的过量使用问题（Zhang et al.，2015）。在中国大力推动农业生产环节外包服务业发展的现实背景下，迫切需要厘清生产环节外包对农用化学品投入的影响，以及可能导致的环境问题。

目前，中国的农用化学品投入主要存在两方面的问题，一是投入过量，二是利用效率低下（Zhang et al.，2015；Zhang et al.，2016；Ju et al.，2016；Wu et al.，2018；Xu et al.，2019）。究其原因，可归纳为农用化学品投入强度与投入频率的不合理。一方面，现有研究多聚焦于农用化学品投入强度的影响因素分析，较少关注农用化学品投入频率的差异及原因，而同时考虑农用化学品投入频率与投入强度的研究成果更为少见。另一方面，生产环节外包对农用化学品投入强度与投入频率的研究暂未受到学界的普遍关注。基于此，本书在第二章第三部分理论分析的基础上，从农用化学品投入频率与农用化学品投入强度两个方面，利用中国粮食主产区 1 208 户农户的抽样调查数据，实证检验生产环节外包对农用化学品投入的影响。

本书的总体目标是确定生产环节外包是如何影响农用化学品投入的。这将有助于中国政策制定者更好地了解农户采纳农业生产环节外包这一生产方式的转变对环境的影响，从而有助于政策制定者为实现农业减量化生产目标设计更准确的农业政策。本书的边际贡献主要还包括以下 3 个方面。首先，本书同时分析了生产环节外包对农用化学品投入频率与投入强度的影响，不仅有助于探讨农用化学品过量投入问题，还有利于分析农用化学品低效利用的问题。其次，本书不仅在三大主粮的总体层面估计了外包服务与农用化学品投入的关系，还基于玉米、小麦和水稻的分样本估计验证了结论在不同粮食作物类型中的适用性与稳健性，也基于黑龙江、河南和湖南的分样本估计验证了结论在不同地区中的适用性与稳健性。最后，本研究选择了合适的工具变量、应用 CMP 方法，处理了由于遗漏变量和测量误差而导致的内生性问题（Roodman，2011），提高了估计结果的准确性。

二、模型设定与变量选取

为了探讨生产环节外包与农用化学品投入之间的关系，根据研究假说，本书构建了以农用化学品投入频率和农用化学品投入强度为被解释变量，以生产环节外包为解释变量的计量模型，模型设定如下：

$$Y_i = \beta_0 + \beta_1 N_i + \delta Z_i + \varepsilon_i \qquad (6-1)$$

（6-1）式中，Y_i 表示第 i 个农户的农用化学品投入情况，包括投入频率和投入强度两个方面；N_i 表示第 i 个农户的生产环节外包状况；Z_i 表示影响第 i 个农户粮食生产状况的其他控制变量向量；β_0 表示常数项；ε_i 表示随机扰动项，β_1、δ 分别表示待估计参数与参数矩阵。

首先，依据本书第四章第四部分所述，本书以化肥投入为例，使用 2020 年农户化肥投入的次数与 2020 年农户的亩均化肥折纯量（千克/亩）来表征农用化学品投入频率与农用化学品投入强度。同样地，按照作物熟制进行划分，黑龙江为一年一熟制，河南为一年两熟制，湖南为一年两熟或三熟制。因此，在计算黑龙江省的年化肥投入量时通常仅涉及 1 季粮食作物，而在计算河南省和湖南省的年化肥投入量时，可能涉及 1～3 季粮食作物。其次，依据第四章第三部分所述，本书使用农户 2020 年购买外包服务的亩均费用表示农户的生产环节外包的总体情况。农户在农业生产过程中购买生产环节外包服务的环节数量越多，相应支出的外包服务费用也会增加，农户支出的服务费用越高，其外包服务的参与水平也越高。最后，参考已有研究（Ma et al.，2018；Sun et al.，2018），本书选取了可能影响农户化肥投入频率与化肥投入强度的其他控制变量，涉及户主个体特征、农户家庭特征、农业生产经营特征和区域特征四个方面。

变量的含义及描述性统计见表 6-1。

表 6-1　变量的含义及其描述性统计

变量名称	变量含义和赋值	均值	标准差
被解释变量			
农用化学品投入频率	2020 年农户化肥投入的次数（次）	2.869	1.548
农用化学品投入强度	2020 年农户的亩均化肥折纯量（千克/亩），加 1 后取对数处理	3.016	0.422
解释变量			
生产环节外包	农户 2020 年购买外包服务的亩均费用（千元/亩）	0.198	0.141
控制变量			
户主年龄	户主年龄（岁）	56.780	10.388
户主受教育程度	户主受教育年限（年）	7.888	3.322
家庭规模	家庭人口总数（人）	4.334	1.771
家庭收入	家庭年总收入（元），取对数处理	11.488	1.105
非农收入占比	2020 年非农收入占农户家庭收入的比例（%）	39.210	36.876
农业补贴	2020 年农户的农业补贴收入（元），加 1 后取对数处理	7.272	1.674
生产性固定资产	2020 年农户家庭生产性固定资产现值（元），加 1 后取对数处理	6.332	3.925
住宅到县城的距离	农户在村庄内的住宅到最近县城的距离（米），加 1 后取对数处理	9.576	1.069
粮食种植面积	2020 年家庭粮食种植面积（亩）	49.803	135.153
土地细碎化程度	2020 年家庭粮食种植地块数（块），块数越多，表明土地细碎化程度越高	14.057	52.953

（续）

变量名称	变量含义和赋值	均值	标准差
耕地质量	农户对实际耕种地块的评价：1＝非常差；2＝比较差；3＝一般；4＝比较好；5＝非常好	3.379	0.767
复种指数	2020 年农户总播种面积与耕地经营面积的比值	1.521	0.486
社会资本	在县级及以上城市当公职人员的亲戚好友数量（人）	1.083	3.998
农业组织参与	1＝加入合作社或登记为家庭农场或科技示范户或农业企业等农业组织；0＝无	0.230	0.421
气象灾害	2020 年农业生产过程中遭受气象灾害的次数（次）	0.838	1.014
省份虚拟变量（以河南为对照组）			
黑龙江	黑龙江＝1；其他＝0	0.344	0.475
湖南	湖南＝1；其他＝0	0.325	0.469

三、生产环节外包影响农用化学品投入的实证结果分析

1. 生产环节外包对农用化学品投入频率的基准回归结果

表 6-2 表示生产环节外包对农用化学品投入频率的 OLS 估计结果。其中，回归 1 为不加控制变量的估计结果，回归 2 为未控制区域虚拟变量的估计结果，回归 3 为加入所有控制变量的估计结果。可以看出，模型估计结果在影响方向和显著性水平上均未发生显著变化，并且生产环节外包对农用化学品投入频率在 1% 的显著性水平上存在正向影响。这说明生产环节外包会促进农用化学品投入频率的提升，从而改善农用化学品利用效率，研究假说 H2 得到验证。就控制变量而言，回归结果与现实情况基本一致。年龄、住宅到县城的距离对农用化学品投入频率存在显著的负向影响，农业补贴、复种指数对农用化学品投入频率存在显著的正向影响。且相对于河南省，黑龙江省与湖南省的农用化学品投入频率均较高。

表 6-2　生产外包对农户化肥投入频率的 OLS 估计结果

变量名称	回归 1		回归 2		回归 3	
	系数	稳健标准误	系数	稳健标准误	系数	稳健标准误
生产环节外包	1.332***	0.396	2.440***	0.381	1.126***	0.428
户主年龄	—	—	−0.010***	0.004	−0.008**	0.004

（续）

变量名称	回归 1		回归 2		回归 3	
	系数	稳健标准误	系数	稳健标准误	系数	稳健标准误
户主受教育程度	—	—	0.003	0.013	0.003	0.012
家庭规模	—	—	−0.034	0.025	−0.012	0.025
家庭收入	—	—	0.060	0.048	−0.035	0.047
非农收入占比	—	—	0.001	0.001	0.000	0.001
农业补贴	—	—	0.105***	0.036	0.108***	0.037
生产性固定资产	—	—	−0.001	0.011	−0.001	0.010
住宅到县城的距离	—	—	−0.054*	0.030	−0.063**	0.028
粮食种植面积	—	—	−0.000	0.000	−0.000	0.000
土地细碎化程度	—	—	0.002**	0.001	0.001	0.001
耕地质量	—	—	−0.023	0.047	−0.021	0.045
复种指数	—	—	1.487***	0.089	1.831***	0.141
社会资本	—	—	0.006	0.006	−0.002	0.005
农业组织参与	—	—	0.049	0.095	0.107	0.091
气象灾害	—	—	0.141***	0.040	−0.002	0.036
黑龙江	—	—	—	—	0.580***	0.167
湖南	—	—	—	—	1.270***	0.149
常数项	3.617***	0.076	−0.262	0.636	−0.060	0.653
F 值	11.34***		40.02***		45.98***	
拟合优度	0.018		0.352		0.413	
观测值	1 208		1 208		1 208	

注：① ***、** 和 * 分别表示1%、5%和10%的显著性水平；②模型已通过多重共线性检验。

2. 生产环节外包对农用化学品投入强度的基准回归结果

表6-3表示生产环节外包对农用化学品投入强度的 OLS 估计结果。其中，回归4为不加控制变量的估计结果，回归5为未控制区域虚拟变量的估计结果，回归6为加入所有控制变量的估计结果。同样地，模型估计结果在影响方向和显著性水平上均未发生显著变化，且生产环节外包对农用化学品投入强度均存在显著的正向影响。这说明，生产环节外包对农用化学品投入强度的提升作用大于降低效应，生产环节外包未能缓解农用化学品投入过量这一现实问题，甚至还引起了农用化学品投入强度的进一步提升。就控制变量而言，回归结果同样与现实情况基本一致。农业补贴、气象灾害对农用化学品投入强度存

在显著的负向影响，家庭规模、耕地质量对农用化学品投入强度存在显著的正向影响。且相对于河南省，湖南省的农用化学品投入强度均较低。

表 6-3 生产环节外包对农用化学品投入强度的 OLS 估计结果

变量名称	回归 4		回归 5		回归 6	
	系数	稳健标准误	系数	稳健标准误	系数	稳健标准误
生产环节外包	0.267***	0.096	0.236**	0.094	0.539***	0.107
户主年龄	—	—	0.001	0.001	0.001	0.001
户主受教育程度	—	—	−0.003	0.004	−0.003	0.004
家庭规模	—	—	0.028***	0.007	0.028***	0.008
家庭收入	—	—	−0.024	0.016	−0.004	0.016
非农收入占比	—	—	0.000	0.000	0.000	0.000
农业补贴	—	—	−0.016*	0.008	−0.024***	0.008
生产性固定资产	—	—	−0.005	0.004	−0.005	0.003
住宅到县城的距离	—	—	−0.023*	0.013	−0.018	0.013
粮食种植面积	—	—	0.000	0.000	0.000	0.000
土地细碎化程度	—	—	−0.000	0.000	0.000	0.000
耕地质量	—	—	0.030**	0.015	0.030**	0.014
复种指数	—	—	0.085***	0.029	0.087	0.057
社会资本	—	—	0.001	0.002	0.003	0.002
农业组织参与	—	—	0.016	0.030	0.009	0.029
气象灾害	—	—	−0.070***	0.011	−0.041***	0.012
黑龙江	—	—	—	—	0.003	0.071
湖南	—	—	—	—	−0.231***	0.041
常数项	2.963***	0.023	3.242***	0.218	3.024***	0.249
F 值	7.68***		9.49***		11.69***	
拟合优度	0.008		0.092		0.127	
观测值	1 208		1 208		1 208	

注：①***、**和*分别表示1%、5%和10%的显著性水平；②模型已通过多重共线性检验。

3. 基于 CMP 方法的内生性检验结果

生产环节外包变量很可能由于遗漏变量、测量误差等而存在内生性问题。首先，一些难以衡量的遗漏变量，如受访者的心理因素、习惯、能力等，很可能同时影响农户外包决策以及农用化学品投入状况，从而产生遗漏变量问题。其次，本部分使用的生产环节外包变量为农户 2020 年的外包水平的平均值，可能存在测量误差问题。因此，本书借鉴李忠旭和庄健（2021）的做法，定义村庄外包水平作为生产环节外包变量的工具变量，即"村内其他样本农户外包水平的平均值"，使用 Roodman（2011）提出的 CMP 方法对模型进行重新估计。CMP 方法属于两阶段回归分析：第一阶段寻找核心解释变量的工具变量，并评估其相关性；第二阶段将工具变量代入模型进行回归，并根据内生性检验参数（$atanhrho\_12$）检验核心解释变量的外生性。若内生性检验参数显著异于 0，说明模型存在内生性问题，则 CMP 方法的估计结果较优；若内生性检验参数不显著异于 0，则参考基准回归的估计结果即可。

本书工具变量的选择满足以下两个条件：一是与外包相关；二是对农用化学品投入情况没有直接影响。具体而言，一方面，农户外包行为的发生与否依赖于村内能够提供外包服务的供给主体，且同一村庄内从事农业生产的农户之间可能存在羊群效应（杨唯一和鞠晓峰，2014），使农户的外包状况必然受到村内其他农户的影响；另一方面，农用化学品投入频率与农用化学品投入强度是其家庭内部农业生产经营决策的结果，村庄外包水平对其并不存在直接影响。因此，从理论上讲，上述工具变量可以作为外包变量的工具变量。

基于此，本书在基准模型的基础上，采用 CMP 方法进行联立似然估计，估计结果如表 6-4 和表 6-5 所示。从回归结果来看，第一阶段的估计结果均显示，村庄外包水平对生产环节外包的影响在 1% 的水平上具有统计显著性，满足工具变量相关性条件。进一步地，内生检验参数 $atanhrho\_12$ 均在 1% 的水平上显著不为 0，说明生产环节外包变量在模型估计中存在内生性。从第二阶段的回归结果来看，在纠正可能的内生性偏误后，生产环节外包对农用化学品投入频率与农用化学品投入强度仍具有显著的正向作用。

表 6-4　生产环节外包对农用化学品投入频率的 CMP 方法估计结果

变量名称	第一阶段		第二阶段	
	系数	标准误	系数	标准误
生产环节外包	—	—	12.160***	1.477
户主年龄	−0.000	0.000	−0.005	0.005
户主受教育程度	−0.000	0.001	0.006	0.017
家庭规模	0.001	0.002	−0.024	0.039
家庭收入	−0.005	0.004	0.010	0.070
非农收入占比	0.000	0.000	−0.002	0.002

（续）

变量名称	第一阶段		第二阶段	
	系数	标准误	系数	标准误
农业补贴	0.006*	0.003	0.059	0.051
生产性固定资产	−0.005***	0.001	0.074***	0.018
住宅到县城的距离	−0.000	0.004	0.006	0.060
粮食种植面积	0.000***	0.000	−0.001**	0.000
土地细碎化程度	−0.000	0.000	0.001	0.002
耕地质量	−0.004	0.004	−0.000	0.067
复种指数	0.004	0.016	1.667***	0.239
社会资本	−0.000	0.001	0.005	0.008
农业组织参与	0.028***	0.009	−0.273*	0.146
气象灾害	−0.001	0.004	−0.043	0.055
黑龙江	0.035*	0.019	1.035***	0.275
湖南	0.097***	0.011	−0.191	0.263
常数项	−0.302***	0.087	−2.907**	1.128
村庄外包水平	0.093***	0.009	—	—
*atanhrho*_12	−0.985***	0.104	—	—
Wald 值	—		413.32***	
观测值	1 208		1 208	

注：① ***、** 和 * 分别表示 1%、5%和10%的显著性水平；②模型已通过多重共线性检验。

表 6 - 5　生产环节外包对农用化学品投入强度的 CMP 方法估计结果

变量名称	第一阶段		第二阶段	
	系数	标准误	系数	标准误
生产环节外包	—	—	3.484***	0.455
户主年龄	−0.000	0.000	0.002	0.002
户主受教育程度	−0.000	0.001	−0.002	0.005
家庭规模	0.001	0.002	0.025**	0.011
家庭收入	−0.005	0.004	0.008	0.020
非农收入占比	0.000	0.000	−0.000	0.001
农业补贴	0.006*	0.003	−0.037***	0.014
生产性固定资产	−0.005***	0.001	0.014**	0.006
住宅到县城的距离	−0.000	0.004	0.000	0.018

（续）

变量名称	第一阶段		第二阶段	
	系数	标准误	系数	标准误
粮食种植面积	0.000***	0.000	−0.000	0.000
土地细碎化程度	−0.000	0.000	0.000	0.000
耕地质量	−0.004	0.004	0.036*	0.019
复种指数	0.004	0.016	0.043	0.078
社会资本	−0.000	0.001	0.005*	0.003
农业组织参与	0.028***	0.009	−0.093**	0.042
气象灾害	−0.001	0.004	−0.052***	0.018
黑龙江	0.035*	0.019	0.124	0.094
湖南	0.097***	0.011	−0.621***	0.078
常数项	−0.302***	0.087	2.264***	0.352
村庄外包水平	0.093***	0.009	—	—
$atanhrho\_12$	−0.816***	0.106		
$Wald$ 值	—		182.66***	
观测值	1 208		1 208	

注：① ***、** 和 * 分别表示 1%、5% 和 10% 的显著性水平；②模型已通过多重共线性检验。

因此，结合基准回归与内生性讨论的估计结果，可以认为，生产环节外包有助于提升农用化学品投入频率，从而提高农用化学品的利用效率，但未能解决农用化学品投入过量的问题，甚至还引起了农用化学品投入强度的进一步提升。

4. 生产环节外包提升农用化学品投入强度的机制分析

上文已经通过多种方式验证了生产环节外包对农用化学品投入强度的提升作用明显大于降低效应，从而不利于农用化学品减施这一结论。那么，生产环节外包提升农用化学品投入强度的机制如何？结合第二章第三部分对生产环节外包与农用化学品投入强度之间逻辑关系的分析与数据可获得性，本书检验了以下两种可能路径：一是，生产环节外包是否通过影响农户对土壤保护性耕作措施的投资进而影响农用化学品投入强度；二是，生产环节外包是否通过影响农户对土壤改良措施的投资进而影响农用化学品投入强度。其中，农户土壤保护性耕作措施投资使用 2020 年农户是否采纳深松、深耕、免耕、少耕或秸秆还田技术来表示，土壤改良措施投资使用 2020 年农户是否使用有机肥、测土配方施肥等化肥替代技术来表征。

由于本书的中介变量（土壤保护性耕作措施投资、土壤改良措施投资）并不是外生的随机干预变量，如果将内生的中介变量简单地加入原有的 CMP 方法，可能会导致估计结果有偏。鉴于此，本书无法应用传统的中介效应检验模型进行机制检验。考虑到现有研究已经验证了土壤保护性耕作措施（Rosim et al.，2012；Winck et al.，2017；Lúcio André de et al.，2008）和土壤改良措施（Chen et al.，2022）能够改良土壤物理性状、增加土壤有机质含量，从而降低农用化学品投入强度这一结论，本书只需检验生产环节外包对中介变量的影响，即可验证生产环节外包影响农用化学品投入强度的机制。基于此，本书基于 CMP 方法分别考察了生产环节外包对土壤保护性耕作措施投资的影响、生产环节外包对土壤改良措施投资的影响。回归结果如表 6-6 和表 6-7 所示。

表 6-6 是生产环节外包影响土壤保护性耕作措施投资的 CMP 方法回归结果。第一阶段的估计结果显示，村庄外包水平对生产环节外包的影响在 1% 的水平上具有统计显著性，满足工具变量相关性条件。进一步地，内生检验参数 atanhrho_12 不显著异于 0，则参考 Probit 模型的估计结果即可。根据生产环节外包影响土壤保护性耕作措施投资的 Probit 回归结果，可知生产环节外包抑制土壤保护性耕作措施投资，但不显著。这说明，生产环节外包通过影响土壤保护性耕作措施投资从而降低农地化肥投入强度的作用效果较弱。

表 6-7 是生产环节外包影响土壤改良措施投资的 CMP 方法回归结果。第一阶段的估计结果显示，村庄外包水平对生产环节外包的影响在 1% 的水平上具有统计显著性，满足工具变量相关性条件。进一步地，内生检验参数 atanhrho_12 在 1% 的水平上显著不为 0，说明生产环节外包变量在模型估计中存在内生性。从第二阶段的回归结果来看，在纠正可能的内生性偏误后，生产环节外包抑制了土壤改良措施投资。这说明，生产环节外包由于抑制了土壤改良措施投资，从而提升了农用化学品投入强度。

表 6-6 生产环节外包影响土壤保护性耕作措施投资的 CMP 方法回归结果

变量名称	第一阶段		第二阶段		Probit 模型	
	系数	标准误	系数	标准误	系数	标准误
生产环节外包	—	—	−1.584	1.129	−0.482	0.339
户主年龄	−0.000	0.000	−0.001	0.004	−0.001	0.004
户主受教育程度	−0.000	0.001	0.017	0.012	0.017	0.012

（续）

变量名称	第一阶段		第二阶段		Probit 模型	
	系数	标准误	系数	标准误	系数	标准误
家庭规模	0.001	0.002	−0.014	0.026	−0.016	0.027
家庭收入	−0.005	0.004	0.025	0.053	0.030	0.053
非农收入占比	0.000	0.000	−0.002	0.001	−0.002	0.001
农业补贴	0.006**	0.003	0.009	0.031	0.004	0.032
生产性固定资产	−0.005***	0.001	−0.011	0.013	−0.003	0.011
住宅到县城的距离	−0.000	0.004	−0.066*	0.037	−0.059	0.038
粮食种植面积	0.000***	0.000	0.001	0.001	0.001	0.001
土地细碎化程度	−0.000	0.000	0.003*	0.001	0.003*	0.001
耕地质量	−0.004	0.004	−0.009	0.050	−0.007	0.050
复种指数	0.004	0.016	0.004	0.139	−0.013	0.136
社会资本	−0.000	0.001	−0.013	0.008	−0.013	0.011
农业组织参与	0.028***	0.009	0.252**	0.104	0.215**	0.099
气象灾害	−0.001	0.004	0.154***	0.043	0.151***	0.042
黑龙江	0.035*	0.019	0.054	0.182	0.099	0.175
湖南	0.097***	0.011	−0.514**	0.199	−0.665***	0.127
常数项	−0.302***	0.087	0.682	0.790	0.399	0.747
村庄外包水平	0.093***	0.009	—	—	—	—
*atanhrho*_12	0.132	0.130	—	—	—	—
Wald 值	—		114.66***			
F 值	—		—		123.41***	
观测值	1 208		1 208		1 208	

注：① ***、** 和 * 分别表示 1%、5% 和 10% 的显著性水平；②模型已通过多重共线性检验。

表 6 - 7　生产环节外包影响土壤改良措施投资的 CMP 方法回归结果

变量名称	第一阶段		第二阶段	
	系数	标准误	系数	标准误
生产环节外包	—	—	−4.165***	0.829
户主年龄	−0.000	0.000	−0.006	0.004
户主受教育程度	−0.000	0.001	0.002	0.012
家庭规模	0.001	0.002	−0.012	0.027
家庭收入	−0.005	0.004	0.084*	0.048

（续）

变量名称	第一阶段		第二阶段	
	系数	标准误	系数	标准误
非农收入占比	0.000	0.000	−0.001	0.001
农业补贴	0.006**	0.003	0.082**	0.033
生产性固定资产	−0.005***	0.001	−0.040***	0.012
住宅到县城的距离	−0.000	0.004	−0.033	0.037
粮食种植面积	0.000***	0.000	0.000	0.000
土地细碎化程度	−0.000	0.000	−0.001	0.001
耕地质量	−0.004	0.004	−0.035	0.049
复种指数	0.004	0.016	0.099	0.148
社会资本	−0.000	0.001	0.022*	0.013
农业组织参与	0.028***	0.009	0.156	0.100
气象灾害	−0.001	0.004	−0.020	0.042
黑龙江	0.035*	0.019	−0.497***	0.180
湖南	0.097***	0.011	−0.428**	0.203
常数项	−0.302***	0.087	0.185	0.742
村庄外包水平	0.093***	0.009	—	—
atanhrho_12	0.600***	0.123	—	—
Wald 值	—		197.49***	
观测值	1 208		1 208	

注：① ***、** 和 * 分别表示 1%、5% 和 10% 的显著性水平；②模型已通过多重共线性检验。

5. 玉米、小麦和水稻的分样本估计结果

上文从总体上考察了生产环节外包对农用化学品投入频率与农用化学品投入强度的影响，并得出了生产环节外包有助于提高农用化学品投入频率，不利于促进农用化学品减施的结论。但上述结论只是三大主粮作物总体层面的平均效应，并未验证上述结论在不同作物中是否存在差异。为此，本书基于 CMP 方法分别考察玉米、小麦和水稻在种植过程中，生产环节外包对农用化学品投入频率与农用化学品投入强度影响的异质性。估计结果如表 6-8 至表 6-13 所示。

其中，表 6-8 至表 6-10 分别是生产环节外包对玉米、小麦和水稻农用化学品投入频率影响的 CMP 方法估计结果。从回归结果来看，第一阶段的估计结果显示，村庄外包水平对生产环节外包的影响分别在 1%、5% 和 1% 的水平上具有统计显著性，满足工具变量相关性条件。进一步地，内生检验参数 atanhrho_

12 分别在 10％、1％、1％的水平上显著不为 0，说明生产环节外包变量在模型估计中存在内生性。从第二阶段的回归结果来看，在纠正可能的内生性偏误后，生产环节外包对玉米、小麦和水稻农用化学品投入频率的影响分别在 5％、10％和 1％的水平上显著为正。这说明，从玉米、小麦和水稻的分样本估计来看，生产环节外包对农用化学品投入频率的正向影响均显著且稳健。

表 6-8　生产环节外包对玉米种植农用化学品投入频率影响的 CMP 方法估计结果

变量名称	第一阶段		第二阶段	
	系数	标准误	系数	标准误
生产环节外包	—	—	2.648**	1.214
户主年龄	−0.000	0.000	−0.001	0.002
户主受教育程度	−0.001	0.001	−0.006	0.007
家庭规模	−0.001	0.002	−0.026	0.016
家庭收入	0.001	0.004	0.034	0.034
非农收入占比	0.000	0.000	−0.000	0.001
农业补贴	0.001	0.003	0.024	0.032
生产性固定资产	−0.006***	0.001	0.013	0.010
住宅到县城的距离	−0.004	0.004	0.005	0.017
粮食种植面积	−0.000	0.000	0.000	0.000
土地细碎化程度	0.000	0.001	−0.008**	0.004
耕地质量	−0.006	0.004	0.025	0.031
复种指数	0.003	0.018	0.089	0.228
社会资本	−0.000	0.001	0.002	0.002
农业组织参与	0.009	0.007	−0.079	0.058
气象灾害	0.000	0.002	−0.129***	0.026
黑龙江	0.031	0.020	0.241	0.225
湖南	−0.136***	0.028	1.647***	0.326
常数项	−0.119	0.086	0.658	0.610
村庄外包水平	0.062***	0.009	—	—
atanhrho _ 12	−0.292*	0.155	—	—
Wald 值	—		89.89***	
观测值	703		703	

注：①***、** 和 * 分别表示 1％、5％和 10％的显著性水平；②模型已通过多重共线性检验。

表 6-9 生产环节外包对小麦种植农用化学品投入频率影响的 CMP 方法估计结果

变量名称	第一阶段		第二阶段	
	系数	标准误	系数	标准误
生产环节外包	—	—	30.330*	15.535
户主年龄	0.000	0.000	−0.002	0.009
户主受教育程度	0.000	0.001	−0.002	0.027
家庭规模	0.003	0.002	−0.079	0.094
家庭收入	−0.003	0.004	0.123	0.122
非农收入占比	−0.000	0.000	0.001	0.003
农业补贴	−0.003	0.003	0.054	0.102
生产性固定资产	−0.004***	0.001	0.111	0.072
住宅到县城的距离	−0.021***	0.007	0.713	0.450
粮食种植面积	−0.000***	0.000	0.008*	0.004
土地细碎化程度	0.000	0.001	−0.004	0.038
耕地质量	−0.002	0.004	0.095	0.139
复种指数	0.008	0.012	−0.325	0.442
社会资本	−0.001	0.002	0.034	0.081
农业组织参与	0.008	0.009	−0.364	0.302
气象灾害	0.011**	0.005	−0.360	0.268
黑龙江	—	—		
湖南	0.021	0.025	−0.390	0.836
常数项	0.298***	0.109	−11.646	7.315
村庄外包水平	0.019**	0.010	—	—
*atanhrho*_12	−1.830***	0.495		
Wald 值	—		6.54	
观测值	401		401	

注：① *** 、** 和 * 分别表示 1%、5% 和 10% 的显著性水平；②模型已通过多重共线性检验。

表 6-10 生产环节外包对水稻种植农用化学品投入频率影响的 CMP 估计结果

变量名称	第一阶段		第二阶段	
	系数	标准误	系数	标准误
生产环节外包	—	—	3.822***	0.934
户主年龄	−0.000	0.001	−0.001	0.007
户主受教育程度	0.004	0.004	0.003	0.026

（续）

变量名称	第一阶段		第二阶段	
	系数	标准误	系数	标准误
家庭规模	0.000	0.008	−0.022	0.046
家庭收入	−0.011	0.018	−0.123	0.112
非农收入占比	0.001	0.000	−0.002	0.003
农业补贴	0.023**	0.009	0.033	0.057
生产性固定资产	−0.006*	0.003	0.058***	0.021
住宅到县城的距离	0.005	0.013	−0.061	0.070
粮食种植面积	0.000**	0.000	−0.000	0.000
土地细碎化程度	−0.000	0.000	0.001	0.001
耕地质量	−0.014	0.015	−0.069	0.089
复种指数	0.173***	0.026	1.174***	0.239
社会资本	0.003	0.004	−0.003	0.022
农业组织参与	0.059*	0.032	−0.191	0.189
气象灾害	0.014	0.014	−0.022	0.087
黑龙江	0.268***	0.091	2.783***	0.361
湖南	0.111**	0.050	1.378***	0.268
常数项	−1.479***	0.340	0.816	1.413
村庄外包水平	0.237***	0.037	——	
$atanhrho\_12$	−0.480***	0.167	——	
Wald 值	——		265.42***	
观测值	482		482	

注：① ***、**和*分别表示1%、5%和10%的显著性水平；②模型已通过多重共线性检验。

表6-11至表6-13分别为生产环节外包对玉米、小麦和水稻农用化学品投入强度的CMP方法估计结果。从回归结果来看，第一阶段的估计结果显示，村庄外包水平对生产环节外包的影响分别在1%、5%、1%的水平上具有统计显著性，满足工具变量相关性条件。进一步地，内生检验参数$atanhrho\_12$均在1%的水平上显著不为0，说明生产环节外包变量在模型估计中存在内生性。从第二阶段的回归结果来看，在纠正可能的内生性偏误后，生产环节外包对玉米、小麦和水稻农用化学品投入强度的影响分别在1%、10%和1%的水平上显著为正。这说明，从玉米、小麦和水稻的分样本估计来看，生产环节外包对农用化学品投入投入强度的正向影响均显著且稳健。

表 6 - 11 生产环节外包对玉米种植农用化学品投强度影响的 CMP 方法回归结果

变量名称	第一阶段		第二阶段	
	系数	标准误	系数	标准误
生产环节外包	—	—	7.176***	1.146
户主年龄	−0.000	0.000	0.001	0.002
户主受教育程度	−0.001	0.001	0.001	0.008
家庭规模	−0.001	0.002	0.009	0.017
家庭收入	0.001	0.004	0.027	0.032
非农收入占比	0.000	0.000	−0.001	0.001
农业补贴	0.001	0.003	−0.014	0.026
生产性固定资产	−0.006***	0.001	0.037***	0.010
住宅到县城的距离	−0.004	0.004	0.011	0.028
粮食种植面积	−0.000	0.000	0.000	0.001
土地细碎化程度	0.000	0.001	0.001	0.005
耕地质量	−0.006	0.004	0.050	0.033
复种指数	0.003	0.018	0.129	0.134
社会资本	−0.000	0.000	0.010***	0.003
农业组织参与	0.009	0.007	−0.037	0.060
气象灾害	0.000	0.002	−0.053**	0.023
黑龙江	0.031	0.020	0.151	0.151
湖南	−0.136***	0.028	0.741***	0.259
常数项	−0.119	0.086	1.730***	0.606
村庄外包水平	0.062***	0.009	—	—
atanhrho _ 12	−0.879***	0.156	—	—
Wald 值	—		109.14***	
观测值	703		703	

注：①***、**和*分别表示1%、5%和10%的显著性水平；②括号中的数字是标准误；③模型已通过多重共线性检验。

表 6 - 12 生产环节外包对小麦种植农用化学品投强度影响的 CMP 方法回归结果

变量名称	第一阶段		第二阶段	
	系数	标准误	系数	标准误
生产环节外包	—	—	11.913*	6.377
户主年龄	0.000	0.000	0.001	0.004

（续）

变量名称	第一阶段		第二阶段	
	系数	标准误	系数	标准误
户主受教育程度	0.000	0.001	0.001	0.011
家庭规模	0.003	0.002	−0.016	0.036
家庭收入	−0.003	0.004	0.021	0.056
非农收入占比	0.000	0.000	0.001	0.001
农业补贴	−0.003	0.003	−0.002	0.039
生产性固定资产	−0.004***	0.001	0.035	0.031
住宅到县城的距离	−0.021***	0.007	0.257	0.186
粮食种植面积	0.000***	0.000	0.003	0.002
土地细碎化程度	0.000	0.001	0.019	0.018
耕地质量	−0.002	0.004	0.090	0.059
复种指数	0.008	0.012	0.092	0.265
社会资本	−0.001	0.002	0.020	0.035
农业组织参与	0.008	0.009	−0.019	0.134
气象灾害	0.011**	0.005	−0.110	0.116
黑龙江	—	—		
湖南	0.021	0.025	−0.965***	0.369
常数项	0.298***	0.109	−1.591	3.109
村庄外包水平	0.019**	0.010	—	—
*atanhrho*_12	−1.292***	0.488	—	—
Wald 值	—		21.79	
观测值	401		401	

注：①***、**和*分别表示1%、5%和10%的显著性水平；②括号中的数字是标准误；③模型已通过多重共线性检验。

表6-13　生产环节外包对水稻种植农用化学品投强度影响的CMP方法回归结果

变量名称	第一阶段		第二阶段	
	系数	标准误	系数	标准误
生产环节外包	—	—	0.909***	0.343
户主年龄	−0.000	0.001	0.002	0.003
户主受教育程度	0.004	0.004	−0.012	0.008
家庭规模	0.000	0.008	0.036**	0.016

（续）

变量名称	第一阶段		第二阶段	
	系数	标准误	系数	标准误
家庭收入	−0.011	0.018	−0.093**	0.039
非农收入占比	0.001	0.000	0.001	0.001
农业补贴	0.023**	0.009	−0.002	0.019
生产性固定资产	−0.006*	0.003	0.009	0.007
住宅到县城的距离	0.005	0.013	−0.003	0.022
粮食种植面积	0.000**	0.000	0.000	0.000
土地细碎化程度	−0.000	0.000	0.001*	0.000
耕地质量	−0.014	0.015	0.019	0.030
复种指数	0.173***	0.026	0.307***	0.104
社会资本	0.003	0.004	−0.001	0.010
农业组织参与	0.059*	0.032	−0.046	0.064
气象灾害	0.014	0.014	−0.010	0.028
黑龙江	0.268***	0.091	0.111	0.132
湖南	0.111**	0.050	−0.291***	0.090
常数项	−1.479***	0.340	4.204***	0.486
村庄外包水平	0.237***	0.037	—	—
*atanhrho*_12	−0.308***	0.181	—	—
Wald 值	—		132.05***	
观测值	482		482	

注：① *** 、 ** 和 * 分别表示 1%、5% 和 10% 的显著性水平；②模型已通过多重共线性检验。

可见，无论是对三大主粮作物的整体估计，还是对玉米、小麦、水稻的分样本估计，生产环节外包均会提高农用化学品投入频率，从而有助于其利用效率的提升；但不利于农用化学品减施。

6. 黑龙江、河南和湖南的分样本估计结果

鉴于本书采用的调研数据涉及黑龙江、河南和湖南三大粮食主产省，且这三个省份的粮食生产在种植作物、资源禀赋、气候环境等方面均存在较大差异，因而本章还检验了上述结论在不同地区间是否存在差异。估计结果如表 6-14 至表 6-19 所示。

其中，表 6-14 至表 6-16 分别是生产环节外包对黑龙江、河南和湖南农用化学品投入频率影响的 CMP 方法估计结果。从回归结果来看，第一阶段的估计结果显示，村庄外包水平对生产环节外包的影响均在1%的水平上具有统计显著性，满足工具变量相关性条件。进一步地，内生检验参数 *atanhrho* _ 12 也均在1%的水平上显著不为0，说明生产环节外包变量在模型估计中存在内生性。从第二阶段的回归结果来看，在纠正可能的内生性偏误后，生产环节外包对河南省和湖南省农用化学品投入频率的影响仍在1%的统计水平上显著为正，但生产环节外包对黑龙江省农用化学品投入频率的影响为负，且在5%的统计水平上显著，即在黑龙江省，生产环节外包会减少农用化学品的投入频率。这一结论与总样本回归和理论分析不符，可能的原因是，在黑龙江省，生产环节外包可能增加了农户缓释肥的使用比例，从而减少了其施肥次数。因此，从黑龙江、河南和湖南的分样本估计来看，生产环节外包对河南省和湖南省农用化学品投入频率的正向影响均显著且稳健，但对黑龙江省农用化学品投入频率的影响却相反。

表 6 - 14　生产环节外包对黑龙江农用化学品投入频率影响的 CMP 方法估计结果

变量名称	第一阶段		第二阶段	
	系数	标准误	系数	标准误
生产环节外包	—	—	−3.160**	1.460
户主年龄	0.000	0.000	−0.005	0.004
户主受教育程度	0.000	0.001	−0.002	0.012
家庭规模	−0.011***	0.003	−0.098***	0.034
家庭收入	0.002	0.005	0.110**	0.050
非农收入占比	0.000***	0.000	0.002	0.002
农业补贴	0.005	0.005	0.026	0.038
生产性固定资产	−0.005***	0.001	−0.006	0.013
住宅到县城的距离	−0.002	0.004	−0.065***	0.021
粮食种植面积	0.000	0.000	0.000	0.001
土地细碎化程度	−0.000	0.001	−0.006	0.005
耕地质量	−0.005	0.005	0.037	0.045
复种指数	0.069	0.113	0.756	1.573
社会资本	−0.001	0.000	−0.007*	0.004
农业组织参与	0.009	0.009	0.066	0.093
气象灾害	−0.003	0.002	−0.158***	0.031
常数项	−0.328**	0.139	1.238	1.661
村庄外包水平	0.083***	0.011	—	—

（续）

变量名称	第一阶段		第二阶段	
	系数	标准误	系数	标准误
atanhrho _ 12	0.386***	0.147	—	—
Wald 值	—		65.34***	
观测值	416		416	

注：① *** 、** 和 * 分别表示 1%、5%和 10%的显著性水平；②模型已通过多重共线性检验。

表 6 - 15　生产环节外包对河南农用化学品投入频率影响的 CMP 方法估计结果

变量名称	第一阶段		第二阶段	
	系数	标准误	系数	标准误
生产环节外包	—	—	26.540***	3.783
户主年龄	−0.001*	0.000	0.016	0.010
户主受教育程度	−0.002	0.001	0.021	0.029
家庭规模	0.004*	0.002	−0.135*	0.077
家庭收入	−0.001	0.004	0.034	0.117
非农收入占比	−0.000	0.000	0.001	0.003
农业补贴	0.007*	0.004	−0.229**	0.114
生产性固定资产	−0.004***	0.001	0.090**	0.037
住宅到县城的距离	−0.014*	0.007	0.673***	0.240
粮食种植面积	−0.000***	0.000	0.008***	0.003
土地细碎化程度	−0.002	0.002	0.060	0.044
耕地质量	−0.009*	0.005	0.248*	0.132
复种指数	0.014	0.013	0.465	0.385
社会资本	−0.001	0.002	0.009	0.077
农业组织参与	0.032***	0.010	−0.921***	0.330
气象灾害	0.002	0.006	−0.231	0.167
常数项	−0.174	0.122	−9.789***	3.218
村庄外包水平	0.089***	0.013	—	—
atanhrho _ 12	−1.300***	0.145		
Wald 值	—		70.86***	
观测值	393		393	

注：① *** 、** 和 * 分别表示 1%、5%和 10%的显著性水平；②模型已通过多重共线性检验。

表 6-16   生产环节外包对湖南农用化学品投入频率影响的 CMP 方法估计结果

变量名称	第一阶段		第二阶段	
	系数	标准误	系数	标准误
生产环节外包	—	—	15.669***	5.503
户主年龄	−0.000	0.001	0.002	0.018
户主受教育程度	0.001	0.003	0.013	0.053
家庭规模	0.004	0.006	−0.051	0.104
家庭收入	−0.010	0.012	−0.019	0.238
非农收入占比	0.000	0.000	−0.004	0.006
农业补贴	0.006	0.005	0.033	0.102
生产性固定资产	−0.005*	0.003	0.107**	0.053
住宅到县城的距离	0.007	0.011	−0.169	0.207
粮食种植面积	0.000***	0.000	−0.001	0.001
土地细碎化程度	−0.000	0.000	0.001	0.002
耕地质量	−0.002	0.011	−0.144	0.194
复种指数	0.004	0.020	1.796***	0.361
社会资本	0.001	0.003	−0.007	0.047
农业组织参与	0.045*	0.024	−0.710	0.504
气象灾害	0.002	0.009	−0.047	0.163
常数项	−0.232	0.249	−1.933	3.783
村庄外包水平	0.087***	0.027	—	—
atanhrho_12	−1.366***	0.309	—	—
Wald 值	—		80.85***	
观测值	399		399	

注：①***、**和*分别表示1%、5%和10%的显著性水平；②模型已通过多重共线性检验。

表 6-17 至表 6-19 分别为生产环节外包对黑龙江、河南和湖南农用化学品投入强度的 CMP 方法估计结果。首先，从表 6-17 和表 6-18 的回归结果来看，第一阶段的估计结果显示，村庄外包水平对生产环节外包的影响均在1%的水平上具有统计显著性，满足工具变量相关性条件。进一步地，内生检验参数 *atanhrho_12* 均在1%的水平上显著不为0，说明生产环节外包变量在模型估计中存在内生性。从第二阶段的回归结果来看，在纠正可能的内生性偏误后，生产环节外包对黑龙江和河南农用化学品投入强度的影响均在1%的水平上显著为正。

其次，从表 6-19 的估计结果来看，第一阶段的估计结果显示，村庄外包水平对生产环节外包的影响在 1% 的水平上具有统计显著性，满足工具变量相关性条件。进一步地，内生检验参数 atanhrho _ 12 不显著异于 0，则参考 OLS 模型的估计结果即可。从估计结果来看，生产环节外包对湖南省农用化学品投入强度的影响为正但不显著。可见，从黑龙江、河南和湖南的分样本估计来看，生产环节外包对黑龙江省和河南省农用化学品投入投入强度的正向影响均显著且稳健，但对湖南省农用化学品投入强度的影响不显著。

表 6-17　生产环节外包对黑龙江农用化学品投入强度影响的 CMP 方法估计结果

变量名称	第一阶段		第二阶段	
	系数	标准误	系数	标准误
生产环节外包	—	—	6.235***	1.098
户主年龄	0.000	0.000	0.000	0.003
户主受教育程度	0.000	0.001	0.012	0.010
家庭规模	−0.011***	0.003	0.087***	0.027
家庭收入	0.002	0.005	0.005	0.048
非农收入占比	0.000***	0.000	−0.003*	0.001
农业补贴	0.005	0.005	−0.021	0.040
生产性固定资产	−0.005***	0.001	0.021**	0.010
住宅到县城的距离	−0.002	0.004	−0.015	0.025
粮食种植面积	0.000	0.000	0.000	0.001
土地细碎化程度	−0.001	0.001	0.001	0.005
耕地质量	−0.005	0.005	0.031	0.038
复种指数	0.069	0.113	−0.358	0.624
社会资本	−0.001	0.000	0.010***	0.003
农业组织参与	0.009	0.009	−0.057	0.069
气象灾害	−0.003	0.002	−0.042*	0.022
常数项	−0.328**	0.139	2.291***	0.770
村庄外包水平	0.083***	0.011	—	—
atanhrho _ 12	−0.898***	0.163	—	—
Wald 值	—		93.59***	
观测值	416		416	

注：①***、** 和 * 分别表示 1%、5% 和 10% 的显著性水平；②模型已通过多重共线性检验。

表 6 - 18　生产环节外包对河南农用化学品投入强度影响的 CMP 方法估计结果

变量名称	第一阶段		第二阶段	
	系数	标准误	系数	标准误
生产环节外包	—	—	3.860***	0.703
户主年龄	−0.001*	0.000	0.002	0.002
户主受教育程度	−0.002	0.001	−0.002	0.006
家庭规模	0.004*	0.002	−0.001	0.013
家庭收入	−0.001	0.004	−0.006	0.022
非农收入占比	−0.000	0.000	0.001	0.001
农业补贴	0.007*	0.004	−0.028*	0.015
生产性固定资产	−0.004***	0.001	0.008	0.007
住宅到县城的距离	−0.014*	0.007	0.123***	0.046
粮食种植面积	−0.000***	0.000	0.000	0.000
土地细碎化程度	−0.002	0.002	0.025***	0.008
耕地质量	−0.009*	0.005	0.091***	0.026
复种指数	0.014	0.013	0.151	0.187
社会资本	−0.001	0.002	0.011	0.013
农业组织参与	0.032***	0.010	−0.034	0.066
气象灾害	0.002	0.006	−0.012	0.031
常数项	−0.174	0.122	0.669	0.706
村庄外包水平	0.089***	0.013	—	—
atanhrho _12	−0.565***	0.146	—	—
Wald 值	—		57.74***	
观测值	393		393	

注：① ***、** 和 * 分别表示 1%、5% 和 10% 的显著性水平；②模型已通过多重共线性检验。

表 6 - 19　生产环节外包对湖南农用化学品投入强度影响的 CMP 方法估计结果

变量名称	第一阶段		第二阶段		OLS 模型	
	系数	标准误	系数	标准误	系数	标准误
生产环节外包	—	—	0.067	0.827	0.120	0.125
户主年龄	−0.000	0.001	−0.001	0.003	−0.001	0.003
户主受教育程度	0.001	0.003	−0.014**	0.007	−0.014*	0.007
家庭规模	0.004	0.006	0.037***	0.012	0.037***	0.014

（续）

变量名称	第一阶段		第二阶段		OLS模型	
	系数	标准误	系数	标准误	系数	标准误
家庭收入	−0.010	0.012	−0.084***	0.032	−0.083***	0.030
非农收入占比	0.000	0.000	0.001*	0.001	0.001*	0.001
农业补贴	0.006	0.005	−0.008	0.011	−0.008	0.014
生产性固定资产	−0.005*	0.003	0.005	0.007	0.005	0.007
住宅到县城的距离	0.007	0.011	0.036*	0.019	0.036*	0.020
粮食种植面积	0.000***	0.000	0.000	0.000	0.000	0.000
土地细碎化程度	−0.000	0.000	0.000	0.000	0.000	0.000
耕地质量	−0.002	0.011	0.015	0.025	0.015	0.027
复种指数	0.004	0.020	0.058	0.057	0.057	0.048
社会资本	0.001	0.003	−0.004	0.008	−0.004	0.007
农业组织参与	0.045*	0.024	−0.014	0.062	−0.017	0.053
气象灾害	0.002	0.009	−0.016	0.020	−0.016	0.020
常数项	−0.232	0.249	3.371***	0.466	3.352***	0.418
村庄外包水平	0.087***	0.027	—			
*atanhrho*_12	0.022	0.335	—			
*Wald*值	—		30.89**		—	
*F*值	—		—		2.44***	
观测值	399		399		399	

注：① *** 、** 和 * 分别表示1%、5%和10%的显著性水平；②模型已通过多重共线性检验。

7. 生产环节外包影响农用化学品投入的稳健性检验结果

为了进一步证实本书分析结果的科学性与可靠性，本书通过调整解释变量以及采用子样本回归方法进行了稳健性检验。首先，本部分使用2020年农户年均外包环节数占总生产环节数的比例来表征农户生产环节外包情况，即外包环节数占比，采用替代变量法对模型稳健性进行检验；其次，本部分删除了45岁以下及65岁以上的样本，采用子样本回归方法对模型稳健性进行检验；最后，回归结果见表6-20至表6-23，对比发现，上述两种检验方法下生产环节外包对农用化学品投入频率与农用化学品投入强度的影响与上文估计结果基本一致，结论较为稳健。

表 6-20 外包环节数占比对农用化学品投入频率的替代变量法估计结果

变量名称	第一阶段		第二阶段	
	系数	标准误	系数	标准误
外包环节数占比	—	—	12.160***	1.477
户主年龄	−0.000	0.000	−0.005	0.005
户主受教育程度	−0.000	0.001	0.006	0.017
家庭规模	0.001	0.002	−0.024	0.039
家庭收入	−0.005	0.004	0.010	0.070
非农收入占比	0.000	0.000	−0.002	0.002
农业补贴	0.006**	0.003	0.059	0.051
生产性固定资产	−0.005***	0.001	0.074***	0.018
住宅到县城的距离	−0.000	0.004	0.006	0.060
粮食种植面积	0.000***	0.000	−0.001**	0.000
土地细碎化程度	−0.000	0.000	0.001	0.002
耕地质量	−0.004	0.004	−0.000	0.067
复种指数	0.004	0.016	1.667***	0.239
社会资本	−0.000	0.001	0.005	0.008
农业组织参与	0.028***	0.009	−0.273*	0.146
气象灾害	−0.001	0.004	−0.043	0.055
黑龙江	0.035*	0.019	1.035***	0.275
湖南	0.097***	0.011	−0.191	0.263
常数项	−0.302***	0.087	−2.907**	1.128
村庄外包水平	0.093***	0.009	—	—
*atanhrho*_12	−0.985***	0.104		
Wald 值	—		413.32***	
观测值	1 208		1 208	

注：① *** 、 ** 和 * 分别表示 1%、5% 和 10% 的显著性水平；②模型已通过多重共线性检验。

表 6-21 外包环节数占比对农用化学品投入强度的替代变量法估计结果

变量名称	第一阶段		第二阶段	
	系数	标准误	系数	标准误
外包环节数占比	—	—	3.484***	0.455
户主年龄	−0.000	0.000	0.002	0.002
户主受教育程度	−0.000	0.001	−0.002	0.005

（续）

变量名称	第一阶段		第二阶段	
	系数	标准误	系数	标准误
家庭规模	0.001	0.002	0.025**	0.011
家庭收入	−0.005	0.004	0.008	0.020
非农收入占比	0.000	0.000	−0.000	0.001
农业补贴	0.006**	0.003	−0.037***	0.014
生产性固定资产	−0.005***	0.001	0.014**	0.006
住宅到县城的距离	−0.000	0.004	0.000	0.018
粮食种植面积	0.000***	0.000	−0.000	0.000
土地细碎化程度	−0.000	0.000	0.000	0.000
耕地质量	−0.004	0.004	0.036*	0.019
复种指数	0.004	0.016	0.043	0.078
社会资本	−0.000	0.001	0.005*	0.003
农业组织参与	0.028***	0.009	−0.093**	0.042
气象灾害	−0.001	0.004	−0.052***	0.018
黑龙江	0.035*	0.019	0.124	0.094
湖南	0.097***	0.011	−0.621***	0.078
常数项	−0.302***	0.087	2.264***	0.352
村庄外包水平	0.093***	0.009	—	—
$atanhrho\_12$	−0.816***	0.106	—	—
$Wald$ 值	—		182.66***	
观测值	1 208		1 208	

注：① ***、** 和 * 分别表示1%、5%和10%的显著性水平；②模型已通过多重共线性检验。

表6-22 生产环节外包影响农用化学品投入频率的子样本回归方法估计结果

变量名称	第一阶段		第二阶段	
	系数	标准误	系数	标准误
生产环节外包	—	—	11.761***	1.721
户主年龄	−0.001*	0.001	0.003	0.011
户主受教育程度	−0.001	0.001	0.005	0.021
家庭规模	0.003	0.003	−0.065	0.047

（续）

变量名称	第一阶段		第二阶段	
	系数	标准误	系数	标准误
家庭收入	−0.008	0.005	0.052	0.087
非农收入占比	0.000*	0.000	−0.002	0.002
农业补贴	0.005	0.004	0.120**	0.057
生产性固定资产	−0.005***	0.001	0.068***	0.020
住宅到县城的距离	0.003	0.005	−0.018	0.070
粮食种植面积	0.000	0.000	−0.001	0.001
土地细碎化程度	0.000	0.000	0.000	0.003
耕地质量	−0.004	0.006	−0.074	0.083
复种指数	0.017	0.018	1.589***	0.256
社会资本	−0.000	0.001	0.004	0.022
农业组织参与	0.029***	0.011	−0.270	0.170
气象灾害	0.001	0.005	−0.074	0.070
黑龙江	0.063***	0.023	0.738**	0.294
湖南	0.101***	0.014	−0.173	0.316
常数项	−0.292**	0.121	−3.211**	1.452
村庄外包水平	0.095***	0.011	—	—
*atanhrho*_12	−0.955***	0.126	—	—
Wald 值	—		311.98***	
观测值	814		814	

注：① ***、** 和 * 分别表示 1%、5% 和 10% 的显著性水平；②模型已通过多重共线性检验。

表 6 - 23　生产环节外包影响农用化学品投入强度的子样本回归方法估计结果

变量名称	第一阶段		第二阶段	
	系数	标准误	系数	标准误
生产环节外包	—		3.089***	0.518
户主年龄	−0.001*	0.001	0.003	0.003
户主受教育程度	−0.001	0.001	−0.002	0.006
家庭规模	0.003	0.003	0.015	0.012
家庭收入	−0.008	0.005	0.011	0.024
非农收入占比	0.000*	0.000	0.000	0.001
农业补贴	0.005	0.004	−0.031**	0.015

（续）

变量名称	第一阶段		第二阶段	
	系数	标准误	系数	标准误
生产性固定资产	−0.005 ***	0.001	0.008	0.006
住宅到县城的距离	0.003	0.005	−0.009	0.017
粮食种植面积	0.000	0.000	0.000	0.000
土地细碎化程度	0.000	0.000	−0.001	0.001
耕地质量	−0.004	0.006	0.038	0.023
复种指数	0.017	0.018	−0.007	0.083
社会资本	−0.000	0.001	0.000	0.008
农业组织参与	0.029 ***	0.011	−0.090 *	0.047
气象灾害	0.001	0.005	−0.051 **	0.020
黑龙江	0.063 ***	0.023	0.023	0.095
湖南	0.101 ***	0.014	−0.612 ***	0.087
常数项	−0.292 **	0.121	2.446 ***	0.393
村庄外包水平	0.095 ***	0.011	—	—
*atanhrho*_12	−0.779 ***	0.131	—	—
Wald 值	—		133.75 ***	
观测值	814		814	

注：① ***、** 和 * 分别表示 1%、5% 和 10% 的显著性水平；②模型已通过多重共线性检验。

四、本章小结

本章基于中国粮食主产区 1 208 户农户抽样调查数据，从农用化学品投入频率与农用化学品投入强度两个方面，检验了生产环节外包对农用化学品投入的影响及其作用机制。研究发现，生产环节外包有助于提高农用化学品投入频率，从而提高农用化学品利用效率，但不利于农用化学品减施。具体而言，首先，从三大主粮的总体估计来看，生产环节外包会显著增加农用化学品的投入频率与投入强度，在解决潜在的内生性问题后，这一结论依然成立。其次，进一步分析生产环节外包影响农用化学品投入强度的机制，发现生产环节外包由于抑制了农户土壤改良措施投资，从而增加了农用化学品投入强度。再次，从玉米、小麦和水稻的分样本估计来看，生产环节外包会显著增加农用化学品的投入频率与投入强度，从而有利于改善农用化学品利用效率，但不利于农用化学品减施的结论在不同作物类型中依然稳健。最后，从黑龙江、河南和湖南的分样本估计来看，生产环节外包会显著增加农用化学品的投入频率，从而有利于改善其利用效率的结论在河南省和湖南省依然成立，但生产环节外包减少了黑龙江省农用化学品的投入频率；并且，生产环节外包会显著增加农用化学品投入强度、从而不利于农用化学品减施的结论在黑龙江省和河南省依然成立，但生产环节外包对湖南省农用化学品投入强度的影响不显著。

　　基于本书的研究结论，可以得出以下几点政策启示：首先，提高农户对生产环节外包在改善农用化学品投入频率中优势的认识，并继续发挥生产环节外包在改善农用化学品投入频率中的积极作用；其次，高度重视由于生产环节外包导致的农用化学品过量投入问题，并通过规范外包供给主体的农事操作流程，推动外包供给主体的减量化生产导向；最后，进一步推动农业生产环节外包服务市场的发育与完善，鼓励并引导外包供给主体的绿色生产导向。同时降低甚至扭转生产环节外包对农用化学品投入强度的促进作用，并鼓励外包供给主体提供土壤保护性耕作措施与土壤改良措施的外包服务，从而间接实现农用化学品减施。

第七章

生产环节外包的技术效益分析

前两章分别评估了生产环节外包的经济效益和环境效益，本章关注经济效益与环境效益的协同，即生产环节外包的技术效益。评估生产环节外包的技术效益是检验"生产环节外包能否推动农业绿色发展"的重要依据。作为对经济与环境综合效率的评价，技术效益既考虑了粮食生产的经济指标，同时也考虑了粮食生产的环境指标，不仅反映了农业经济增长的真实绩效，还是实现经济与环境协同发展的关键路径。因此，评估生产环节外包的技术效益是本研究的核心目标。农业环境技术效率是衡量技术效益的重要指标，本章将农业面源污染与农业碳排放同时纳入非期望产出的核算框架，运用SBM-Undesirable 模型和中国粮食主产区 1 208 户农户的实地调研数据，测算农业环境技术效率，在此基础上，检验生产环节外包对农业环境技术效率的非线性影响。本章主要研究思路如下：首先，提出本研究的现实问题与理论问题；其次，评述中国粮食生产现状及农业环境技术效率的研究进展；再次，设定测算农业环境技术效率的模型和检验生产环节外包对农业环境技术效率影响的模型，并选取相关变量；又次，呈现农业环境技术效率的测算过程及结果；最后，使用调研数据，检验生产环节外包对农业环境技术效率的非线性影响。

一、问题提出

随着可持续发展理念的深入贯彻和落实，中国农业已不再局限于资源刚性约束下确保农产品基本供需平衡，而是充分考虑资源承载能力以及可能导致的环境问题（李谷成，2014），致力于资源节约、环境保护与经济增长的统筹协调（陈新华和王厚俊，2016）。即从投入到产出的整个农业生产过程，不仅要遵循经济效率原则、优化资源配置、实现产出最大化，也要推崇环境友好的生产经营方式，防控生产过程中的环境污染。作为农业综合生产能力的衡量指标，农业环境技术效率①涵盖农业要素投入、农业产出以及生态环境影响三方面内容（方永丽和曾小龙，2021），反映了考虑资源环境代价的真实生产绩效和农业绿色可持续发展水平（吕娜和朱立志，2019）。同时，提高农业环境技术效率是促进农业绿色经济增长、实现农业高质量发展的有效途径。在中国农业发展转变生产方式、转换增长动力的攻关期（朱秋博等，2019），探究农业环境技术效率增长的核心驱动因素具有重要的现实意义。

中国引入环境技术效率并将其应用于农业领域的研究历程相对较短（方永丽和曾小龙，2021），就农业环境技术效率的驱动因素而言，虽有越来越多的学者基于不同的研究视角和研究对象展开分析（展进涛和徐钰娇，2019；郭海红和张在旭，2019；肖锐和陈池波，2017；张淑辉，2017），但暂未发现短期内可促进农业环境技术效率提升的可行路径（李翠霞等，2021），且面对日益高涨的劳动力成本、日趋紧迫的资源环境约束，更多学者提出探寻并开发新的源泉是提升环境技术效率的关键（蔡昉，2013）。与此同时，立足于中国农业经营规模小、土地细碎化程度高、气候灾害影响严重、农户兼业普遍等农业发展现状，近年来中国农民自发形成了以农机服务为主、雇工为辅的具有中国特色的农业生产外包服务购买模式，且发展迅速（宦梅丽和侯云先，2021；YANG J et al.，2013），极大地改变了中国农民的生产和生活方式。那么，面对资源节约、环境保护与经济增长统筹协调的发展目标，生产环节外包能否以及能在多大程度上影响农业环境技术效率？美国、加拿大等国家基于大规模农场的研究证实了生产环节外包在促进农业分工深化，进而提高农业环境技术效率中的作用（Alston et al.，2011）。那么，以小规模、分散化经营为主的中国农业，能否通过生产环节外包的方式提高农业环境技术效率、推进农业绿色可持续发展？若能，其提升机制如何？若不能，生产环节外包导致农业环境技术效率损失的原因何在？

为回答以上问题，本章采用克服了径向缺陷和角度缺陷的非径向非角度的SBM-Undesirable模型对中国粮食主产区1 208户农户的农业环境技术效率进行测度，并结合理论分析与实证检验，系统评估生产环节外包的服务成效。本书对更全面地解释生产环节外包与农业环境技术效率关系、研判当前农业生产性服务推广的合理性有重要意义，不仅有利于避免农业生产环节外包服务业发

---

① 又被称为农业生态效率，最早由 Schaltegger 和 Sturm 提出，被定义为产品和社会服务的增加值与生态或环境负荷的比值，其核心思想是使用最少的资源和能源投入，生产出最多的产品并对环境产生最小的影响，即"少投入、少污染、多产出"。

展过程中出现违背农业绿色发展的现象，还能够为中国政府下一步的农业绿色发展战略制定和农业生产环节外包服务业发展规划提供翔实的理论依据。本书的边际贡献还包括：第一，在核算非期望产出时，兼顾农业面源污染和农业碳排放，使农业环境技术效率评价更加全面；第二，剖析并验证了生产环节外包对农业环境技术效率的非线性影响，拓展了生产环节外包与农业环境技术效率的关系研究；第三，调研数据代表性强，样本覆盖主产粮食作物的东北、黄河流域中游和长江中游三类地理区位，涉及玉米、小麦和水稻三大主粮作物类型，囊括单季、双季和三季三种作物熟制，实证结果更加稳健。

二、中国粮食生产现状及农业环境技术效率的研究进展

中国有句古话叫"无农不稳，无粮则乱"。中国人口众多，农业发展相对落后。粮食安全一直是中国的头等大事（黄季焜，2021；Jiao X et al.，2016；Yang H，2006），中国政府对粮食安全问题给予了高度的关注。同时，鉴于粮食安全不仅关系到一个国家的安全，也关系到世界和平和社会稳定，国际上对中国粮食生产情况也十分关注（Liu Y and Zhou Y，2021；Khan et al.，2009）。但在日趋增强的资源环境压力下，中国粮食供需尚处于紧平衡状态（Liu et al.，2020）。导致这一现象的原因主要有以下两方面，一是，在中国粮食生产的过程中，单纯依靠增加物质投入提升边际产出已不现实（张丽和李容，2020），且以资源环境为代价的经济增长模式也已不可持续（Zhou Y et al.，2020；于法稳，2018；Wang et al.，2018；Liu Y and Hu W，2014）。二是，当今世界正处在百年未有之大变局（Ahmed et al.，2020；Naja and Hamadeh，2020），中国利用外部粮源的风险也随之增加（FAO，2020；朱晶等，2021）。

与此同时，中国资源要素禀赋的有限性和中国既定的经济发展战略决定了粮食产业可持续发展的障碍（展进涛和徐钰娇，2019）。一方面是为实现粮食安全，中国采取了粗放外延型的农业生产方式，这导致了环境污染的发生（Paul et al.，2014；Charles et al.，2010）；另一方面，为防治农业环境污染，中国又落实了"长牙齿"的耕地保护硬措施（Liao X and Shi X，2018；Ju X et al.，2016；Huang et al.，2009），这导致了农业生产成本的上升与农产品国际竞争力的下降（钟甫宁，2016）。从短期来看，粮食安全的实现与农业绿色经济增长之间似乎是矛盾的。但从长期来看，生态环境优化是确保粮食安全的重要途径（吕新业和冀县卿，2013）。

中国既定的经济发展战略以及现有的自然禀赋条件在较短时期内是难以改变的，这是客观现实。在这一情况下，要保证中国的粮食安全，即改变粮食生产因环境污染而效率低下的状况，就必须促进农业环境技术效率的提升（Maros et al.，2018）。农业环境技术效率的科学测度是农业发展水平评价和驱动因素分析的基础。从指标选取上看，目前在投入及期望产出方面的选择较为一致，研究差异及难点主要体现在非期望产出的选择上（杨骞等，2022；Olukorede et al.，2019）。部分学者将农业生产活动排放的非点源污染作为非期望产出，即氮、磷、杀虫剂的流失量，水土流失，COD 等（Ball et al.，2001；Rezek & Richard，2004；Nanere et al.，2007；闵锐和李谷成，2012；潘丹和应瑞瑶，2013；吕娜和朱立志，2019；张利国和鲍丙飞，2016；赵丽平等，2016）。也有部分学者将农业生产过程中产生的温室气体排放量作为非期望产出（Asbahi et al.，2019；Ji et al.，2011；李思勉和何蒲明，2020；葛鹏飞等，2018；刘应元等，2014）。此外，还有少数学者同时以农业碳排放和农业非点源污染作为非期望产出指标（王宝义和张卫国，2016；Zhuang X et al.，2021）。

从研究方法上看，DEA（Data envelopment analysis）模型作为一种非参数前沿效率分析法，能够避免误设生产函数的弊端，在模拟多产出的生产过程方面具有显著优势（杨骞等，2022；Battese et al.，1995）。而且 DEA 模型是测度农业生产效率的主流方法（Dolgikh，2019；Pishgar-Komleh et al.，2020）。早期学者多采用径向、角度的传统 DEA 模型，但其基本假设与实际情况相背离，可能导致效率测算结果有偏误。为克服上述缺陷，Tone（2001）提出了非径向和非角度的基于松弛变量的 SBM（Slacks-Based measure）模型，一方面剔除由于松弛所造成的非效率因素，另一方面解决了非期望产出存在下的生产效率评价问题。同时，SBM 模型具有无量纲性和非角度的特点，能够避免由于量纲不同和角度选择差异带来的偏差和影响（George Vlontzos et al.，2014；刘勇，2009）。因此，SBM 模型逐渐演变为农业环境技术效率评价的主流模型（Akbar et al.，2021；Cooper et al.，2007；Färe and Grosskopf，1983）。

从研究结果上看，不同时期的学者基于不同研究指标、研究尺度等测算和评价了中国农业环境技术效率，基本达成一致结论，认为忽略环境因素会明显高估中国的农业生产效率，考虑环境影响后的生产效率，即农业环境技术效率，整体偏低但呈缓慢上升趋势，且区域差异明显（Pang et al.，2016；Long X et al.，2018；Akbar et al.，2021；杨俊和陈怡，2011；田伟等，2014；梁俊和龙少波，2015）。聚焦粮食产业，从国家尺度上看，中国粮食生产的农业环境技术效率不高的观点同样得到了众多学者的认同（Aslam et al.，2021），但对其变动趋势暂未达成一致看法。例如，陈宝珍和任金政（2019）认为，中国粮食生产的农业环境技术效率总体呈缓慢上升趋势；而 Xu H 等（2021）的研究却表明，中国粮食生产的农业环境技术效率呈下降趋势。从区域尺度上看，不同区域粮食生产的农业环境技术效率差异显著，例如，陆文聪和谢昌财（2017）的研究表明，中国粮食主产区的农业环境技术效率高于主销区和产销平衡区。并且，在粮食不同产销区内部，不同省份甚至不同村庄的农业环境技术效率也存在差异，例如，王帅等（2020）对碳排放约束下的河南省 65 个村庄的农业环境技术效率的研究表明，河南省农业环境技术效率具有较大的空间差异，且农业环境技术效率偏低的村庄占比较高。

农业环境技术效率影响因素的研究主要分为三个视角。首先，有学者从宏观视角，肯定了创新研发（Oscar Alfranca and Wallace，2003；Esposti and Pierani，2003）、技术进步（Comin D and Hobijn B，2011）、配置效率改善（Chanda A and Dalfaard C J，2008）等在提升农业环境技术效率中的积极作用。其次，有学者从中观产业角度，分析了产业结构调整（金芳和金荣学，2020；Peneder，2015）、城镇化（李谷成，2014；梁俊和龙少波，2015；郭海红和张在旭，2019）、土地流转（史常亮，2024）、环境规制政策（展进涛和徐钰娇，2019）、农产品价格政策（潘丹，2012）、机械化水平（吴传清和宋子逸，2018）等对农业环境技术效率的影响。最后，还有学者从微观农户的角度，剖析了人力资本（宦梅丽和侯云先，2021）、农业生产经营特征（李翠霞等，2021；杨子等，2019；卢华和胡浩，2015；孙顶强等，2016）、社会资本（张士云和李博伟，2020）等与农业环境技术效率提升的内在联系。

综上，近些年学术界对农业环境技术效率的研究进展加速、成果丰富，研究区域涉及区域、国家以及全球等多个尺度（方永丽和曾小龙，2021），影响因素分析也逐渐全面，但仍存在进一步完善的空间。首先，单独的污染排放指标无法准确、全面地衡量农业环境污染程度，但兼顾污染物和碳排放的非期望产出集合的成果较少；其次，农户作为农业生产的主体，是实现农业绿色、低碳发展的关键，但现有研究多忽视了农业环境技术效率提升的微观基础；最后，现有研究较多地集中于对广义农业环境技术效率的测算，聚焦粮食产业，尤其是中国粮食主产区，进行环境技术效率评价的研究并不多，无法为现阶段保障粮食安全提供有力的支撑。

三、模型设定与变量选取

1. 农业环境技术效率的测度模型

参考 Tone（2002）、潘丹（2012）、刘敏（2020）、孟祥海等（2019）的做法，本书构建了一个基于非径向非角度的 SBM-Undesirable 模型，来测算农业环境技术效率。

具体模型如下：假设农业生产系统中，有 n 个决策单元，每个决策单元均有 4 个向量，即投入向量、期望产出向量、农业面源污染向量和农业碳排放向量，分别表示为 $x \in R^m$、$y^a \in R^{S_1}$、$y^b \in R^{S_2}$、$y^c \in R^{S_3}$，可定义矩阵 X、Y^a、Y^b、Y^c 如下：

$$
\begin{aligned}
X &= [x_1, x_2, \cdots, x_n] \in R^{m \times n} > 0 \\
Y^a &= [y_1^a, y_2^a, \cdots, y_n^a] \in R^{S_1 \times n} > 0 \\
Y^b &= [y_1^b, y_2^b, \cdots, y_n^b] \in R^{S_2 \times n} > 0 \\
Y^c &= [y_1^c, y_2^c, \cdots, y_n^c] \in R^{S_3 \times n} > 0
\end{aligned}
\tag{7-1}
$$

有限生产可能性集 P 为：

$$
P \mid (x_0, y_0) = \left\{
\begin{aligned}
&(x, \overline{y^a}, \overline{y^b}, \overline{y^c}) \mid \overline{x} \geqslant \sum_{j=1}^n \lambda_j x_j, \overline{y^a} \leqslant \sum_{j=1}^n \lambda_j y_j^a, \\
&\overline{y^b} \leqslant \sum_{j=1}^n \lambda_j y_j^b, \overline{y^c} \leqslant \sum_{j=1}^n \lambda_j y_j^c, \overline{y^a} \geqslant 0, \lambda \geqslant 0
\end{aligned}
\right\}
\tag{7-2}
$$

上式中 P 将决策单元 $(x_0、y_0)$ 排除在外，从而有效规避了非期望产出的 SBM 模型可能出现的多个决策单元同时有效的情况。考虑非期望产出的 SBM 模型（VRS 情况）的分式规划形式为：

$$
P^* = \min \frac{1 - \dfrac{1}{m} \sum_{k=1}^m \dfrac{\overline{x_k}}{x_{k0}}}{1 + \dfrac{1}{s_1 + s_2 + s_3} \left(\sum_{r=1}^{s_1} \overline{y_r^a} / y_0^a + \sum_{i=1}^{s_2} \overline{y_i^b} / y_0^b + \sum_{\mu=1}^{s_2} \overline{y_\mu^c} / y_0^c \right)}
$$

$$
\text{s. t.} \; \overline{x} \geqslant \sum_{j=1, \neq 0}^n \lambda_j x_j, \overline{y^a} \leqslant \sum_{j=1, \neq 0}^n \lambda_j y_j^a, \overline{y^b} \geqslant \sum_{j=1, \neq 0}^n \lambda_j y_j^b, \overline{y^c} \geqslant \sum_{j=1, \neq 0}^n \lambda_j y_j^c,
$$

$$
\overline{x} \geqslant x_0, \overline{y^a} \leqslant y_0^a, \overline{y^b} \geqslant y_0^b, \sum_{j=1, \neq 0}^n \lambda_j = 1, \overline{y^a} \geqslant 0, \lambda \geqslant 0
\tag{7-3}
$$

其中，P^* 为目标效率值，x、y^a、y^b 和 y^c 分别为投入向量、期望产出向量、农业面源污染向量和农业碳排放向量；$\overline{x_k}$、$\overline{y_r^a}$、$\overline{y_i^b}$、$\overline{y_\mu^c}$ 分别为投入松弛

量、期望产出松弛量、农业面源污染松弛量和农业碳排放松弛量；λ 为权重向量。模型中下标 0 表示被评价决策单元。P 关于 $\overline{x_k}$、$\overline{y_r^a}$、$\overline{y_i^b}$、$\overline{y_u^b}$ 严格单调递减，且满足 $0 \leqslant P \leqslant 1$。若去掉权重变量之和为 $\sum_{j=1, \neq 0}^{n} \lambda_j = 1$ 的约束，则为规模报酬不变（CRS）下的方向性距离函数。

2. 生产环节外包对农业环境技术效率的影响模型

农业环境技术效率是介于 0 和 1 之间的具有非负截断特征的变量，对于这类受限因变量的估计，采用 OLS 法通常会得到有偏的估计结果，因此，Tobit 模型成为最常用的模型（王宝义和张卫国，2016）。本书延续已有文献的做法，选用 Tobit 模型进行估计。同时，考虑到生产环节外包与农业环境技术效率之间可能是一种非线性关系，模型设定如下：

$$AEE_n = \beta_0 + \beta_1 X_n + \beta_2 X_n^2 + \sum_r \alpha_r A_{rn} + \varepsilon_n \qquad (7-4)$$

AEE_n 表示第 n 个农户的农业环境技术效率；β_0 表示截距项；β_1 表示第 n 个农户生产环节外包的估计系数；β_2 表示第 n 个农户生产环节外包二次项的估计系数；X_n 表示农户的生产环节外包水平，A_{rn} 是影响第 n 个农户农业环境技术效率的其他控制变量；ε_n 为随机误差项。

3. 变量选取

（1）农业环境技术效率的测度变量

①投入变量。参考林文声等（2018）、宦梅丽和侯云先（2021）、田旭和王善高（2016）的处理方法，投入变量主要包括劳动力投入、资本投入和土地投入三类。劳动力投入采用 2020 年农户家庭用于自家粮食生产各环节的时间表示，单位为：工日，即将所有粮食生产环节家庭成员投入的总工日加总。资本投入采用 2020 年农户家庭经营粮食作物投入的资金总额表示，单位为：万元，主要包含化肥、农药、农膜、种子、柴油、电力、雇工、购买农机服务、自购农机折旧①等费用的总和。土地投入采用 2020 年农户家庭粮食总播种面积表示，不考虑后期因自然或人为因素而导致收获面积增减的情况，单位为：公顷。

②期望产出变量。考虑到农户在粮食种植品种与种植类型上存在差异，及由此导致地直接在产量层面上进行加总的不科学性，参考 Goksel Armagan

---

① 自购农机折旧成本的计算：固定资产折旧一般采用平均年限法和工作量法。对于农业机械来说，由于每年的工作量和工作项目都相差不太多，所以农机具通常都采取平均年限法来计算折旧成本。本书中，农户自购农机的折旧成本为机械原值与年折旧率的乘积。不同农机拥有不同的年折旧率，是"1 减去预计净残值率"与机械折旧年限的比值。其中，预计净残值率通常按机械原值的 3%～5% 确定，本书取 4%；折旧年限参照中国财政部、农牧渔业部关于国有农场农机专用设备折旧年限表

等（2010）、Kumbhakar 等（2014）、李谷成等（2010）、李翠霞等（2021）的测度方法，采用 2020 年农户家庭的粮食生产总值表示期望产出，单位为：万元。

③非期望产出变量。关于农业非期望产出主要参考 Francesco Di Maria 和 Federico Sisani（2019）、Zhuang X 等（2021）、郭海红和张在旭（2019）、马国群和谭砚文（2021）、方永丽和曾小龙（2021）等做法，其是指农业生产中的各种环境污染排放。一方面是以水体中的化学需氧量（COD）、总氮（TN）和总磷（TP）流失量为主的农业非点源污染排放总量（单位：万立方米），另一方面是以农业生产中温室气体排放为表征的农业碳排放总量（单位：吨）。非期望产出的主要来源如图 7-1 所示。具体计算过程及结果见式 7-3。

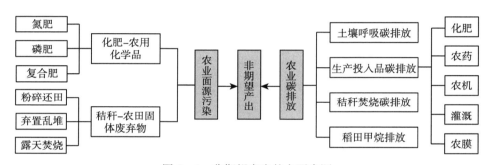

图 7-1　非期望产出的主要来源

（2）生产环节外包变量

参考孙顶强等（2016）、陈超和黄宏伟（2012）、张忠军和易中懿（2015）的测度方法，使用 2020 年农户在粮食生产过程中购买生产环节外包服务的亩均费用表示，单位为：千元/亩。

（3）其他控制变量

梳理相关研究成果（朱秋博等，2019；李翠霞等，2021；黄祖辉等，2014；林文声等，2018），可知，农业环境技术效率还受区域自然环境条件、经济发展水平、农业生产经营现状、农业政策情况和农户特征等多种因素的共同影响。因此，本书还引入了反映户主个体特征、农户家庭特征、农业生产经营特征以及地区特征的四组控制变量，包括年龄、受教育程度、健康状况、家庭规模、家庭收入、非农收入占比、社会资本、粮食种植面积、土地细碎化程度、耕地质量、复种指数、农业补贴、生产性固定资产、农业组织参与、农业技术培训、气象灾害、住宅到县城的距离、省份。

生产环节外包与其他控制变量的含义及描述性统计见表 7-1。

表7-1 变量的含义及描述性统计

变量名称	变量含义和赋值	均值	标准差
核心解释变量			
生产环节外包	2020年农户在粮食生产过程中购买生产环节外包服务的亩均费用（千元/亩）	0.198	0.141
控制变量			
户主年龄	户主年龄（岁）	56.780	10.388
户主受教育程度	户主教育年限（年）	7.888	3.322
户主健康状况	户主身体健康状况自评：1＝非常差；2＝比较差；3＝一般；4＝比较健康；5＝非常健康	4.274	0.984
家庭规模	家庭人口总数（人）	4.334	1.771
家庭收入	家庭年总收入（元），取对数处理	11.488	1.105
非农收入占比	2020年非农收入占农户家庭收入的比例（%）	39.210	36.876
社会资本	在县级及以上城市当公职人员的亲戚好友数量（人）	1.083	3.998
粮食种植面积	2020年家庭粮食种植面积（亩）	49.803	135.153
土地细碎化程度	2020年家庭粮食种植地块数（块），块数越多，表明耕地细碎化程度越高	14.057	52.953
耕地质量	农户对实际耕种地块的评价：1＝非常差；2＝比较差；3＝一般；4＝比较好；5＝非常好	3.379	0.767
复种指数	2020年农户总播种面积与耕地经营面积之比	1.521	0.486
农业补贴	2020年农户的农业补贴收入（元），加1后取对数处理	7.272	1.674
生产性固定资产	2020年农户家庭拥有的生产性固定资产现值（元），加1后取对数处理	6.332	3.925
农业组织参与	1＝加入合作社或登记为家庭农场或科技示范户或农业企业等农业组织；0＝无	0.230	0.421
农业技术培训	近3年，是否参加农业技术培训：1＝是；0＝否	0.350	0.477
气象灾害	2020年农业生产过程中遭受气象灾害的次数（次）	0.838	1.014
住宅到县城的距离	农户在村庄内的住宅到最近县城的距离（米），加1后取对数处理	9.576	1.069
省份虚拟变量（以河南为对照组）			
黑龙江	黑龙江＝1；其他＝0	0.344	0.475
湖南	湖南＝1；其他＝0	0.330	0.471

四、农业环境技术效率的测算

1. 农业非点源污染总量的计算

农业非点源污染参考潘丹和应瑞瑶（2013）、吕娜和朱立志（2019）、梁俊和龙少波（2015）、梁流涛等（2012）、盖兆雪等（2017）、陶园等（2019）的做法，采用清华大学环境科学与工程系的单元调查评估法进行核算（赖斯芸等，2004）。单元调查评估法将各类污染源分解为产污单元（Elementary unit，EU），通过建立起单元、污染产生量和污染排放量之间的数量关系对农业非点源污染总量进行测度。各污染单元农业非点源污染排放的计算公式为：

$$E = \sum_i EU_i \rho_i (1 - \eta_i) C_i \qquad (7-5)$$

其中，E 为农业非点源污染总量；EU_i 为单元 i 的指标统计数，数据从实地调研中获得；ρ_i 为单元 i 污染物的产污强度系数；η_i 为单元 i 污染物的利用效率系数；EU_i 和 ρ_i 之积是农业污染产生量，即不考虑资源综合利用和管理因素时农业生产所造成的最大潜在污染量；C_i 为单元 i 污染物的排放系数，由单元和空间特征决定，表征区域环境、降雨、水文和各种管理措施对农业和农村污染的综合影响。

粮食生产过程中的产污单元主要包括农用化学品和农田固体废弃物（表 7-2）。考虑到，农田化肥流失是造成农田非点源污染最直接的原因（赖斯芸等，2004；左喆瑜和付志虎，2021），秸秆是重要的农业非点源污染源之一（陶园等，2019），本书主要关注化肥与秸秆造成的农业非点源污染，计算化肥流失与秸秆不同处理方式下排放的 TN、TP 和 COD。

表 7-2　农业非点源污染产污单元清单列表

污染来源	类别	调查单元	调查指标	单位	排放清单
农用化学品	化肥地表径流流失与地下淋溶流失	氮肥、磷肥、复合肥	施用量（折纯）	千克	TN、TP
农田固体废弃物	作物秸秆	玉米、小麦、水稻	总产量	千克	COD、TN、TP

各产污强度系数、污染物的利用效率和排污系数等参数值通过广泛的文献调研和综合比较获得。除参照梁流涛（2009）、赖斯芸等（2004）、陈敏鹏等（2006）以及石凯舍和尚杰（2021）等的参数取值外，还重点参照了第一次全国污染源普查领导小组办公室发布的《农业污染源肥料流失系数手册》分省各

参数取值，以尽可能地考虑不同地区产污强度存在的差异，从而建立起样本区不同产污单元各农业污染产污强度系数、利用系数和流失系数的相关参数数据库。根据 GB3838—2002 中Ⅲ类水质标准（钱秀红，2001；陈勇等，2010），通过将 COD、TN、TP 排放量转换为等标污染排放量[①]，计算得到农业非点源污染总量，单位：万立方米。

2. 农业碳排放总量的计算

农业碳排放参考谷家川和查良松（2013）、田云等（2012）、尚杰等（2015）、程琳琳（2018）、李波等（2011）、罗丽丽（2016）、李迎春等（2007）、Jane（2007）的做法，从土壤呼吸、生产投入品、秸秆焚烧、水稻生产 4 个维度，考虑了 6 个方面的碳源[②]。基于 IPCC 和美国橡树岭国家实验室公布的碳源排放系数，先结合研究区域环境、降雨、资源禀赋等特征，核算其碳排放水平；然后将不同类型的温室气体排放量转化为碳当量；最后计算农业碳排放总量（葛鹏飞等，2018），单位为吨。农业碳源、排放系数及参考依据见表 7-3。

土壤呼吸、生产投入品以及水稻生产的碳排放量的测算公式为：

$$E = \sum_{i=1}^{n} E_i + F = \sum_{i=1}^{n} T_i \cdot \partial_i + (A \cdot B + C \cdot D) \qquad (7-6)$$

其中，E_i 为土壤呼吸、生产投入品——化肥、生产投入品——灌溉、水稻生产产生的碳排放量，F 为农业机械运行产生的碳排放量，T_i 为土壤呼吸、生产投入品——化肥、生产投入品——灌溉、水稻生产的统计指标，∂_i 为碳排放系数，A 代表农作物种植面积，C 代表农业机械总动力，B、D 代表农业机械碳源的碳排放系数。

表 7-3　农业碳源、排放系数及参考依据

碳源	碳排放系数	参考依据
土壤呼吸	312.6 千克碳/平方千米	李波等（2011）
生产投入品——化肥	0.896 千克碳/千克	美国橡树岭国家实验室
生产投入品——农业机械 B	16.47 千克碳/公顷	谷家川和查良松（2013）
生产投入品——农业机械 D	0.18 千克碳/千瓦	谷家川和查良松（2013）

①　等标污染排放量的计算公式为：等标污染排放量＝污染物排放总量/污染物排放评价标准。其中，COD、TN 和 TP 污染物排放评价标准分别为 20 毫克/升，1 毫克/升和 0.2 毫克/升。

②　受限于调研数据，本书在测算农业碳排放时，并未考虑农药与农膜生产和使用过程中产生的碳排放量。且在计算农业机械运行产生的碳排放量时，仅考虑了间接排放量（$A \cdot B$），未考虑直接排放量（$C \cdot D$）。

（续）

碳源	碳排放系数	参考依据
生产投入品——灌溉①	20.476 千克碳/公顷	李波等（2011）、段华平等（2009）
水稻生产②	3.137 克碳/（平方米·天）	Matthews et al.（1991）

注：①参考李波等（2011），农业灌溉的碳排放系数本为 25 千克/公顷，但考虑到仅火力发电对化石燃料的需求才导致间接的碳排放，故在 25 千克/公顷的基础上乘以火电系数（即火力发电占中国总发电量之比），依据 2004—2008 年中国统计年鉴数据，计算出的平均火电系数为 0.891，最终，农业灌溉的实取系数为 20.476 千克碳/公顷。

②依据 2007 年 IPCC 第四次评估报告可知，水稻生产每天每平方米释放 0.46 克 CH_4，而 1 吨 CH_4 所引发的温室效应相当于 25 吨 CO_2（约 6.82 吨碳）所产生的温室效应，为了统一计量单位，水稻碳排放系数变为 3.137 克碳/（平方米·天）；同时，鉴于不同地区不同品种水稻的生产周期不同，本书参考 IPCC 的水稻生长周期，并结合中国实地生产情况，定义黑龙江水稻种植天数取 145 天，河南取 87 天，湖南早稻取 85 天。

参考曹国良等（2007）、曹国良等（2005）、彭立群等（2016）、王俊芳（2017）以及 FAO（2020）相关做法，秸秆焚烧的碳排放量的测算公式为：

$$E_{ij} = \sum_{k=1}^{K}(P_{ik} \times C_k \times R_k \times F_k \times EF_k) \qquad (7-7)$$

其中，E_{ij} 为第 i 个农户 j 类温室气体排放量；P_{ik} 为第 i 个农户作物 k 的产量；C_k 为作物 k 的草谷比；R_k 为作物 k 的露天焚烧比例；F_k 为作物 k 的燃烧效率；EF_k 为作物 k 秸秆露天焚烧的排放因子，单位为克/千克。

对于小麦、水稻和玉米草谷比的确定，主要参考国家发展与改革委员会所公布的参数，见表 7-4。

表 7-4　样本区域不同农作物草谷比参数

地区	玉米	小麦	水稻
黑龙江	1.86	0.93	0.97
河南	1.73	1.34	0.93
湖南	2.05	1.38	1.28

对于秸秆焚烧效率的测算，考虑不同作物秸秆焚烧排放因素的差异，根据曹国良等（2005）、张鹤丰（2009）、彭立群等（2016）和王俊芳（2017）等研究确定秸秆焚烧排放系数。秸秆焚烧排放系数见表 7-5。

表 7 - 5　秸秆焚烧排放系数表

作物	水稻	小麦	玉米
燃烧效率	0.93	0.93	0.92
CH_4	3.20	3.40	4.40
CO_2	1 460	1 460	1 350

综上，农业环境技术效率投入产出变量的说明与统计如表 7 - 6 所示。从样本标准差可以看出，样本农户各项投入产出指标的差异较大，说明样本中不同规模、不同耕作方式的农户样本均有涉及，样本代表性较好。

表 7 - 6　投入产出变量的说明与统计表

类型	变量	解释说明	平均值	标准差	最小值	最大值
投入变量	劳动力投入	2020 年农户家庭用于自家粮食生产各环节的时间（工日）	41.844	58.261	0.000	635.000
	资本投入	2020 年农户家庭经营粮食作物投入的资金总额（万元）	4.689	19.228	0.002	541.733
	土地投入	2020 年农户家庭粮食总播种面积（公顷）	4.527	14.471	0.013	386.860
期望产出变量	粮食生产总值	2020 年农户家庭的粮食生产总值（万元）	7.338	24.087	0.004	664.790
非期望产出变量	农业非点源污染总量	计算所得的农业非点源污染总量（万立方米）	8.441	26.886	0.000	596.809
	农业碳排放总量	计算所得（吨）	11.790	51.496	0.001	1 397.471

3. 农业环境技术效率测算结果

考虑到不同限定条件和导向选择会造成不同的测算结果，本书以 Max-DEA Ultra 为计算平台，基于不变规模报酬（CRS）、一般规模报酬（GRS）和可变规模报酬（VRS）三种情况与投入导向（IO）、产出导向（OO）和非导向（NO）三种形式，在设定期望产出总权重和非期望产出总权重均为 1 时，利用 1 208 个中国粮食主产区农户微观调研数据（共 1 208 个决策单元），测算各决策单元的农业环境技术效率。具体测算结果见第四章第四部分。

综上，本书选择可变规模报酬（VRS）和产出导向设定下的农业环境技术效率值进行后续分析。总体来看，中国粮食主产区的农业环境技术效率均值为 0.627，仅略高于及格线水平，这一结论与现有研究结论基本吻合（Aslam et al.，2021；吕娜和朱立志，2019），说明中国粮食主产区的农业环境技术效率不高，且在一定程度上表明，中国粮食主产区仍处于粗放经营的农业发展模式，依靠资源的投入和对环境的破坏来拉动生产，资源、环境与农业发展处于相对失衡状态。但相对应的，中国粮食生产存在较大的资源节约和环境保护空间，实现绿色、低碳的可持续农业的潜力巨大。且与 2015 年以前的农业环境技术效率水平相比较①（孟祥海等，2019），目前中国粮食生产的农业环境技术效率已略有提升。

分地区来看，黑龙江、河南以及湖南的农业环境技术效率均值分别为0.701、0.648 和 0.528，黑龙江的效率值明显高于河南，且河南的效率值明显高于湖南，三大粮食主产省的农业环境技术效率差异显著，这可能与三省的作物种植类型及气候环境特征有关。一方面，湖南省河网稠密，以水稻种植为主，水稻生产过程中的 CH_4 排放是重要的农业碳源；另一方面，黑龙江生长期短，一年仅能种植一季作物，但土壤肥沃，属于典型的低投入高产出地区，且环境污染相对较低。进一步对比三省农业环境技术效率的标准差和最小值，可以看出，黑龙江省农户间的农业环境技术效率差异较大，而河南省农户的农业环境技术效率的最小值相对最高。

五、生产环节外包对农业环境技术效率的影响

1. 生产环节外包影响农业环境技术效率的基准回归结果

本书使用 Stata17.0 软件，实证检验了生产环节外包与农业环境技术效率之间的 "U" 形关系。基于总体样本的回归结果见表 7-7。

回归 1 和回归 2 是未加入控制变量的回归结果，回归 3 和回归 4 是加入所有控制变量的回归结果。可以看出，模型估计结果在影响方向和显著性水平上均未发生显著变化，生产环节外包均显著负向影响农业环境技术效率，生产环节外包的平方项在 1% 的显著性水平上均正向影响农业环境技术效率。一方面，相比于回归 1 和回归 3 的结果，回归 2 和回归 4 的卡方检验统计量有所上升，说明生产环节外包对农业环境技术效率的影响并非线形的，而是 "U" 形的；另一方面，相比于回归 1 和回归 2 的结果，回归 3 和回归 4 的卡方检验统计量更大，模型拟合优度更高，说明模型估计结果较为稳健。综上所述，生产环节外包与农业环境技术效率之间存在显著的 "U" 形关系。本书的研究假说

---

① 2015 年开始颁布 "一控两减三基本" 等减排政策，以及休耕等固碳措施。

H3 得证。

从控制变量的影响方向和显著性水平来看（见回归 4），年龄、家庭收入、粮食种植面积、耕地质量、农业组织参与对农业环境技术效率有显著的促进作用，但家庭规模、土地细碎化程度、复种指数、农业补贴、生产性固定资产却会显著抑制农业环境技术效率的提升，此外，相对于河南，湖南的农业环境技术效率较低，黑龙江与河南不存在显著差异。上述控制变量的回归结果与已有研究结论基本一致（Zhuang X et al.，2021）。但年龄的估计结果与现有研究普遍认同的老龄化会抑制农业发展的观点相反，表明老龄农业劳动力对中国现阶段的粮食安全具有不可低估的重要贡献，可能的解释是，相较于青壮年农业劳动力，一方面，老龄农业劳动力的技术效率更具有优势；另一方面，年龄较高的农业劳动力兼业机会较少，更能将时间与精力用于农业生产。

表 7-7　生产环节外包对农业环境技术效率的 Tobit 估计结果

农业环境技术效率	回归 1	回归 2	回归 3	回归 4
生产环节外包	-0.333*** (0.024)	-0.678*** (0.061)	-0.063** (0.024)	-0.245*** (0.058)
生产环节外包的平方项	—	0.001*** (0.000)	—	0.000*** (0.000)
户主年龄	—	—	0.001** (0.000)	0.001** (0.000)
户主受教育程度	—	—	0.001 (0.001)	0.001 (0.001)
户主健康状况	—	—	0.001 (0.003)	0.001 (0.003)
家庭规模	—	—	-0.004* (0.002)	-0.004* (0.002)
家庭收入	—	—	0.011*** (0.004)	0.011*** (0.004)
非农收入占比	—	—	-0.000 (0.000)	-0.000 (0.000)
社会资本	—	—	0.000 (0.001)	0.000 (0.001)
粮食种植面积	—	—	0.000*** (0.000)	0.000*** (0.000)
土地细碎化程度	—	—	-0.000** (0.000)	-0.000** (0.000)

（续）

农业环境技术效率	回归 1	回归 2	回归 3	回归 4
耕地质量	—	—	0.008 **	0.008 **
			(0.004)	(0.004)
复种指数	—	—	−0.045 ***	−0.044 ***
			(0.010)	(0.010)
农业补贴	—	—	−0.012 ***	−0.012 ***
			(0.002)	(0.002)
生产性固定资产	—	—	−0.002 *	−0.002 **
			(0.001)	(0.001)
农业组织参与	—	—	0.013 *	0.013 *
			(0.007)	(0.007)
农业技术培训	—	—	−0.003	−0.003
			(0.006)	(0.006)
气象灾害	—	—	0.000	−0.000
			(0.003)	(0.003)
住宅到县城的距离	—	—	0.001	0.002
			(0.003)	(0.003)
黑龙江	—	—	0.009	0.006
			(0.013)	(0.013)
湖南	—	—	−0.144 ***	−0.142 ***
			(0.009)	(0.009)
常数项	0.694 ***	0.730 ***	0.624 ***	0.645 ***
	(0.006)	(0.008)	(0.056)	(0.056)
观测值	1 208	1 208	1 208	1 208
卡方统计量	175.99 ***	212.96 ***	677.00 ***	688.84 ***

注：① ***、 ** 和 * 分别表示 1%、5% 和 10% 的显著性水平；②括号中是标准误；③模型已通过多重共线性检验。

2. 基于不同区域和不同作物的分样本回归结果

上文从总体上考察了生产环节外包对农业环境技术效率的影响，验证了生产环节外包与农业环境技术效率的"U"形关系。但上述结论只是三大主粮作物总体层面的平均效应，并不能说明上述结论在不同地区、不同作物中依然成立。为此，本书进一步考察黑龙江、河南和湖南三大粮食主产省，以及玉米、小麦和水稻三大主粮作物，以此探究生产环节外包与农业环境技术效率之间的"U"形关系是否成立。估计结果如表 7-8 和表 7-9 所示。

在表 7-8 中，回归 5～7 分别是基于黑龙江、河南和湖南样本的生产环节外包对农业环境技术效率影响的分组回归结果。回归 5 和回归 6 中，生产环节外包均显著负向影响农业环境技术效率，且生产环节外包的平方项均显著正向影响农业环境技术效率，这说明，生产环节外包与农业环境技术效率的"U"形关系在黑龙江和河南同样成立。在回归 7 中，生产环节外包的系数为负，生产环节外包平方项的系数为正，但均不显著。这说明，生产环节外包与农业环境技术效率的"U"形关系在湖南并不明显。

在表 7-9 中，回归 8 是玉米生产环节外包对其农业环境技术效率影响的回归结果。从回归结果看，生产环节外包的系数仍为负且显著，生产环节外包平方项的系数为正但不显著，这说明，聚焦于玉米生产，生产环节外包与农业环境技术效率之间的关系是线性的，且生产环节外包显著抑制了玉米环境技术效率的提升。回归 9 是小麦生产环节外包对其农业环境技术效率影响的回归结果，生产环节外包的系数为负，生产环节外包平方项的系数为正，但均不显著。这说明，生产环节外包与农业环境技术效率的"U"形关系在小麦生产中并不明显。

回归 10 是水稻生产环节外包对其农业环境技术效率影响的回归结果，生产环节外包在 1% 的显著性水平上负向影响农业环境技术效率，生产环节外包的平方项在 5% 的显著性水平上正向影响农业环境技术效率。这说明，生产环节外包与农业环境技术效率的"U"形关系在水稻生产中依然成立。

表 7-8　不同地区生产环节外包对农业环境技术效率的影响

农业环境技术效率	回归 5（黑龙江）		回归 6（河南）		回归 7（湖南）	
	系数	标准误	系数	标准误	系数	标准误
生产环节外包	−0.402*	0.210	−0.502***	0.159	−0.103	0.076
生产环节外包的平方项	0.001*	0.001	0.001*	0.000	0.000	0.000
户主年龄	0.001	0.001	0.001***	0.000	0.000	0.001
户主受教育程度	0.000	0.002	0.002*	0.001	0.001	0.002
户主健康状况	0.006	0.007	0.001	0.003	−0.004	0.006
家庭规模	−0.003	0.005	−0.002	0.002	−0.002	0.003
家庭收入	0.032***	0.010	0.004	0.005	0.004	0.007
非农收入占比	−0.000	0.000	−0.000	0.000	0.004	0.007
社会资本	0.000	0.001	0.001	0.002	−0.001	0.001
粮食种植面积	0.000*	0.000	0.001***	0.000	0.000***	0.000
土地细碎化程度	0.001	0.001	−0.003	0.002	−0.000	0.000

（续）

农业环境技术效率	回归 5（黑龙江）		回归 6（河南）		回归 7（湖南）	
	系数	标准误	系数	标准误	系数	标准误
耕地质量	0.012	0.008	−0.001	0.005	0.010*	0.006
复种指数	−0.182	0.198	−0.025	0.017	−0.050***	0.010
农业补贴	−0.018***	0.007	−0.008**	0.004	−0.009***	0.003
生产性固定资产	−0.006***	0.002	0.000	0.001	−0.002	0.001
农业组织参与	0.002	0.016	0.016	0.010	0.022*	0.011
农业技术培训	−0.002	0.013	0.001	0.008	−0.009	0.010
气象灾害	0.007	0.006	−0.004	0.006	−0.005	0.004
住宅到县城的距离	0.008*	0.004	−0.006	0.007	−0.009**	0.004
常数项	0.541**	0.223	0.768***	0.091	0.702***	0.090
观测值	416		393		399	
卡方统计量	59.98***		113.85***		126.12***	

注：①***、**和*分别表示1%、5%和10%的显著性水平；②模型已通过多重共线性检验。

表7-9 不同作物生产环节外包对农业环境技术效率的影响

农业环境技术效率	回归 8（玉米）		回归 9（小麦）		回归 10（水稻）	
	系数	标准误	系数	标准误	系数	标准误
生产环节外包	−0.349**	0.141	−0.299	0.207	−0.114***	0.038
生产环节外包的平方项	0.001	0.000	0.000	0.000	0.000**	0.000
户主年龄	0.001**	0.000	0.001	0.000	−0.000	0.000
户主受教育程度	0.001	0.001	0.000	0.001	0.001	0.001
户主健康状况	0.007*	0.004	0.003	0.004	−0.005	0.005
家庭规模	−0.002	0.003	−0.003	0.003	−0.003	0.003
家庭收入	0.016***	0.005	0.006	0.006	−0.001	0.006
非农收入占比	−0.000	0.000	−0.000	0.000	0.000	0.000
社会资本	−0.000	0.001	0.001	0.001	0.000	0.001
粮食种植面积	0.000***	0.000	0.001***	0.000	0.001***	0.000
土地细碎化程度	0.001	0.001	−0.001	0.002	−0.000	0.000
耕地质量	0.013**	0.005	0.000	0.006	0.011**	0.005
复种指数	−0.026	0.028	−0.010	0.020	−0.032***	0.010

（续）

农业环境技术效率	回归 8（玉米）		回归 9（小麦）		回归 10（水稻）	
	系数	标准误	系数	标准误	系数	标准误
农业补贴	−0.010**	0.004	0.007*	0.004	−0.010***	0.003
生产性固定资产	−0.003***	0.001	0.000	0.001	−0.002	0.001
农业组织参与	0.012	0.011	0.007	0.012	0.014	0.010
农业技术培训	0.003	0.009	0.003	0.010	−0.009	0.009
气象灾害	0.009**	0.004	−0.010	0.008	−0.004	0.004
住宅到县城的距离	0.006	0.003	0.001	0.008	−0.009**	0.004
黑龙江	0.022	0.030	—	—	−0.050**	0.023
湖南	−0.065	0.043	−0.143***	0.032	−0.066***	0.016
常数项	0.459***	0.093	0.582***	0.111	0.832***	0.082
观测值	703		401		482	
卡方统计量	164.04***		91.40***		212.14***	

注：① ***、** 和 * 分别表示 1%、5% 和 10% 的显著性水平；②模型已通过多重共线性检验。

3. 生产环节外包影响农业环境技术效率的稳健性检验结果

为了进一步证实本书分析结果的科学性与可靠性，本书通过 Utest 检验、重新设定农业环境技术效率的测算导向、调整核心解释变量以及采用子样本回归等方法进行稳健性检验。

首先，为了不受仅凸向原点且单调关系误判的干扰，本书采用 Utest 检验命令，判断了生产环节外包与农业环境技术效率之间 "U" 形关系的准确性。结果显示，t 统计值为 3.47，对应概率为 0.00，Slope 区间包含正值，表明生产环节外包对农业环境技术效率的影响确实为 "U" 形（在 5% 的显著性水平上拒绝原假设）。

其次，本书分别基于投入导向和无导向，重新测算各决策单元的农业环境技术效率，并检验了生产环节外包与农业环境技术效率之间的 "U" 形关系，结果如回归 11、回归 12 所示（表 7-10），生产环节外包与农业环境技术效率之间的 "U" 形关系依然存在。再次，本书分别使用 2020 年农户年均外包环节数量占生产环节数量的比例、农户 2020 年平均外包环节数量来更换核心自变量 1（生产环节外包）、更换核心自变量 2（生产环节外包的平方项），采用替代变量法对模型稳健性进行检验，结果如回归 13、回归 14 所示，生产环节外包与农业环境技术效率之间的 "U" 形关系同样存在。最后，本书删除了 45 岁以下及 65 岁以上的样本，采用子样本回归法对模型稳健性进行检验。结果如回归

15 所示，依然支持了生产环节外包与农业环境技术效率之间的"U"形关系。

表 7 - 10　稳健性检验回归结果

农业环境技术效率	回归 11 （投入导向）	回归 12 （无导向）	回归 13 （更换核心 自变量 1）	回归 14 （更换核心 自变量 2）	回归 15 （子样本 回归法）
生产环节外包	−0.416*** (0.095)	−0.444*** (0.099)	−0.198*** (0.049)	−0.007*** (0.003)	−0.276*** (0.068)
生产环节外包的平方项	0.000*** (0.000)	0.000*** (0.000)	0.222*** (0.045)	0.000** (0.000)	0.000*** (0.000)
户主年龄	0.002*** (0.000)	0.002*** (0.001)	0.001** (0.000)	0.001** (0.000)	0.000 (0.001)
户主受教育程度	0.002 (0.001)	0.002 (0.002)	0.002* (0.001)	0.001 (0.001)	0.001 (0.001)
户主健康状况	0.006 (0.005)	0.005 (0.005)	0.002 (0.003)	0.001 (0.003)	0.000 (0.004)
家庭规模	−0.007** (0.003)	−0.007** (0.003)	−0.004* (0.002)	−0.004** (0.002)	−0.002 (0.002)
家庭收入	0.006 (0.006)	0.005 (0.007)	0.012*** (0.004)	0.011*** (0.004)	0.011** (0.004)
非农收入占比	0.000 (0.000)	0.000 (0.000)	−0.000 (0.000)	−0.000 (0.000)	−0.000 (0.000)
社会资本	0.000 (0.001)	0.000 (0.001)	0.000 (0.001)	0.000 (0.001)	0.001 (0.001)
粮食种植面积	0.001*** (0.000)	0.001*** (0.000)	0.000*** (0.000)	0.000*** (0.000)	0.000*** (0.000)
土地细碎化程度	−0.000* (0.000)	−0.000** (0.000)	−0.000 (0.000)	−0.000* (0.000)	−0.000 (0.000)
耕地质量	0.025*** (0.006)	0.023*** (0.006)	0.007* (0.004)	0.009** (0.004)	0.008* (0.004)
复种指数	−0.062*** (0.016)	−0.052*** (0.017)	−0.045*** (0.010)	−0.041*** (0.010)	−0.046*** (0.012)
农业补贴	−0.024*** (0.004)	−0.023*** (0.004)	−0.012*** (0.002)	−0.012*** (0.002)	−0.012*** (0.003)
生产性固定资产	−0.007*** (0.001)	−0.007*** (0.001)	−0.000 (0.001)	−0.002** (0.001)	−0.002* (0.001)
农业组织参与	0.005 (0.012)	0.005 (0.013)	0.009 (0.007)	0.011 (0.007)	0.012 (0.008)

（续）

农业环境技术效率	回归 11（投入导向）	回归 12（无导向）	回归 13（更换核心自变量 1）	回归 14（更换核心自变量 2）	回归 15（子样本回归）
农业技术培训	−0.010 (0.010)	−0.007 (0.011)	−0.005 (0.006)	−0.002 (0.006)	−0.005 (0.007)
气象灾害	−0.004 (0.005)	−0.002 (0.005)	−0.000 (0.003)	0.001 (0.003)	0.001 (0.003)
住宅到县城的距离	0.002 (0.004)	0.003 (0.005)	0.002 (0.003)	0.002 (0.003)	−0.000 (0.003)
黑龙江	0.022 (0.021)	0.026 (0.022)	−0.005 (0.013)	0.007 (0.013)	−0.003 (0.015)
湖南	−0.147*** (0.015)	−0.163*** (0.016)	−0.156*** (0.009)	−0.159*** (0.009)	−0.144*** (0.011)
常数项	0.505*** (0.090)	0.425*** (0.094)	0.645*** (0.056)	0.634*** (0.056)	0.708*** (0.070)
观测值	1 208	1 208	1 208	1 208	814
卡方统计量	536.50***	528.04***	702.98***	679.33***	503.56***

注：①*** 、** 和* 分别表示 1%、5%和 10%的显著性水平；②括号中是标准误；③模型已通过多重共线性检验。

六、本章小结

本章采用非径向、非角度的 SBM-Undesirable 模型和中国粮食主产区 1 208 户农户实地调研数据，测度并研判了中国粮食主产区的农业环境技术效率，剖析并证实了生产环节外包与农业环境技术效率之间的"U"形关系。研究发现：第一，中国粮食主产区的农业环境技术效率均值为 0.627，仅略高于及格线水平。不同地区和不同作物的农业环境技术效率存在差异，具体而言，黑龙江、河南以及湖南的农业环境技术效率均值分别为 0.701、0.648 和 0.528，差异显著；玉米、小麦和水稻的农业环境技术效率均值分别为 0.675、0.698 和 0.548，玉米与小麦的农业环境技术效率均值较为接近，水稻的农业环境技术效率均值明显低于玉米与小麦。第二，要素替代效应、优化配置效应、技术引入效应、外部学习效应、道德风险效应与投入过度效应的相对大小决定了生产环节外包与农业环境技术效率之间稳健的"U"形关系，总体而言，随着外包水平的提高，农业环境技术效率先下降后上升。第三，分区域、分作物的研究结果也基本肯定了生产环节外包与农业环境技术效率之间的"U"形关系，尤其在黑龙江和河南地区以及水稻生产中，但对于湖南地区和小麦生产而言，上述"U"形关系并不明显，且聚焦于玉米生产，生产环节外包与农业环境技术效率之间仅表现为显著的线性关系，生产环节外包显著抑制了玉米环境技术效率的提升。

在中国，农业经营规模小、土地细碎化程度高、气候灾害影响严重、农户兼业普遍，生产环节外包已成为不可逆转的农业发展趋势。本书从生产环节外包影响农业环境技术效率的六个效应展开理论分析，创新性地提出并证实了两者间可能存在的非线性关系，在一定程度上解决了现有研究结论不一致的问题。值得一提的是，在实证检验部分，本书不仅立足于农户多样化种植的现实情况，以农户年农业投入产出为研究对象，从总体层面分析了农户家庭的农业环境技术效率及其与生产环节外包的关系，还针对不同地区农业发展和不同作物种植情况，从区域层面与作物类型层面展开了讨论。从测算结果来看，中国粮食主产区的农业环境技术效率较低，中国粮食主产区仍处于粗放经营的农业发展模式，相关政府部门和学术界仍须加强对提高农业环境技术效率的重视程度，引导和推动农业绿色、低碳的可持续发展，尤其是针对湖南等以水稻种植为主的地区。

另外，2020 年中国粮食主产区生产环节外包的年均值仅为 198 元/亩，处于低外包水平阶段（图 4 - 16 也显示，目前样本农户生产环节外包的购买水平多集中于"U"形曲线的左侧），生产环节外包显著降低了部分农户的农业环境技术效率。可见，目前中国农业生产性服务业的发展水平有待提高，尤其体现在农业生产环节外包服务业影响农业绿色发展的方面。一方面，相关政府部门亟须在政策与资金上引导与规范农业生产性服务组织的发展。首先，应引导外包服务组织提高服务质量、丰富服务形式，降低外包作业的道德风险；其次，应协助外包服务组织降低服务成本，尤其是绿色生产技术和生产要素的引入成本；最后，应将外包服务组织作为技术推广的重要载体，拓展并强化其在科学技术培训、种植经验传递等方面的作用。另一方面，当地农民专业合作社、村委会等可通过鼓励和引导农户购买统防统治等植保环节的外包服务，充分发挥外包服务组织在优化配置、技术引入等方面的作用。综上，现阶段相关政府部门与农业组织应共同努力，推动中国粮食生产跨越由于低水平生产环节外包导致的农业环境技术效率低下，实现农业绿色、低碳的可持续发展。

第八章

结论、建议与展望

　　生产环节外包的应用与普及为农业绿色发展带来了重要的历史机遇。本书在界定研究对象与核心概念的基础上，结合相关理论和既有文献的梳理与评价，从经济效益、环境效益与技术效益三个维度，构建了生产环节外包影响农业绿色发展的理论分析框架，深入分析了生产环节外包经济效益、环境效益与技术效益的产生机理，并利于中国粮食主产区 1 208 户农户的实地调研数据，实证检验了生产环节外包对农户的农业产出、家庭收入、农用化学品投入与农业环境技术效率的影响及作用机理，关注了上述影响在不同作物及不同区域间的异质性，从而系统评价了生产环节外包对农业绿色发展的影响。在此基础上，本章首先对前文的研究结论进行了总结；其次，针对研究结论，提出了相对应的政策建议；最后，针对本书的不足之处，探讨了未来可能的研究方向。

一、研究结论与对策建议

　　总体而言，生产环节外包能够提高农户的农业产出、家庭收入、农用化学品利用效率以及农业环境技术效率，经济效益明显、环境效益初显、技术效益大有潜力，有助于推动农业绿色发展。但目前中国粮食主产区农户的生产环节外包水平尚滞后于农业绿色发展的现实需要，生产环节外包在一定程度上扩大了农户间的收入差距、提高了农用化学品投入强度，且低水平的生产环节外包还会降低农业环境技术效率。具体而言：

　　（1）生产环节外包的经济效益明显

　　生产环节外包不仅提高了农户的农业产出，还提升了农户的家庭收入，是农户充分权衡成本收益之后的理性决策，为农业绿色发展环境效益与技术效益的实现提供了基础。首先，生产环节外包具有明显的增产效应。从三大主粮的总体估计来看，生产环节外包有助于增加农户的农业产出，在解决潜在的内生性问题后，这一结论依然成立。从玉米、小麦和水稻的分样本估计来看，生产环节外包对农业产出的影响在玉米和水稻生产中仍较为稳健，但对小麦的增产效果并不明显。其次，生产环节外包具有明显的增收效应，主要通过劳动力替代提升农户非农就业水平，增加非农收入，进而促进总收入的增长。然而，生产环节外包在促进农户增产与增收的过程中，还存在两方面的问题。一是，生产环节外包的增收效应对中等收入和高收入组农户更为明显，扩大了农户间的收入差距，且这一扩大效应主要来源于生产环节外包在促进中高收入组农户的非农收入增长中的优势。二是，聚焦于农业本身而言，生产环节外包也同时致使农户的农业收入增长效应未能充分实现，从而表现出了增产但不增收的特征，不利于农业的长期发展。研究假说 H1 得到验证。

（2）生产环节外包的环境效益初显

生产环节外包能够提高农用化学品投入频率，从而改善其利用效率，但也增加了农用化学品的投入强度，不利于农用化学品减施。首先，从三大主粮的总体估计来看，生产环节外包会显著增加农用化学品的投入频率与投入强度，从而有利于改善农用化学品利用效率、但不利于农用化学品减施，在解决潜在的内生性问题之后，这一结论依然成立。其次，进一步分析生产环节外包增强农用化学品投入强度的机制发现，生产环节外包由于抑制了农户土壤改良措施的投资，从而增加了农用化学品投入强度。再次，从玉米、小麦和水稻的分样本估计来看，生产环节外包会显著增加农用化学品的投入频率与投入强度，从而有利于改善农用化学品利用效率、不利于农用化学品减施的结论在不同作物类型中依然成立。最后，从黑龙江、河南和湖南的分样本估计来看，生产环节外包会显著增加农用化学品的投入频率、从而有利于改善其利用效率的结论在河南省和湖南省依然成立，但生产环节外包减少了黑龙江省农用化学品的投入频率；并且，生产环节外包显著增加农用化学品投入强度、从而不利于农用化学品减施的结论在黑龙江省和河南省依然稳健，但生产环节外包对湖南省农用化学品投入强度的影响不显著。研究假说 H2 得到验证。

（3）生产环节外包的技术效益大有潜力

随着生产环节外包水平的提升，农业环境技术效率呈现出先下降后增加的趋势。首先，中国粮食主产区的农业环境技术效率均值为 0.627，仅略高于及格线水平。不同地区和不同作物的农业环境技术效率存在差异，其中，黑龙江、河南以及湖南的农业环境技术效率均值分别为 0.701、0.648 和 0.528，省份间差异较为明显；玉米、小麦和水稻的农业环境技术效率均值分别为 0.675、0.698 和 0.548，玉米与小麦的农业环境技术效率均值较为接近，水稻的农业环境技术效率均值明显低于玉米与小麦。其次，要素替代效应、优化配置效应、技术引入效应、外部学习效应、道德风险效应与投入过度效应的相对大小决定了生产环节外包与农业环境技术效率之间稳健的"U"形关系，即随着生产环节外包水平的提高，农业环境技术效率先下降后上升。但目前，中国粮食主产区的生产环节外包年均值仅为 198 元/亩，处于低外包水平阶段，生产环节外包降低了部分农户的农业环境技术效率。可见，中国农业生产性服务业的发展水平有待提高，在一定程度上呈现出了生产环节外包不匹配农业绿色发展目标的现象。最后，分区域、分作物的研究结果也基本肯定了生产环节外包与农业环境技术效率之间的"U"形关系，尤其在黑龙江和河南地区以及水稻生产中，但对于湖南地区和小麦生产而言，上述"U"形关系并不明显，且聚焦于玉米生产，生产环节外包与农业环境技术效率之间仅表现为显著的负向线性关系，即生产环节外包显著抑制了玉米环境技术效率的提升。研究假说 H3 得到验证。

在中国，农业经营规模小、土地细碎化程度高、气候灾害影响严重、农户兼业普遍，生产环节外包已成为不可逆转的农业发展趋势，但以生产环节外包为手段实现农业绿色发展还面临着诸多挑战和复杂问题。基于上述实证分析和研究结论，本书从应对并克服生产环节外包存在的问题、提高农业产出、改善农户收入状况、优化农用化学品投入以及提高农业环境技术效率等方面，提出了完善农业生产环节外包服务业发展规划、推动农业绿色发展等的政策建议，可以简要地概括为三个发挥、三个重视、一个推动、一个加强、一个完善。具体建议如下：

第一，要充分发挥生产环节外包在提高农业产出、保障国家粮食安全中的积极作用，并以提升农户生产环节外包水平为着力点，促进农业增产。从不同作物类型来看，一方面，要继续保持并提升生产环节外包在促进玉米和水稻产量增加中的效用；另一方面，要重点关注小麦产业发展，探寻通过生产环节外包推动小麦产量增加的可行方案，加强针对小麦生产环节的外包服务供给，引导小麦种植户依托外包服务增产提质。

第二，要充分发挥生产环节外包的持续增收效应及劳动力释放潜能，同时，着力于优化农村劳动力的非农就业环境，加大农村地区非农就业培训投入，为劳动力的进一步转移提供就业支持和保障。

第三，要充分发挥生产环节外包的劳动替代效应，提高农户对生产服务外包在提升农用化学品投入频率中优势的认识，并继续发挥生产环节外包在提高农用化学品投入频率中的积极作用。

第四，要格外重视农业生产领域的"增产不增收"问题，着力解决由于生产环节外包进一步推动农村优质劳动力外流而导致的农业自身发展受阻问题，破解普遍存在的"增产不增收"困境。

第五，要更加重视低收入农户的发展问题，通过制定相关帮扶政策，充分满足低收入农户的生产环节外包需求，确保低收入农户与生产环节外包的有效衔接，防止其因缺乏增收机会而陷入"贫困陷阱"。

第六，要高度重视由于生产环节外包导致的农用化学品过量投入问题，并通过规范外包供给主体的农事操作流程，推动外包供给主体进行减量化生产。进一步地，要引导外包供给主体由"产出导向"向"绿色导向"转变，降低甚至扭转生产环节外包对农用化学品投入强度的促进作用，同时通过补贴鼓励外包供给主体提供土壤保护性耕作措施与土壤改良措施的外包服务，从而间接实现农用化学品减施。

第七，推动农业生产环节外包服务市场的发育与完善。一方面，健全生产环节外包的监督管控体系，以减少外包供给主体降低服务质量和农户"过度监督"的双边道德风险；另一方面，应协助外包服务组织降低服务成本，尤其是绿色生产技术和生产要素的引入成本。

第八，仍需加强对提高农业环境技术效率的重视程度，进而推动中国粮食生产跨越由于外包服务导致的农业环境技术效率低下，实现农业绿色、低碳的可持续发展。一是，应将外包服务组织作为技术推广的重要载体，拓展并强化其在科学技术培训、种植经验传授等方面的作用；二是，当地农民专业合作社、村委会等可通过鼓励和引导农户购买统防统治等植保环节的外包服务，充分发挥外包服务组织在优化配置、技术引入等方面的作用。

最后，还要继续完善农业生产环节外包服务体系建设、加快推进农业生产环节外包服务业发展，引导农户提高生产环节外包水平与外包程度。一方面，政府部门应鼓励和支持各类外包供给主体加强其耕、种、防、收等环节的服务能力、改进其服务内容与服务质量，构建能够经受市场检验的农业生产环节外包服务体系；另一方面，在农户外包比例已经相当高的现实情况下，政府部门应重点引导农户提高其生产环节外包水平与生产环节外包程度。在此基础上，还要重点注重农户对灌溉、施肥、病虫害防治等环节的外包需求，以及外包供给市场情况，促使生产环节外包的需求与供给相匹配。

二、研究不足与展望

本书尚存在一些不足之处，具体而言：

第一，从研究数据来看，本书主要利用中国粮食主产区 1 208 户农户的实地抽样数据，评估了农户购买生产环节外包服务的现状及生产环节外包对推动农业绿色发展的可能影响，但受限于调研经费等，调研数据仅涉及 13 个粮食主产省中的 3 个省 9 个市，调研范围和数据体量均较小。因此，未来可基于更大范围、更大规模的数据进行实证检验，以进一步增强研究结论的可信程度。

第二，从研究内容来看，首先，由于中国粮食主产区农户的生产环节外包水平较低、外包程度也不高，且受限于气象灾害等的影响，农户多以非正式的、临时的、口头的雇工或雇用机械服务为主，外包供给主体与农户间的契约关系较弱、利益联结机制也不稳定，还多聚焦于耕整、收割、播种等环节，而施肥、病虫害防治、灌溉等环节的外包比例并不高，进行全环节生产外包的农户较为少见，通过专业化的外包服务团队、合作社等进行外包作业的农户则更少。鉴于此，本书仅从生产环节外包的角度展开了深入分析，并未讨论外包程度对推动农业绿色发展的影响。同时，本书重点关注的是，农户外包的整体状况对农业绿色发展的影响，因此，本书是以年为单位进行生产环节外包及其影响效益分析的，且由于考虑到不同生产环节的外包服务在影响农业绿色发展中可能存在联系，无法完全剥离，所以，本书并未深入考察某一特定生产环节外包的影响效应，尽管不同生产环节的外包服务对农业绿色发展的影响可能存在较大差异，但这并非本书关注的重点，同时书中也未对这一内容作出相应的分析。未来可重点关注不同外包程度、不同外包环节对农业绿色发展影响的差异。

第三，农户作为生产环节外包服务的购买者，其生产环节外包购买水平是影响农业绿色发展的重要因素，因此，本书立足微观农户层面，理论分析并实证检验了农户的生产环节外包购买状况对农业绿色发展的影响。但值得一提的是，生产环节外包的供给状况，尤其是生产环节外包的供给与需求的匹配情况，不仅影响着农户生产环节外包的购买情况，也同样会对农业绿色发展产生影响。但本书尚未涉及生产环节外包供给状况及供需匹配状况的影响效应评估，未来可从生产环节外包供需匹配的视角切入，深入探讨其对农业绿色发展的影响。

参 考 文 献

阿林·杨格，贾根良，1996. 报酬递增与经济进步 [J]. 经济社会体制比较（2）：52-57.

毕雅琦，2022. 新型农业经营主体实施农业绿色发展工程的影响因素研究 [J]. 安徽农业科学，50（2）：270-272.

蔡昉，2013. 中国经济增长如何转向全要素生产率驱动型 [J]. 中国社会科学，205（1）：56-71，206.

蔡键，刘文勇，2019. 农业社会化服务与机会主义行为：以农机手作业服务为例 [J]. 改革（3）：18-29.

蔡键，唐忠，朱勇，2017. 要素相对价格、土地资源条件与农户农业机械服务外包需求 [J]. 中国农村经济（8）：18-28.

蔡荣，蔡书凯，2014. 农业生产环节外包实证研究：基于安徽省水稻主产区的调查 [J]. 农业技术经济（4）：34-42.

曹国良，张小曳，王丹，等，2005. 中国大陆生物质燃烧排放的污染物清单 [J]. 中国环境科学（4）：389-393.

曹国良，张小曳，王亚强，等，2007. 中国区域农田秸秆露天焚烧排放量的估算 [J]. 科学通报（15）：1826-1831.

曹阳，胡继亮，2010. 中国土地家庭承包制度下的农业机械化：基于中国 17 省（区、市）的调查数据 [J]. 中国农村经济（10）：57-65，76.

曹峥林，2019. 农业生产环节服务外包对规模经济的实现机理研究 [D]. 重庆：西南大学.

曹峥林，王钊，2018. 中国农业服务外包的演进逻辑与未来取向 [J]. 宏观经济研究（11）：116-127.

畅倩，张聪颖，王林蔚，金博宇，赵敏娟，2021. 非农就业对黄河流域中上游地区农户种植结构的影响 [J]. 中国农村经济（11）：89-106.

陈宝珍，任金政，2019. 粮食生产生态效率测算与改善路径 [J]. 江苏农业学报，35（1）：211-218.

陈超，黄宏伟，2012. 基于角色分化视角的稻农生产环节外包行为研究：来自江苏省三县（市）的调查 [J]. 经济问题（9）：87-92.

陈飞，翟伟娟，2015. 农户行为视角下农地流转诱因及其福利效应研究 [J]. 经济研究，50（10）：163-177.

陈阜，2018. 现代有机旱作农业与技术创新需求 [J]. 农业技术与装备，342（6）：9 - 10, 13.

陈宏伟，穆月英，2019. 农业生产性服务的农户增收效应研究：基于内生转换模型的实证 [J]. 农业现代化研究，40（3）：403 - 411.

陈江华，2018. 农地确权与农业生产环节外包 [D]. 广州：华南农业大学.

陈敏鹏，陈吉宁，赖斯芸，2006. 中国农业和农村污染的清单分析与空间特征识别 [J]. 中国环境科学（6）：751 - 755.

陈品，孙顶强，钟甫宁，2018. 劳动力短缺背景下农时延误、产量损失与外包服务利用影响 [J]. 现代经济探讨（8）：112 - 118.

陈思羽，李尚蒲，2014. 农户生产环节外包的影响因素：基于威廉姆森分析范式的实证研究 [J]. 南方经济（12）：105 - 110.

陈文浩，谢琳，2015. 农业纵向分工：服务外包的影响因子测度：基于专家问卷的定量评估 [J]. 华中农业大学学报（社会科学版）（2）：17 - 24.

陈锡文，2002. 环境问题与中国农村发展 [J]. 管理世界（1）：5 - 8.

陈锡文，2017. 论农业供给侧结构性改革 [J]. 中国农业大学学报（社会科学版），34（2）：5 - 13.

陈霄，2013. 农地规模利用和集约经营：新型农业经营体系的关键环节 [J]. 中国党政干部论坛（10）：72 - 74.

陈新华，王厚俊，2016. 基于生态效率评价视角的广东省农业生产效率研究 [J]. 农业技术经济（4）：94 - 104.

陈秧分，王介勇，张凤荣，等，2021. 全球化与粮食安全新格局 [J]. 自然资源学报，36（6）：1362 - 1380.

陈昭玖，胡雯，2016. 农地确权、交易装置与农户生产环节外包：基于"斯密-杨格"定理的分工演化逻辑 [J]. 农业经济问题，37（8）：16 - 24, 110.

陈哲，李晓静，夏显力，2022. 参与环节外包对农户生产效率的影响研究：基于陕西省关中平原 887 户农户调研数据 [J]. 农业技术经济（11）：131 - 144.

陈哲，李晓静，夏显力，等，2021. 城镇化发展对农业绿色生产效率的影响 [J]. 统计与决策，37（12）：99 - 102.

成刚，钱振华，2012. 基于相邻共同参比方法的 Malmquist 模型 [J]. 系统工程，30（2）：105 - 109.

程琳琳，2018. 中国农业碳生产率时空分异：机理与实证 [D]. 武汉：华中农业大学.

程永毅，2015. 生产率增长、资源节约与污染减排 [D]. 杭州：浙江大学.

崔海霞，宗义湘，赵帮宏，2018. 欧盟农业绿色发展支持政策体系演进分析：基于 OECD 农业政策评估系统 [J]. 农业经济问题，461（5）：130 - 142.

崔宁波，董晋，2021. 主产区粮食生产安全：地位、挑战与保障路径 [J]. 农业经济问题（7）：130 - 144.

大卫·皮尔斯等，1996. 绿色经济的蓝图 [M]. 北京：北京师范大学出版社.

邓旭霞，刘纯阳，2014. 湖南省循环农业技术水平综合评价与分析 [J]. 湖北农业科学，53（7）：1706-1711.

董程成，2012. 非农兼业、耕地特征与农业社会化服务需求意愿：以病虫害专业化统防统治为例 [J]. 科技和产业，12（5）：125-130.

董欢，2015. 农业机械化的微观行为选择及其影响因素：基于农户禀赋及种植环节的实证分析 [J]. 农村经济（7）：85-90.

杜志雄，韩磊，2020. 供给侧生产端变化对中国粮食安全的影响研究 [J]. 中国农村经济（4）：2-14.

段华平，牛永志，李凤博，等，2009. 耕作方式和秸秆还田对直播稻产量及稻田土壤碳固定的影响 [J]. 江苏农业学报，25（3）：706-708.

段培，2018. 农业生产环节外包行为响应与经济效应研究 [D]. 咸阳：西北农林科技大学.

段培，王礼力，罗剑朝，2017. 种植业技术密集环节外包的个体响应及影响因素研究：以河南和山西 631 户小麦种植户为例 [J]. 中国农村经济（8）：29-44.

方师乐，卫龙宝，史新杰，2018. 中国特色的农业机械化路径研究：俱乐部理论的视角 [J]. 农业经济问题（9）：55-65.

方永丽，曾小龙，2021. 中国省际农业生态效率评价及其改进路径分析 [J]. 农业资源与环境学报，38（1）：135-142.

付伟，罗明灿，陈建成，2021. 农业绿色发展演变过程及目标实现路径研究 [J]. 生态经济，37（7）：97-103.

盖兆雪，孙萍，张景奇，2017. 环境约束下的粮食主产区耕地利用效率时空演变特征 [J]. 经济地理，37（12）：163-171.

高峰，赵密霞，2014. 美国、日本、法国农业社会化服务体系的比较 [J]. 世界农业（4）：35-37.

高晶晶，史清华，2019. 农户生产性特征对农药施用的影响：机制与证据 [J]. 中国农村经济（11）：83-99.

高梦滔，姚洋，2006. 农户收入差距的微观基础：物质资本还是人力资本？ [J]. 经济研究（12）：71-80.

高明，左振明，姜涛，2017. 基于绿色施工管理理念下的建筑施工管理 [J]. 黑龙江科技信息（5）：199.

高强，孔祥智，2013. 我国农业社会化服务体系演进轨迹与政策匹配：1978—2013 年 [J]. 改革（4）：5-18.

高杨，牛子恒，2018. 农业信息化、空间溢出效应与农业绿色全要素生产率：基于 SBM-ML 指数法和空间杜宾模型 [J]. 统计与信息论坛，33（10）：66-75.

郜亮亮，2020. 中国农户在农地流转市场上能否如愿以偿：流转市场的交易成本考察 [J].

中国农村经济（3）：78-96.

格鲁伯，沃克，1993. 服务业的增长：原因与影响［M］. 上海：上海三联书店.

葛鹏飞，王颂吉，黄秀路，2018. 中国农业绿色全要素生产率测算［J］. 中国人口·资源
　　与环境，28（5）：66-74.

巩前文，李学敏，2020. 农业绿色发展指数构建与测度：2005—2018 年［J］. 改革，311
　　（1）：133-145.

谷家川，查良松，2013. 皖江城市带农田生态系统碳排放动态研究［J］. 长江流域资源与
　　环境，22（1）：81-87.

管延芳，2017. 中国农村土地流转信托推进农业绿色发展探究［J］. 农业经济（2）：
　　18-20.

郭海红，张在旭，2019. 新型城镇化对农业绿色全要素生产率的门槛效应［J］. 湖南师范
　　大学社会科学学报，48（2）：55-63.

郭迷，2011. 中国农业绿色发展指标体系构建及评价研究［D］. 北京：北京林业大学.

郭霞，朱建军，刘晓光，2015. 农技推广服务外包农户支付意愿及支付水平影响因素的实
　　证分析：基于山东省种植业农户的调查［J］. 农业现代化研究，36（1）：62-67.

韩长赋，2018. 大力推进质量兴农绿色兴农加快实现农业高质量发展［J］. 甘肃农业（5）：
　　6-10.

韩春虹，张德元，2020. 土地托管影响粮食产出的内在机制及效率制约因素［J］. 农业技
　　术经济（3）：32-41.

韩海彬，张莉，2015. 农业信息化对农业全要素生产率增长的门槛效应分析［J］. 中国农
　　村经济（8）：11-21.

何安华，孔祥智，2011. 农民专业合作社对成员服务供需对接的结构性失衡问题研究［J］.
　　农村经济（8）：6-9.

何可，宋洪远，2021. 资源环境约束下的中国粮食安全：内涵、挑战与政策取向［J］. 南
　　京农业大学学报（社会科学版），21（3）：45-57.

衡霞，程世云，2014. 农地流转中的农民权益保障研究：以土地托管组织为例［J］. 农村
　　经济（2）：66-70.

洪炜杰，罗必良，2018. 地权稳定能激励农户对农地的长期投资吗［J］. 学术研究（9）：
　　78-86，177.

洪自同，郑金贵，2012. 农业机械购置补贴政策对农户粮食生产行为的影响：基于福建的
　　实证分析［J］. 农业技术经济（11）：41-48.

胡霞，2009. 日本农业扩大经营规模的经验与启示［J］. 经济理论与经济管理（3）：
　　61-65.

胡新艳，陈相波，饶应巧，2021. 农业服务外包如何影响农地流转：来自河南麦区的分析
　　［J］. 农村经济，467（9）：44-52.

胡新艳，朱文珏，罗锦涛，2015. 农业规模经营方式创新：从土地逻辑到分工逻辑［J］.

江海学刊（2）：75－82，238.

胡雪萍，董红涛，2015. 构建绿色农业投融资机制须破解的难题及路径选择［J］. 中国人
　　口·资源与环境，25（6）：152－158.

胡雪枝，钟甫宁，2012. 农村人口老龄化对粮食生产的影响：基于农村固定观察点数据的
　　分析［J］. 中国农村经济（7）：29－39.

胡祎，张正河，2018. 农机服务对小麦生产技术效率有影响吗？［J］. 中国农村经济，401
　　（5）：68－83.

胡宜挺，肖志敏，2014. 农户农业生产环节外包行为影响因素分析：基于内蒙古宁城县玉
　　米种植户调研数据［J］. 广东农业科学，41（19）：226－231.

宦梅丽，侯云先，2020. 农业生产环节外包中服务质量控制契约研究［J］. 农林经济管理
　　学报，19（3）：288－296.

宦梅丽，侯云先，2021. 农机服务、农村劳动力结构变化与中国粮食生产技术效率［J］.
　　华中农业大学学报（社会科学版）（1）：69－80，177.

黄季焜，2021. 对近期与中长期中国粮食安全的再认识［J］. 农业经济问题（1）：19－26.

黄季焜，邓衡山，徐志刚，2010. 中国农民专业合作经济组织的服务功能及其影响因素
　　［J］. 管理世界（5）：75－81.

黄祖辉，高钰玲，2012. 农民专业合作社服务功能的实现程度及其影响因素［J］. 中国农
　　村经济（7）：4－16.

黄祖辉，王建英，陈志钢，2014. 非农就业、土地流转与土地细碎化对稻农技术效率的影
　　响［J］. 中国农村经济（11）：4－16.

黄祖辉，钟颖琦，王晓莉，2016. 不同政策对农户农药施用行为的影响［J］. 中国人口·
　　资源与环境，26（8）：148－155.

纪月清，钟甫宁，2013. 非农就业与农户农机服务利用［J］. 南京农业大学学报（社会科
　　学版），13（5）：47－52.

冀名峰，2018. 农业生产性服务业：我国农业现代化历史上的第三次动能［J］. 农业经济
　　问题（3）：9－15.

冀名峰，李琳，2019. 关于加快发展农业生产性服务业的四个问题［J］. 农村工作通讯
　　（8）：39－44.

江雪萍，2014. 农业分工：生产环节的可外包性：基于专家问卷的测度模型［J］. 南方经
　　济（12）：96－104.

姜长云，2020. 论农业生产托管服务发展的四大关系［J］. 农业经济问题，489（9）：
　　55－63.

姜长云，李俊茹，王一杰，赵炜科，2021. 近年来我国农民收入增长的特点、问题与未来
　　选择［J］. 南京农业大学学报（社会科学版），21（3）：1－21.

姜长云，王一杰，2019. 新中国成立 70 年来我国推进粮食安全的成就、经验与思考［J］.
　　农业经济问题（10）：10－23.

姜松，周洁，邱爽，2021. 适度规模经营是否能抑制农业面源污染：基于动态门槛面板模型的实证 [J]. 农业技术经济 (7)：33-48.

蒋和平，蒋辉，2014. 农业适度规模经营的实现路径研究 [J]. 农业经济与管理 (1)：5-11.

金芳，金荣学，2020. 财政支农影响农业产业结构变迁的空间效应分析 [J]. 财经问题研究 (5)：82-91.

金书秦，牛坤玉，韩冬梅，2020. 农业绿色发展路径及其"十四五"取向 [J]. 改革 (2)：30-39.

金兆怀，2002. 我国农业社会化服务体系建设的国外借鉴和基本思路 [J]. 当代经济研究 (8)：38-41.

金钟范，2005. 韩国亲环境农业发展政策实践与启示 [J]. 农业经济问题 (3)：73-78，80.

靖培星，赵伟峰，郑谦，等，2018. 安徽省农业绿色发展水平动态预测及路径研究 [J]. 中国农业资源与区划，39 (10)：51-56.

孔祥智，2015. 合作与服务是供销合作社综合改革的正确方向 [J]. 中国合作经济 (2)：45-46.

孔祥智，穆娜娜，2018. 实现小农户与现代农业发展的有机衔接 [J]. 农村经济 (2)：1-7.

赖良玉，2018. 农业生产环节外包对农户种植结构的影响研究 [D]. 南昌：江西农业大学.

赖斯芸，杜鹏飞，陈吉宁，2004. 基于单元分析的非点源污染调查评估方法 [J]. 清华大学学报 (自然科学版) (9)：1184-1187.

黎璇，齐文娥，张浩军，2017. 农业生产环节外包实证研究：基于纯荔枝种植户的调查 [J]. 南方农村，33 (4)：4-9，19.

李波，张俊飚，李海鹏，2011. 中国农业碳排放时空特征及影响因素分解 [J]. 中国人口·资源与环境，21 (8)：80-86.

李翠霞，许佳彬，王洋，2021. 农业绿色生产社会化服务能提高农业绿色生产率吗 [J]. 农业技术经济 (9)：36-49.

李登旺，王颖，2013. 土地托管：农民专业合作社的经营方式创新及动因分析：以山东省嘉祥县为例 [J]. 农村经济 (8)：37-41.

李谷成，2014. 中国农业的绿色生产率革命：1978—2008 年 [J]. 经济学 (季刊)，13 (2)：537-558.

李谷成，范丽霞，闵锐，2011. 资源、环境与农业发展的协调性：基于环境规制的省级农业环境效率排名 [J]. 数量经济技术经济研究，28 (10)：21-36，49.

李谷成，冯中朝，范丽霞，2010. 小农户真的更加具有效率吗：来自湖北省的经验证据 [J]. 经济学 (季刊)，9 (1)：95-124.

李谷成，李欠男，2022. "两型社会"试验区的设立促进了农业绿色发展吗：基于 PSM-DID 模型的实证 [J]. 农林经济管理学报，21（2）：127-135.

李谷成，李烨阳，周晓时，2018. 农业机械化、劳动力转移与农民收入增长：孰因孰果？ [J]. 中国农村经济，407（11）：112-127.

李国祥，2017. 农业绿色发展是大势所趋 [J]. 中国农资，（43）：13.

李京，2021. 电子商务环境下我国国际贸易发展研究 [J]. 现代商业（33）：91-93.

李井奎，2015. 经济学中的劳动分工：一场经济思想史的旅行 [J]. 学术月刊，47（10）：79-87.

李佩，罗必良，2022. 农机作业服务市场的"本地化"及其"价格悖论" [J]. 华中农业大学学报（社会科学版）（3）：47-57.

李平，付一夫，张艳芳，2017. 生产性服务业能成为中国经济高质量增长新动能吗 [J]. 中国工业经济（12）：5-21.

李欠男，李谷成，尹朝静，2022. 中国农业绿色发展水平的地区差异及收敛性：基于地级市面板数据的实证 [J]. 中国农业大学学报，27（2）：230-242.

李庆江，廖超子，刘建华，等，2014. 绿色生产视角下的"三品一标"发展研究 [J]. 中国农业资源与区划，35（5）：135-138.

李荣耀，2015. 农户对农业社会化服务的需求优先序研究：基于 15 省微观调查数据的分析 [J]. 西北农林科技大学学报（社会科学版），15（1）：86-94.

李寅秋，陈超，2011. 细碎化、规模效应与稻农投入产出效率 [J]. 华南农业大学学报（社会科学版），10（3）：72-78.

李寅秋，申红芳，2015. 华东地区农业生产环节外包供给行为研究：以水稻为例 [J]. 农业部管理干部学院学报（1）：17-23.

李迎春，林而达，甄晓林，2007. 农业温室气体清单方法研究最新进展 [J]. 地球科学进展（10）：1076-1080.

李由甲，2017. 我国绿色农业发展的路径选择 [J]. 农业经济（3）：6-6.

李忠旭，庄健，2021. 土地托管对农户家庭经济福利的影响：基于非农就业与农业产出的中介效应 [J]. 农业技术经济（1）：20-31.

梁俊，龙少波，2015. 农业绿色全要素生产率增长及其影响因素 [J]. 华南农业大学学报（社会科学版），14（3）：1-12.

梁流涛，2009. 农村生态环境时空特征及其演变规律研究 [D]. 南京：南京农业大学.

梁流涛，曲福田，冯淑怡，2012. 基于环境污染约束视角的农业技术效率测度 [J]. 自然资源学报，27（9）：1580-1589.

梁志会，张露，刘勇，等，2020. 农业分工有利于化肥减量施用吗：基于江汉平原水稻种植户的实证 [J]. 中国人口·资源与环境，30（1）：150-159.

林文声，王志刚，王美阳，等，2018. 农地确权、要素配置与农业生产效率：基于中国劳动力动态调查的实证分析 [J]. 中国农村经济（8）：64-82.

刘超，朱满德，陈其兰，2018. 农业机械化对我国粮食生产的影响：产出效应、结构效应和外溢效应 [J]. 农业现代化研究，39（4）：591-600.

刘浩，刘宇荧，傅新红，2021. 合作社标准化生产服务能够提升农户收入吗？[J]. 农村经济（12）：55-62.

刘慧屿，赵颖，何志刚，等，2021. 辽宁省玉米化肥施用现状及存在问题与建议 [J]. 玉米科学，29（3）：128-136.

刘家成，徐志刚，2021. 农户生产外包联合行动的规模效应、行动逻辑与环节异质性 [J]. 农业技术经济（1）：4-19.

刘家成，钟甫宁，徐志刚，仇焕广，2019. 劳动分工视角下农户生产环节外包行为异质性与成因 [J]. 农业技术经济（7）：4-14.

刘敏，2020. 农机投入对农业绿色全要素生产率的影响及门槛效应研究 [D]. 长春：吉林农业大学.

刘同山，2018. 农地流转不畅对粮食产量有何影响：以黄淮海农区小麦生产为例 [J]. 中国农村经济，408（12）：103-116.

刘新智，李奕，2016. 政府购买农业技术推广服务存在的问题及对策 [J]. 经济纵横（5）：79-83.

刘业进，2009. 生物演化、文化演化和个体感知三个维度上的交换与分工 [J]. 制度经济学研究（4）：203-218.

刘应元，冯中朝，李鹏，等，2014. 中国生态农业绩效评价与区域差异 [J]. 经济地理，34（3）：24-29.

刘勇，2009. 科技投入与经济增长的灰色关联度分析：基于广东省与全国的比较 [J]. 科技管理研究，29（9）：132-134.

刘云达，2020. 吉林省农产品主产区农业绿色发展格局、过程与机理研究 [D]. 哈尔滨：中国科学院大学（中国科学院东北地理与农业生态研究所）.

卢华，陈仪静，胡浩，耿献辉，2021. 农业社会化服务能促进农户采用亲环境农业技术吗 [J]. 农业技术经济（3）：36-49.

卢华，胡浩，2015. 土地细碎化、种植多样化对农业生产利润和效率的影响分析：基于江苏农户的微观调查 [J]. 农业技术经济（7）：4-15.

卢宇桐，2017. 基于风险视角的农业生产性服务需求研究 [D]. 南京：南京农业大学.

芦千文，2019. 新时代发展农业生产性服务业的新要求 [J]. 农业经济与管理（3）：33-41.

芦千文，丁俊波，2021. 农业生产性服务业高质量发展的认识误区和"十四五"推进策略 [J]. 农业经济与管理（2）：22-31.

芦千文，苑鹏，2021. 农业生产托管与稳固中国粮食安全战略根基 [J]. 南京农业大学学报（社会科学版），21（3）：58-67.

鲁钊阳，2013. 省域视角下农业科技进步对农业碳排放的影响研究 [J]. 科学学研究，31

（5）：674 - 683.

陆岐楠，张崇尚，仇焕广，2017. 农业劳动力老龄化、非农劳动力兼业化对农业生产环节外包的影响 [J]. 农业经济问题，38（10）：27 - 34.

陆文聪，谢昌财，2017. 社会关系、信息网络对新农民工收入的影响：基于熵均衡法的实证分析 [J]. 中国人口科学（4）：54 - 65，127.

吕娜，朱立志，2019. 中国农业环境技术效率与绿色全要素生产率增长研究 [J]. 农业技术经济（4）：95 - 103.

吕炜，张晓颖，王伟同，2015. 农机具购置补贴、农业生产效率与农村劳动力转移 [J]. 中国农村经济（8）：22 - 32.

吕新业，冀县卿，2013. 关于中国粮食安全问题的再思考 [J]. 农业经济问题，34（9）：15 - 24.

吕耀福，2013. 农户农业外包服务需求及其影响因素研究 [D]. 雅安：四川农业大学.

栾健，韩一军，高颖，2022. 农业生产性服务能否保障农民种粮收益 [J]. 农业技术经济（5）：35 - 48.

罗必良，2008. 合作机理、交易对象与制度绩效：温氏集团与长青水果场的比较研究 [J]. 中国制度变迁的案例研究，4（2）：542 - 593.

罗必良，2008. 论农业分工的有限性及其政策含义 [J]. 贵州社会科学（1）：80 - 87.

罗必良，2014. 农业经营制度的理论轨迹及其方向创新：川省个案 [J]. 改革（2）：96 - 112.

罗必良，2017. 论服务规模经营：从纵向分工到横向分工及连片专业化 [J]. 中国农村经济，395（11）：2 - 16.

罗必良，2017. 论服务规模经营：从纵向分工到横向分工及连片专业化 [J]. 中国农村经济，395（11）：2 - 16.

罗必良，仇童伟，2018. 中国农业种植结构调整："非粮化"抑或"趋粮化" [J]. 社会科学战线（2）：39 - 51，2.

罗必良，张露，仇童伟，2018. 小农的种粮逻辑：40 年来中国农业种植结构的转变与未来策略 [J]. 南方经济（8）：1 - 28.

罗丽丽，2016. 中国粮食生产的绿色技术效率和绿色全要素生产率研究 [D]. 武汉：华中科技大学.

罗明忠，段珺，2014. 农村劳动力非农就业对农地流转影响的实证分析 [C] //广东经济学会. 市场经济与全面深化改革：2014 岭南经济论坛论文集. 华南农业大学经济管理学院；华南农业大学：328 - 337.

马国群，谭砚文，2021. 环境规制对农业绿色全要素生产率的影响研究：基于面板门槛模型的分析 [J]. 农业技术经济（5）：77 - 92.

冒佩华，徐骥，2015. 农地制度、土地经营权流转与农民收入增长 [J]. 管理世界（5）：63 - 74，88.

孟祥海，周海川，杜丽永，等，2019. 中国农业环境技术效率与绿色全要素生产率增长变迁：基于种养结合视角的再考察 [J]. 农业经济问题（6）：9-22.

米巧，2020. 农业分工背景下棉农生产环节外包行为研究 [D]. 咸阳：西北农林科技大学.

闵锐，李谷成，2012. 环境约束条件下的中国粮食全要素生产率增长与分解：基于省域面板数据与序列 Malmquist-Luenberger 指数的观察 [J]. 经济评论（5）：34-42.

闵师，项诚，赵启然，等，2018. 中国主要农产品生产的机械劳动力替代弹性分析：基于不同弹性估计方法的比较研究 [J]. 农业技术经济（4）：4-14.

农业部经管司，经管总站研究课题组，关锐捷，2012. 构建新型农业社会化服务体系初探 [J]. 毛泽东邓小平理论研究（4）：6-12，114.

潘丹，2012. 考虑资源环境因素的中国农业生产率研究 [D]. 南京：南京农业大学.

潘丹，2014. 考虑资源环境因素的中国农业绿色生产率评价及其影响因素分析 [J]. 中国科技论坛（11）：149-154.

潘丹，应瑞瑶，2013. 资源环境约束下的中国农业全要素生产率增长研究 [J]. 资源科学，35（7）：1329-1338.

潘经韬，2019. 农业机械化服务对粮食生产的影响研究 [D]. 武汉：中南财经政法大学.

彭代彦，2002. 农村基础设施投资与农业解困 [J]. 经济学家（5）：79-82.

彭立群，张强，贺克斌，2016. 基于调查的中国秸秆露天焚烧污染物排放清单 [J]. 环境科学研究，29（8）：1109-1118.

彭柳林，2019. 劳动力老龄化、农业生产性服务与粮食产量 [D]. 南昌：江西财经大学.

彭新宇，2019. 农业服务规模经营的利益机制：基于产业组织视角的分析 [J]. 农业经济问题（9）：74-84.

普冀喆，吕新业，钟钰，2019. 产需张弛视角下粮食政策演进逻辑及未来取向 [J]. 改革（4）：103-114.

钱龙，钱文荣，洪名勇，2016. 就近务工提升了农民工城镇化意愿吗：基于贵阳市的调查 [J]. 农业现代化研究，37（1）：102-109.

邱海兰，唐超，2019. 农业生产性服务能否促进农民收入增长 [J]. 广东财经大学学报，34（5）：100-112.

邱潋，2018. 供求视角下我国粮食生产社会化服务发展研究 [D]. 长沙：湖南农业大学.

任嘉敏，马延吉，2018. 东北老工业基地绿色发展评价及障碍因素分析 [J]. 地理科学，38（7）：1042-1050.

阮华，2021. 土地流转对粮食绿色生产技术效率的影响 [D]. 南昌：江西财经大学.

尚杰，耿增超，陈心想，等，2015. 施用生物炭对旱作农田土壤有机碳、氮及其组分的影响 [J]. 农业环境科学学报，34（3）：509-517.

申红芳，陈超，廖西元，王磊，2015. 稻农生产环节外包行为分析：基于7省21县的调查 [J]. 中国农村经济（5）：44-57.

沈满洪，何灵巧，2002. 外部性的分类及外部性理论的演化［J］. 浙江大学学报（人文社会科学版）(1)：152-160.

石凯含，尚杰，2021. 农业面源污染防治政策的演进轨迹、效应评价与优化建议［J］. 改革（5）：146-155.

史常亮，2024. 土地流转对农业高质量发展的影响：基于绿色全要素生产率视角［J］. 自然资源学报，39（6）：1418-1433.

宋海英，姜长云，2015. 农户对农机社会化服务的选择研究：基于8省份小麦种植户的问卷调查［J］. 农业技术经济（9）：27-36.

宋浩楠，钱龙，张士云，栾敬东，2020. 土地禀赋、地权稳定与规模农户耕地质量保护行为［J］. 中国西部，371（6）：69-83.

苏卫良，刘承芳，张林秀，2016. 非农就业对农户家庭农业机械化服务影响研究［J］. 农业技术经济（10）：4-11.

孙顶强，Misgina Asmelash，卢宇桐，等，2019. 作业质量监督、风险偏好与农户生产外包服务需求的环节异质性［J］. 农业技术经济（4）：4-15.

孙顶强，卢宇桐，田旭，2016. 生产性服务对中国水稻生产技术效率的影响：基于吉、浙、湘、川4省微观调查数据的实证分析［J］. 中国农村经济（8）：70-81.

孙炜琳，王瑞波，姜茜，等，2019. 农业绿色发展的内涵与评价研究［J］. 中国农业资源与区划，40（4）：14-21.

孙小燕，韩培培，刘小瑜，2021. 土地托管与兼业农户粗放种粮的缓解机制及效果检验［J］. 中国人口·资源与环境，31（6）：135-146.

孙小燕，刘雍，2019. 土地托管能否带动农户绿色生产？［J］. 中国农村经济，418（10）：60-80.

孙晓燕，苏昕，2012. 土地托管、总收益与种粮意愿：兼业农户粮食增效与务工增收视角［J］. 农业经济问题，33（8）：102-108，112.

孙新华，2013. 农业经营主体：类型比较与路径选择：以全员生产效率为中心［J］. 经济与管理研究（12）：59-66.

檀竹平，洪炜杰，罗必良，2019. 农业劳动力转移与种植结构"趋粮化"［J］. 改革（7）：111-118.

唐林，罗小锋，张俊飚，2021. 购买农业机械服务增加了农户收入吗：基于老龄化视角的检验［J］. 农业技术经济（1）：46-60.

陶园，王少丽，管孝艳，等，2019. 青海省农业面源污染源特征分析［J］. 农业工程学报，35（10）：164-172.

田伟，杨璐嘉，姜静，2014. 低碳视角下中国农业环境效率的测算与分析：基于非期望产出的SBM模型［J］. 中国农村观察（5）：59-71，95.

田旭，王善高，2016. 中国粮食生产环境效率及其影响因素分析［J］. 资源科学，38（11）：2106-2116.

田云，张俊飚，李波，2012. 中国林业产业综合竞争力空间差异分析 [J]. 干旱区资源与环境，26 (12)：8 - 13.

汪成，高红贵，2017. 粮食安全背景下农业生态安全与绿色发展：以湖北省为例 [J]. 生态经济，33 (4)：107 - 109，114.

王宝义，张卫国，2016. 中国农业生态效率测度及时空差异研究 [J]. 中国人口·资源与环境，26 (6)：11 - 19.

王建英，陈志钢，黄祖辉，等，2015. 转型时期土地生产率与农户经营规模关系再考察 [J]. 管理世界 (9)：65 - 81.

王建英，黄远水，邹利林，等，2016. 生态约束下的乡村旅游用地空间布局规划研究：以福建省晋江市紫星村为例 [J]. 中国生态农业学报，24 (4)：544 - 552.

王竞佼，隋文香，2010. 农村土地托管制度探讨 [J]. 经济师 (1)：48 - 49.

王俊芳，2017. 生物质秸秆露天焚烧污染物排放特性及排放规模研究 [D]. 杭州：浙江大学.

王奇，王会，陈海丹，2012. 中国农业绿色全要素生产率变化研究：1992—2010 年 [J]. 经济评论 (5)：24 - 33.

王全忠，陈欢，周宏，2015. 农机服务与农户稻作制度选择研究：基于要素替代与收入效应视角的分析 [J]. 农业经济与管理 (6)：30 - 45.

王帅，赵荣钦，杨青林，等，2020. 碳排放约束下的农业生产效率及其空间格局：基于河南省 65 个村庄的调查 [J]. 自然资源学报，35 (9)：2092 - 2104.

王颜齐，郭翔宇，2018. 种植户农业雇佣生产行为选择及其影响效应分析：基于黑龙江和内蒙古大豆种植户的面板数据 [J]. 中国农村经济 (4)：106 - 120.

王玉斌，李乾，2019. 农业生产性服务、粮食增产与农民增收：基于 CHIP 数据的实证分析 [J]. 财经科学 (3)：92 - 104.

王志刚，申红芳，廖西元，2011. 农业规模经营：从生产环节外包开始：以水稻为例 [J]. 中国农村经济 (9)：4 - 12.

魏琦，张斌，金书秦，2018. 中国农业绿色发展指数构建及区域比较研究 [J]. 农业经济问题 (11)：11 - 20.

温小林，马媛媛，庄义庆，2015. 偏态技术、服务外包与农业现代化 [J]. 山西农业大学学报 (社会科学版)，14 (3)：259 - 262.

吴传清，宋子逸，2018. 长江经济带农业绿色全要素生产率测度及影响因素研究 [J]. 科技进步与对策，35 (17)：35 - 41.

伍骏骞，方师乐，李谷成，徐广彤，2017. 中国农业机械化发展水平对粮食产量的空间溢出效应分析：基于跨区作业的视角 [J]. 中国农村经济 (6)：44 - 57.

武舜臣，宦梅丽，马婕，2021. 服务外包程度与粮食生产效率提升：农机作业外包更具优势吗？[J]. 当代经济管理，43 (3)：49 - 56.

夏蓓，2017. 种粮大户对农业社会化服务的需求及供给状况研究 [D]. 扬州：扬州大学.

夏雯雯，杜志雄，郜亮亮，2019. 土地经营规模对测土配方施肥技术应用的影响研究：基于家庭农场监测数据的观察 [J]. 中国土地科学，33 (11)：70 - 78.

肖端，2015. 土地流转中的双重委托—代理模式研究：基于成都市土地股份合作社的调查 [J]. 农业技术经济 (2)：33 - 41.

肖琴，罗其友，周振亚，等，2020. 中国农业绿色生产效率的动态变迁与空间分异：基于 DDF-Global Malmquist-Luenberger 指数方法的分析 [J]. 农林经济管理学报，19 (5)：537 - 547.

肖锐，陈池波，2017. 财政支持能提升农业绿色生产率吗：基于农业化学品投入的实证分析 [J]. 中南财经政法大学学报 (1)：18 - 24，158.

谢琳，钟文晶，2017. 村干部身份、环节特性与社会化生产服务获得：基于市场合约与配额合约的比较研究 [J]. 农业技术经济 (3)：99 - 102.

徐飞宇，2013. 农业技术需求对农业生产环节外包的影响 [D]. 南京：南京农业大学.

徐鹏翔，沈玉君，丁京涛，等，2020. 规模化奶牛场粪污全量贮存及肥料化还田工艺设计 [J]. 农业工程学报，36 (21)：260 - 265.

徐勇，邓大才，2006. 社会化小农：解释当今农户的一种视角 [J]. 学术月刊 (7)：5 - 13.

许彩华，余劲，2020. "三权分置"背景下土地流转的收入效应分析：基于粮食主产区 3 省 10 县的农户调查 [J]. 华中农业大学学报（社会科学版）(1)：18 - 27，162.

许秀川，李容，李国珍，2017. 小规模经营与农户农机服务需求：一个两阶段决策模型的考察 [J]. 农业技术经济 (9)：45 - 57.

薛继亮，2012. 农村集体经济发展有效实现形式研究 [D]. 咸阳：西北农林科技大学.

薛蕾，2019. 农业产业集聚对农业绿色发展的影响研究 [D]. 成都：西南财经大学.

薛莹，2021. 基于交易费用视角农户农业生产性服务行为与契约选择研究 [D]. 沈阳：沈阳农业大学.

杨春玲，周肖肖，2010. 农民农业收入影响因素的实证分析 [J]. 财经论丛 (2)：13 - 18.

杨高第，张露，岳梦，等，2020. 农业社会化服务可否促进农业减量化生产：基于江汉平原水稻种植农户微观调查数据的实证分析 [J]. 世界农业 (5)：85 - 95.

杨汇泉，朱启臻，梁怡，2011. 统一主体与多元主体：农业社会化服务体系组织的权变性建构 [J]. 重庆大学学报（社会科学版），17 (2)：51 - 56.

杨进，2015. 中国农业机械化服务与粮食生产 [D]. 杭州：浙江大学.

杨进，郭松，张晓波，2013. 农机跨区作业发展：以江苏沛县为例 [J]. 中国农机化学报，34 (2)：14 - 19.

杨俊，陈怡，2011. 基于环境因素的中国农业生产率增长研究 [J]. 中国人口·资源与环境，21 (6)：153 - 157.

杨骞，司祥慧，王珏，2022. 减排增汇目标下中国粮食生产效率的测度及分布动态演进 [J]. 自然资源学报，37 (3)：600 - 615.

杨群义，2001. 加快农业社会化服务体系建设的思考 [J]. 农村经济 (3)：39 - 40.

杨唯一，鞠晓峰，2014. 基于博弈模型的农户技术采纳行为分析 [J]. 中国软科学 (11)：

42 - 49.

杨小凯，2003. 经济改革和宪政转轨：回应 [J]. 经济学（季刊）（3）：1005 - 1008.

杨芷晴，孔东民，2020. 我国农业补贴政策变迁、效应评估与制度优化 [J]. 改革（10）：114 - 127.

杨志海，2019. 生产环节外包改善了农户福利吗：来自长江流域水稻种植农户的证据 [J]. 中国农村经济（4）：73 - 91.

杨志明，2017. 中国特色农民工发展研究 [J]. 中国农村经济（10）：38 - 48.

杨子，2020. 农业社会化服务对农户土地规模经营行为及绩效的影响研究 [D]. 南京：南京农业大学.

杨子，张建，诸培新，2019. 农业社会化服务能推动小农对接农业现代化吗：基于技术效率视角 [J]. 农业技术经济（9）：16 - 26.

姚瑶，2013. 基于生态系统服务的关中地区土地资源生态安全研究 [D]. 西安：陕西师范大学.

尹成杰，2016. 加快推进农业绿色与可持续发展的思考 [J]. 农村工作通讯（5）：7 - 9.

应瑞瑶，徐斌，2017. 农作物病虫害专业化防治服务对农药施用强度的影响 [J]. 中国人口·资源与环境，27（8）：90 - 97.

尤小文，1999. 农户：一个概念的探讨 [J]. 中国农村观察（5）：19，21，53，20，22.

于法稳，2016. 实现我国农业绿色转型发展的思考 [J]. 生态经济，32（4）：42 - 44，88.

于法稳，2017. 中国农业绿色转型发展的生态补偿政策研究 [J]. 生态经济，33（3）：14 - 18，23.

于法稳，2018. 新时代农业绿色发展动因、核心及对策研究 [J]. 中国农村经济（5）：19 - 34.

于法稳，林珊，2022. 碳达峰、碳中和目标下农业绿色发展的理论阐释及实现路径 [J]. 广东社会科学，214（2）：24 - 32.

曾雅婷，Jin Yanhong，吕亚荣，2017. 农户劳动力禀赋、农地规模与农机社会化服务采纳行为分析：来自豫鲁冀的证据 [J]. 农业现代化研究，38（6）：955 - 962.

詹孟于，2021. 绿色发展下新型农业经营主体在乡村振兴中的功能及发展策略 [J]. 中国农学通报，37（35）：141 - 146.

展进涛，徐钰娇，2019. 环境规制、农业绿色生产率与粮食安全 [J]. 中国人口·资源与环境，29（3）：167 - 176.

张浩然，2021. 中国碳排放交易试点的环境、经济、技术效应研究 [D]. 太原：太原理工大学.

张鹤丰，2009. 中国农作物秸秆燃烧排放气态、颗粒态污染物排放特征的实验室模拟 [D]. 上海：复旦大学.

张恒，郭翔宇，2021. 农业生产性服务业发展与农业全要素生产率提升：地区差异性与空间效应 [J]. 农业技术经济（5）：93 - 107.

张红宇，2017. 实施乡村振兴战略需进一步深化农村改革［J］. 农村经营管理（11）：1.

张建锋，2020. 专业化分工视角下稻农的合作及其治理［D］. 重庆：西南大学.

张乐，曹静，2013. 中国农业全要素生产率增长：配置效率变化的引入：基于随机前沿生产函数法的实证分析［J］. 中国农村经济（3）：4-15.

张丽，李容，2020. 农机服务发展与粮食生产效率研究：2004—2016：基于变系数随机前沿分析［J］. 华中农业大学学报（社会科学版）（2）：67-77，165.

张丽娟，2021. 非农就业对农户是否选择购买地下水灌溉服务的影响：基于跨度16年5轮实地追踪调查数据的实证分析［J］. 中国农村经济（5）：124-144.

张利国，鲍丙飞，2016. 我国粮食主产区粮食全要素生产率时空演变及驱动因素［J］. 经济地理，36（3）：147-152.

张露，罗必良，2018. 小农生产如何融入现代农业发展轨道：来自中国小麦主产区的经验证据［J］. 经济研究，53（12）：144-160.

张露，罗必良，2019. 农业减量化及其路径选择：来自绿能公司的证据［J］. 农村经济（10）：9-21.

张露，罗必良，2021. 规模经济抑或分工经济：来自农业家庭经营绩效的证据［J］. 农业技术经济，310（2）：4-17.

张露，杨高第，李红莉，2022. 小农户融入农业绿色发展：外包服务的考察［J］. 华中农业大学学报（社会科学版）（4）：53-61.

张敏，杜天宝，2016. "绿色发展"理念下生态农业发展问题研究［J］. 经济纵横（9）：92-95.

张日波，2012. 分工思想何以被忽视：以马歇尔为中心的思想史考察［J］. 经济理论与经济管理（1）：28-35.

张士云，李博伟，2020. 种粮大户社会资本、雇佣劳动与生产效率关系研究：基于道德风险的视角［J］. 农业技术经济（4）：66-78.

张淑辉，2017. 异质性农村人力资本对农业绿色生产率的影响：基于中国省级面板数据［J］. 山西大学学报（哲学社会科学版），40（5）：127-138.

张天佐，2020. 农业社会化服务助推中国特色农业现代化［J］. 农村工作通讯（3）：1.

张溪，2021. 农村土地流转交易机制和制度存在的问题与改进建议研究［J］. 农业技术经济（2）：146.

张晓恒，周应恒，严斌剑，2017. 农地经营规模与稻谷生产成本：江苏案例［J］. 农业经济问题，38（2）：48-55，2.

张新喜，湾晓霞，2015. 周口市农村土地托管现状及发展建议［J］. 现代农业科技（1）：348-349.

张耀钢，应瑞瑶，2007. 农户技术服务需求的优先序及影响因素分析：基于江苏省种植业农户的实证研究［J］. 江苏社会科学（3）：65-71.

张英丽，2017. 农业机械化对城镇化及城乡收入差距的影响［J］. 国家行政学院学报（4）：

139-143，149.

张忠军，易中懿，2015. 农业生产性服务外包对水稻生产率的影响研究：基于358个农户的实证分析 [J]. 农业经济问题，36（10）：69-76.

章丹，徐志刚，刘家成，2022. 外包与流转：作业服务规模化是否延缓农地经营规模化：基于要素约束缓解与地租上涨的视角 [J]. 中国农村观察，164（2）：19-38.

赵大伟，2012. 中国绿色农业发展的动力机制及制度变迁研究 [J]. 农业经济问题，33（11）：72-78，111.

赵会杰，于法稳，2019. 基于熵值法的粮食主产区农业绿色发展水平评价 [J]. 改革（11）：136-146.

赵丽平，侯德林，王雅鹏，等，2016. 城镇化对粮食生产环境技术效率影响研究 [J]. 中国人口·资源与环境，26（3）：153-162.

赵培芳，王玉斌，2020. 农户兼业对农业生产环节外包行为的影响：基于湘皖两省水稻种植户的实证研究 [J]. 华中农业大学学报（社会科学版）（1）：38-46，163.

赵晓峰，赵祥云，2018. 新型农业经营主体社会化服务能力建设与小农经济的发展前景 [J]. 农业经济问题（4）：99-107.

赵鑫，张正河，任金政，2021. 农业生产性服务对农户收入有影响吗：基于800个行政村的倾向得分匹配模型实证分析 [J]. 农业技术经济（1）：32-45.

赵玉姝，焦源，高强，2013. 农技服务外包的作用机理及合约选择 [J]. 中国人口·资源与环境，23（3）：82-86.

郑风田，2001. 如何开拓苹果业国际市场 [J]. 北京农业（9）：4.

郑丽琳，刘东升，2021. 关于农民合作社助推农业绿色发展存在的问题与对策研究 [J]. 中国合作经济（8）：35-37.

郑旭媛，徐志刚，2017. 资源禀赋约束、要素替代与诱致性技术变迁：以中国粮食生产的机械化为例 [J]. 经济学（季刊），16（1）：45-66.

郑阳阳，罗建利，2019. 农户缘何不愿流转土地：行为背后的解读 [J]. 经济学家（10）：104-112.

郑云辰，2019. 流域生态补偿多元主体责任分担及其协同效应研究 [D]. 泰安：山东农业大学.

钟甫宁，2016. 正确认识粮食安全和农业劳动力成本问题 [J]. 农业经济问题，37（1）：4-9，110.

钟甫宁，向晶，2012. 人口结构、职业结构与粮食消费 [J]. 农业经济问题，33（9）：12-16，110.

钟真，胡珺祎，曹世祥，2020. 土地流转与社会化服务："路线竞争"还是"相得益彰"：基于山东临沂12个村的案例分析 [J]. 中国农村经济（10）：52-70.

钟真，谭玥琳，穆娜娜，2014. 新型农业经营主体的社会化服务功能研究：基于京郊农村的调查 [J]. 中国软科学（8）：38-48.

周丹，杨晓玉，刘翌，2016. 农产品生产环节中农户外包行为分析 [J]. 西北农林科技大学学报（社会科学版），16（3）：125 - 129.

周宏，王全忠，张倩，2014. 农村劳动力老龄化与水稻生产效率缺失：基于社会化服务的视角 [J]. 中国人口科学（3）：53 - 65，127.

周莉，2019. 乡村振兴背景下西藏农业绿色发展研究 [J]. 西北民族研究（3）：116 - 127.

周亮，车磊，周成虎，2019. 中国城市绿色发展效率时空演变特征及影响因素 [J]. 地理学报，74（10）：2027 - 2044.

周晓时，2017. 劳动力转移与农业机械化进程 [J]. 华南农业大学学报（社会科学版），16（3）：49 - 57.

周应堂，2007. 论农业劳动分工与新型农民培养 [J]. 农业经济（2）：14 - 17.

周振，2016. 农产品供求格局和区域分布变化对农业生产性服务业需求变化的影响：以农业机械服务业为例 [J]. 经济研究参考（51）：13 - 23.

周振，孔祥智，2019. 农业机械化对我国粮食产出的效果评价与政策方向 [J]. 中国软科学，340（4）：20 - 32.

周振，张琛，钟真，2019. "统分结合"的创新与农业适度规模经营：基于新田地种植专业合作社的案例分析 [J]. 农业经济问题（8）：49 - 58.

朱晶，臧星月，李天祥，2021. 新发展格局下中国粮食安全风险及其防范 [J]. 中国农村经济（9）：2 - 21.

朱玲，周科，2017. 低碳农业经济指标体系构建及对江苏省的评价 [J]. 中国农业资源与区划，38（5）：180 - 186.

朱秋博，白军飞，彭超，等，2019. 信息化提升了农业生产率吗？ [J]. 中国农村经济（4）：22 - 40.

左喆瑜，付志虎，2021. 绿色农业补贴政策的环境效应和经济效应：基于世行贷款农业面源污染治理项目的断点回归设计 [J]. 中国农村经济（2）：106 - 121.

Adam Smith，1776. An inquiry into the nature and causes of the wealth of nations [M]. Chicago：University of Chicago Press.

Ahmed，Md Zahir，et al.，2020. "Epidemic of COVID - 19 in China and associated Psychological Problems" [J]. Asian Journal of Psychiatry，51：102092 - 102092.

Akbar U，Li QL，Akmal MA，et al.，2021. Nexus between agro-ecological efficiency and carbon emission transfer：evidence from China [J]. Environmental Science and Pollution Research，28（32）：44 581.

Alston J M，Andersen M A，James J S，et al.，2011. Persistence Pays：U. S. Agricultural Productivity Growth and the Benefits from Public R&D Spending [M]. Natural Resource Management and Policy.

Alwarritzi W，Nanseki T，Chomei，Y et al.，2015. Analysis of the factors influencing the technical efficiency among oil palm smallholder farmers in indonesia [J]. Procedia

Environmental Sciences, 28: 630 - 638.

Armen A, Alchian, Harold Demsetz, 1972. Production, Information Costs and Economic Organization. IEEE Engineering Management Review [J]. 62 (5): 777 - 795.

Arriagada R A, Sills E O, Pattanayak S K, et al., 2010. Modeling fertilizer externalities around Palo Verde National Park, Costa Rica [J]. Agricultural Economics, 46 (6): 567 - 575.

Asai M, Reidsma P, Feng S, 2010. Impacts of agricultural land-use changes on biodiversity in Taihu Lake Basin, China: a multi-scale cause-effect approach considering multiple land-use functions [J]. International Journal of Biodiversity Science Ecosystem Services & Management, 6 (3 - 4): 119 - 130.

Asbahi Ahmed, Gang Feng, Iqbal Wasim, et al., 2019. Novel approach of Principal Component Analysis method to assess the national energy performance via Energy Trilemma Index [J]. Energy Reports, 5: 704 - 713.

Aslam M S, Pan H X, Bashir S, et al., 2021. Assessment of rice and wheat production efficiency based on data envelopment analysis [J]. Environmental Science and Pollution Research, 28 (29): 1 - 13.

Baiyegunhi L, Majokweni Z P, Ferrer S, 2019. Impact of outsourced agricultural extension program on smallholder farmers' net farm income in Msinga, KwaZulu-Natal, South Africa [J]. Technology in society, 57 (5): 1 - 7.

Ball V E, Bureau J C, Butault J P, et al., 2001. Levels of farm sector productivity: an international comparison [J], Journal of Productivity Analysis (15): 5 - 29.

Battese, George E, Timothy Coelli, 1995. "A model for technical inefficiency effects in a stochastic frontier production function for panel data" [J]. Empirical Economics, 20: 325 - 332.

Benin Samuel, 2016. Impact of Ghana's agricultural mechanization services center program [J]. Agricultural Economics, 46 (S1): 103 - 117.

Binam J N, Tonye J, Nyambi G, et al., 2004. Factors affecting the technical efficiency among smallholder farmers in the slash and burn agriculture zone of Cameroon [J]. Food Policy, 29 (5): 531 - 545,

Buono D D, 2021. Can biostimulants be used to mitigate the effect of anthropogenic climate change on agriculture? It is time to respond [J]. Science of The Total Environment, 751: 1 - 13.

Bünemann, Else K, Bongiorno, et al., 2018. Soil quality: A critical review [J]. Soil Biology and Biochemistry, 120: 105 - 125.

Chanda A, Dalfaard C J, 2008. Dual economies and international total factor productivity differences: channelling the impact from institutions, trade, and geography [J].

Economica，75（300）：629-661.

Chang H H，Mishra A K，2012. Chemical usage in production agriculture：Do crop insurance and off-farm work play a part? ［J］. Journal of Environmental Management，105：76-82.

Chen C，Lv Q，Tang Q，2022. Impact of bio-organic fertilizer and reduced chemical fertilizer application on physical and hydraulic properties of cucumber continuous cropping soil ［J］. Biomass Conversion and Biorefinery（11）：1-10.

Chen Y T，Peng J，Wang J，2015. Crop management based on multi-split topdressing enhances grain yield and nitrogen use efficiency in irrigates rice in China ［J］. Field Crops Research（184）：50-57.

Chernozhukov V，Hansen C，2005. Notes and Comments an IV Model of Quantile Treatment Effects ［J］. Econométrica Journal of the Econometric Society，73（1）：245-261.

Coase R H，1937. The nature of the firm ［J］. Economics，4（16）：386-405.

Coelli T J，Battese G E，1996. Identification of Factors Which Influence the Technical Inefficiency of Indian Farmers ［J］. Australian Journal of Agricultural Economics，40（2）：103-128.

Comin D，Hobijn B，2011. Technology diffusion and postwar growth ［J］. Nber macroeconomics annual，25（1）：209-246.

Cooper W W，Seiford L M，Tone K，2007. Data envelopment analysis：a comprehensive text with models，applications，references and DEA-solver software ［M］. Springer science & business media.

Dawson C J，Hilton J，2011. Fertilizer availability in a resource-limited world：Production and recycling of nitrogen and phosphorous ［J］. Food Policy（36）：14-22.

Dolgikh Y，2019. Evaluation and analysis of dynamics of change of efficiency of grain production in Ukraine by DEA method ［J］. Agricultural and Resource Economics：International Scientific E-Journal，5（3）：47-62.

dos Santos J S，dos Santos M L P，Csnti M M，et al.，2009. Evaluation of scme metals in Brazilian coffees cultivated during the process of conversion from conventional to organic agriculture ［J］，Food Chemistry，115（4）：1405-1410.

Douglass C North，1990. In：Institutions，Institutional Change and Economic Performance. Political Economy of Institutions and Decisions ［M］. Cambridge University Press.

Erisman J W，Galloway J N，Seitzinger S，et al.，2013. Consequences of human modification of the global nitrogen cycle ［J］. Philosophical Transactions cf The Royal Society B Biological Sciences，368（1621）：20130116.

Esposti R，Pierani P，2003. Public R&D Investment and Cost Structure in Italian Agricure，1960—1995 ［J］. European Review of Agricultural Economics，30（4）：

509 - 573.

FAO，2020.2020 年农产品市场状况：农产品市场和可持续发展：全球价值链、小农和数字创新［R/OL］.

Fernandez-Olmos M，Rosell-Martinez J，Espitia-Escuer M，2009. Vertical Integration in the Wine Industry：A Transaction Costs Analysis on the Rioja DOCa［J］. Agribusiness，25 (2)：231 - 250.

Fischer G，Winiwarter W，Ermolieva T，et al.，2010. Integrated modeling framework for assessment and mitigation of nitrogen pollution from agriculture：Concept and case study for China［J］. Agriculture Ecosystems & Environment，136（1 - 2）：116 - 124.

Francesco Di Maria，Federico Sisani，2019. A sustainability assessment for use on land or wastewater treatment of the digestate from bio-waste［J］. Waste Management（87），741 - 750.

Färe R，Grosskopf S，Pasurka C，1986. Effects on relative efficiency in electric power generation due to environmental controls［J］. Resources and Energy，8（2）：167 - 184.

Färe R，Shawna Grosskopf，1983. "Measuring Congestion in Production" ［J］. Journal of Economics，43（3）：257 - 71.

Gebrehiwot K G，2015. The impact of agricultural extension on households' welfare in Ethiopia［J］. International Journal of Social Economics，42（8）：733 - 748.

George Vlontzos，Spyros Niavis，Basil Manos，2014. A DEA approach for estimating the agricultural energy and environmental efficiency of EU countries［J］. Renewable and Sustainable Energy Reviews（40）：91 - 96.

Gershon Feder，1985. The relation between farm size and farm productivity：The role of family labor，supervision and credit constraints［J］. Journal of Development Economics，18（2 - 3）：297 - 313.

Gideon Kruseman，Jan Bade，1998. Agrarian policies for sustainable land use：bio-economic modelling to assess the effectiveness of policy instruments［J］. Agricultural Systems，58（3）：465 - 481.

Gillespie J，Nehring R，Sandretto C，et al.，2010. Forage Outsourcing in the Dairy Sector：The Extent of Use and Impact on Farm Profitability［J］. Agricultural and Resource Economics Review，39（3）：399 - 414.

Godfray H C J，et al.，2010. Food Security：The Challenge of Feeding 9 Billion People［J］. Science（327）：812 - 818.

Goksel Armagan，Altug Ozden，Selim Bekcioglu，2010. Efficiency and total factor productivity of crop production at NUTS1 level in Turkey：Malmquist index approach［J］. Qual Quant，44（3）：573 - 581.

Hallam D，2011. International investment in developing country agriculture：issues and challenges [J]. Food Security, 3 (1): 91-98.

Harrigan K R, 1985. Strategies of Intra-Firm Transfers and Outside Sourcing [J]. Academy of Management Journal, 28 (4): 914-925.

Hart O, Moore J, 1995. "Debt and seniority: an analysis of the role of hard claims in constraining management" [J]. American Economic Review, 85 (3): PP567-585.

Hess Sebastian, 2011. Outsourcing Decision of Pig Producers in BADEN-WÜRTTEMBERG" [C]. Conference Paper. 51st Annual Conference of the German Association of Agricultural Economists. Germany: Halle.

Holden S T, 2018. Fertilizer and sustainable intensification in Africa [J]. Global Food Security (18): 20-26.

Holden T S, Fisher M, Katengeza P S, et al., 2018. Can lead farmers reveal the adoption potential of conservation agriculture? The case of Malawi [J]. Land Use Policy (76): 113-123.

Holmstrom B, 1979. "Moral hazard and observability" [J]. Bell Journal of Economics, Vol. 10 (1): 74-91.

Holmstrom B, Costa J, 1986. "Managerial incentives and capital management" [J]. Quarterly Journal of Economics, Vol. 101 (4): 835-860.

Huang R, Mcgrath S P, Hirsch P R, et al., 2019. Plant-microbe networks in soil are weakened by century-long use of inorganic fertilizers [J]. Microbial Biotechnology, 12 (6): 1464-1475.

Huang Y C, Ding H B, Kao M R, 2009. Salient stakeholder voices: Family business and green innovation adoption [J]. Journal of Management & Organization, 15 (3): 309-326.

Ibarrola Rivas, M José, Nonhebel, et al., 2016. Variations in the Use of Resources for Food: Land, Nitrogen Fertilizer and Food Nexus [J]. Sustainability (8): 1 322.

Igata M, Hendriksen A, Heijman W J M, 2008. Agricultural outsourcing: A comparison between the Netherlands and Japan [J]. Apstract Applied Studies in Agribusiness & Commerce (2): 29-33.

Jane M F J, 2007. Agriculture opportunities to mitigate greenhouse gas emissions [J]. Environmental Pollution, 150 (1): 107-124.

Janker Judith, Mann Stefan, 2020. Understanding the social dimension of sustainability in agriculture: a critical review of sustainability assessment tools [J]. Environment Development and Sustainability, 22 (3): 1671-1691.

Jaraite J, Kazukauskas A, 2013. The profitability of electricity generating firms and policies promoting renewable energy [J]. Energy Economics, 40: 858-65.

Jeffrey G, Richard N, Carmen S, et al., 2010. Forage Outsourcing in the Dairy Sector: The Extent of Use and Impact on Farm Profitability [J]. Agricultural & Resource

Economics Review，39（3）：399 – 414.

Jensen M C，Meckling W H，1976.“Theory of the firm：managerial behavior，agency costs and ownership structure”[J]. Social Science Electronic Publishing，Vol. 3（4）：305 – 360.

Ji C，Guo H，Jin S，et al.，2017. Outsourcing Agricultural Production：Evidence from Rice Farmers in Zhejiang Province [C] // PLoS One. PLoS One：e0170861.

Ji TG，Raza A，Akbar U，et al.，2011. Marginal Trade-Offs for Improved Agro-Ecological Efficiency Using Data Envelopment Analysis [J]. Agronomy，11（2）：365.

Jiao X，Lyu Y，Wu X，et al.，2016. Grain production versus resource and environmental costs：towards increasing sustainability of nutrient use in China [J]. Exp Bot，67（17）：35 – 49.

Jikun Huang，Guolei Yang，2017. Understanding recent challenges and new food policy in China [J]，Global Food Security，12：119 – 126.

Joachim Nyemeck Binam，Jean Tonyè，Njankoua wandji，et al.，2004. Factors affecting the technical efficiency among smallholder farmers in the slash and burn agriculture zone of Cameroon，[J]. Food Policy，29（5）：531 – 545.

Joan Hamory，Marieke Kleemans，Nicholas Y Li，et al.，2021. Reevaluating Agricultural Productivity Gaps with Longitudinal Microdata [J]. Journal of the European Economic Association，19（3）：1522 – 1555.

Ju X，Gu B，Wu Y，et al.，2016. Reducing China's fertilizer use by increasing farm size [J]. Global Environmental Change（41）：26 – 32.

Jules P，Toulmin C，Williams S，2011. Sustain able intensific ation in Afncan agriculture Znter national Jaurnal of Agricultural Sustainobility，9（1）：5 – 24.

Kanter D R，Musumba M，Wood，et al.，2018. Evaluating agricultural trade-offs in the age of sustainable development [J]. Agricultural Systems，163：73 – 88.

Koenker R，Bassett G，1978. Regression quantile [J]. Econometrica（46）：33 – 50.

Kumbhakar S C，Lien G，Hardaker J B，2014. Technical efficiency in competing panel data models：a study of Norwegian grain farming [J]. Jourmal of Productivity Analysis，41（2）：321 – 337.

Lewis B D，Pattinasarany D，2010. Determining Citizen Satisfaction with Local Public Education in Indonesia：The Significance of Actual Service Quality and Governance Conditions [J]. Growth & Change，40（1）：85 – 115.

Liao X，Shi X，2018. Public appeal，environmental regulation and green investment：Evidence from China [J]. Energy Policy，119：554 – 562.

Liu T，Wu G，2021. Does agricultural cooperative membership help reduce the overuse of chemical fertilizers and pesticides? Evidence from rural China [J]. Environmental Science and Pollution Research，28（5）：1 – 12.

Liu X，Shi L J，Qian H Y，et al.，2020. New problems of food security in Northwest China：a sustainability perspective ［J］. Land Degradation & Development，31（8）：975 – 989.

Liu Y，Hu W，2014. The influence of labor price change on agricultural machinery usage in Chinese agriculture ［J］. Canadian journal of agricultural economics，62（2）：219 – 243.

Loan T，Ba V N，Nguyen V，et al.，2018. Natural radioactivity and radiological health hazard assessment of chemical fertilizers in Viet Nam ［J］. Journal of Radioanalytical and Nuclear Chemistry，316：111 – 117.

Long X，Luo Y，Sun H，et al.，2018. Fertilizer using intensity and environmental efficiency for China's agriculture sector from 1997 to 2014 ［J］. Natural Hazards，92（3）：1573 – 1591.

Lorenzen R P，Lorenzen S，2011. Changing Realities—Perspectives on Balinese Rice Cultivation ［J］. Human Ecology，39（1）：29 – 42.

Lyne M C，Jonas N，Ortmann G F，2018. A quantitative assessment of an outsourced agricultural extension service in the Umzimkhulu District of KwaZulu-Natal，South Africa ［J］. The Journal of Agricultural Education and Extension，24（1）：51 – 64.

Lúcio André de O，Fernandes，Philip J，et al.，2008. Family farm sustainability in southern Brazil：An application of agri-environmental indicators ［J］. Ecological Economics，66（2 – 3）：243 – 257.

Ma Q，Xi B，Jg A，2020. How to improve the welfare of smallholders through agricultural production outsourcing：Evidence from cotton farmers in Xinjiang，Northwest China ［J］. Journal of Cleaner Production，256：120636.

Ma W，Abdulai A，Goetz R，2018. Agricultural Cooperatives and Investment in Organic Soil Amendments and Chemical Fertilizer in China ［J］. American Journal of Agricultural Economics，100（2）：502 – 520.

Ma W，Renwick A，Grafton Q，2018. Farm machinery use，off-farm employment and farm performance in China ［J］. Australian Journal of Agricultural & Resource Economics，62（2）：279 – 298.

Malcolm J，Moseley，Stephen Owen，2008. The Future of Services in Rural England：The Drivers of Change and a Scenario for 2015 ［J］. Progress in Planning. 69（3）：93 – 130.

Maros Ivanic，Will Martin，Sectoral，2018. Productivity Growth and Poverty Reduction：National and Global Impacts ［J］. World Development，109：429 – 439.

Marshall A，1890. Principles of economics ［M］. London：Macmillan.

Massayo I，Astrid H，Wim H，2008. Agricultural outsourcing：A comparison between the Netherlands and Japan ［J］. Applied Studies in Agribusiness and Commerce（2）：1 – 2.

Matthews E，FungI，Lerner J，1991. Methane emission from rice cultivation：Geographic and seasonal distribution of cultivated areas and emissions [J]. Global Biogeochemistry Cycles，5 (1)：3 - 24.

Michael H，Riordan，Oliver E，et al. ，1985. Asset specificity and economic organization [J]. International Journal of Industrial Organization，3 (4)：365 - 378.

Nanere M，Fraser I，Quazi A，et al. ，2007. Environmentally adjusted productivity measurement：an Australian case study [J]. J Environ Manage，85 (2)：350 - 62.

Odum H T，1970. Environment，Power，and Soaety [M]. New York：Wiley-Inter science.

Olukorede Tijani Adenuga，Khumbulani Mpofu，Ramatsetse Innocent Boitumelo，2019. Energy efficiency analysis modelling system for manufacturing in the context of industry 4. 0 [J]. Procedia CIRP，80：735 - 740.

Omonona O V，Okogbue C O，2021. Hydrochemical evolution，geospatial groundwater quality and potential health risks associated with intake of nitrate via drinking water：case of Gboko agricultural district，central Nigeria [J]. Environmental Earth Sciences，80 (4)：1 - 16.

Oscar Alfranca，Wallace E，2003. Huffman. Aggregate Private R&D Investments in Agriculture：The Role of Incentives，Public Policies，and Institutions [J]. Oscar Alfranca；Wallace E. Huffman，52 (1)：119 - 126.

Otsuka，Keijiro，2013. Food insecurity，income inequality，and the changing comparative advantage in world agriculture [J]. Agricultural Economics，44 (s1)：7 - 18.

Pang Jiaxing，Chen Xingpeng，Zhang Zilong，et al. ，2016. Measuring eco-efficiency of agriculture in China [J]. Sustainability，8 (4)：14408 - 14426.

Paul C W，et al. ，2014. Leverage points for improving global food security and the environment [J]. Science，345：325 - 328.

Peneder，2015. Structural Change and Aggregate Growth [R]. WIFO Working Paper，Austrian Institute of Economic Research，Vienna.

Picazo-Tadeo A J，E Reig-Martínez，2010. Outsourcing and efficiency：the case of Spanish citrus farming [J]. Agricultural Economics，2：213 - 222.

Pierre Dupraz，Laure Latruffe，2015. Trends in family labour，hired labour and contract work on French field crop farms：The role of the Common Agricultural Policy [J]. Food Policy，51：104 - 118.

Pimentel D，1995. Amounts of pesticides reaching target pests：Environmental impacts and ethics [J]. Journal of Agricultural & Environmental Ethics，8 (1)：17 - 29.

Pingali P，2007. Agricultural Mechanization：Adoption Patterns and Economic Impact [J]. Handbook of Agricultural Economics，3：2780 - 2800.

Pishgar-Komleh，Seyyedhassan，Żyłowski，et al. ，2020. Efficiency under different methods for incorporating undesirable outputs in an LCA+DEA framework: A case study of winter wheat production in Poland [J]. Journal of Environmental Management, 260: 110-138.

Popkin S L, 1979. The rational peasant: The political economy of rural society in Vietnam of California Press [M]. Berkeley: University of California Press.

Prahalad C K, Hamel Gary, 1990. The Core Competence of the Corporation. Harvard Business Review, 68 (3): 79-91.

Pretty J N, Williams S, Toulmin C, 2012. Sustainable intensification: increasing productivity in African food and agricaltural system [M]. Condon: Routledge.

Rahman KM, Zhang D, 2018. Effects of fertilizer broadcasting on the excessive use of inorganic fertilizers and environmental sustainability. Sustainability, 10 (3), 759.

Reinert K A, 1998. Rural Non-Farm Development: A Trade-Theoretic View [J]. Journal of International Trade & Economic Development, 7 (4): 425-437.

Ren C, Jin S, Wu Y, et al., 2021. Fertilizer overuse in Chinese smallholders due to lack of fixed inputs [J]. Journal of Environmental Management, 293: 112-913.

Rezek Jon, Richard K, 2004. Perrin. Environmentally Adjusted Agricultural Productivity in the Great Plains [J]. Journal of Agricultural and Resource Economics, 29: 346.

Roodman D, 2011. Fitting Fully Observed Recursive Mixed-process Model with CMP [J]. The Stata Journal, 29 (2): 159-206.

Rosim D C, Silva A, Silva R, et al., 2012. Compactação de um latossolo vermelho distroférrico com diferentes quantidades e manejos de palha em superfície [J]. Bragantia, 71: 502-508.

Ross S A, 1977. "The determination of financial structure: the incentive-signaling approach" [J]. Bell Journal of Economics, 8 (1): 23-40.

Scherer L A, Verburg P H, Schulp C J E, 2018. Opportunities for sustainable intensification in European agriculture [J]. Global Environmental Change, 48: 43-55.

Schultz T M, 1964. Transforming traditional agriculture [M]. New Haven: Yale University Press.

Seiber J N, Coats J, Duke S O, et al., 2014. Biopesticides: state of the art and future opportunities [J]. Journal of Agricultural and Food Chemistry, 62 (48): 11613-11619.

Seneviratne G, Kulasooriya S A, 2013. Reinstating soil microbial diversity in agroecosystems: The need of the hour for sustainability and health [J]. Agriculture Ecosystems & Environment, 164 (164): 181-182.

Shahbaz Khan, Munir A. Hanjra, Jianxin Mu, 2009. Water management and crop production for food security in China: A review [J]. Agricultural Water Management, 96 (3): 349-360.

Simon H A, 1997. Models of bounded rationality: Empirically grounded economic reason (Vol. 3) [M]. Cambridge: MIT Press.

Sun D, Michael R, Xu Z, 2018. Determinants and impacts of outsourcing pest and disease management: Evidence from China's rice production [J]. China Agricultural Economic Review, 10 (3): 443 - 461.

Sutton M A, Reis S, Riddick S N, et al., 2013. Towards a climate-dependent paradigm of ammonia emission and deposition [J]. Philosophical Transactions of the Royal Society of London, 368 (1621): 0166.

Takeshima H, Nin-Pratt A, Diao X, 2013. Agricultural Mechanization Patterns in Nigeria: Insights from Farm Household Typology and Agricultural Household Model Simulation [R]. IFPRI Discussion Papers.

Tan S, N Heerink, G Kruseman, et al., 2008. Do fragmented landholdings have higher production costs? Evidence from rice farmers in Northeastern Jiangxi province, P. R. China [J]. China Economic Review, 19 (3): 0 - 358.

Taylor E J, Adelman I, 2003. Agricultural Household Models: Genesis, Evolution, and Extensions [J]. Review of Economics of the Household, 1 (1 - 2): 33 - 58.

Tilman, David, Clark, et al., 2015. Food, Agriculture & the Environment: Can We Feed the World & Save the Earth? [J]. Daedalus, 144 (4): 8 - 23.

Tone K, 2001. A slacks-based measure of efficiency in data envelopment analysis [J]. European Journal of Operational Research, 130 (3): 498 - 509.

TONE K, 2002. A slacks-based measure of super-eficiency in data envelopment analysis [J]. European Journal of Operational Research, 143 (1): 32 - 41.

Vernimmen T, Verbeke W, Van Huylenbroeck G, 2000. Transaction Cost Analysis of Outsourcing Farm Administration by Belgian Farmers [J]. European Review of Agricultural Economics, 27 (3): 325 - 345.

Wang X, Yamauchi F, Huang J, 2016. Rising Wages, Mechanization, and the Substitution between Capital and Labor: Evidence from Small Scale Farm System in China [J]. Agricultural Economics, 47 (3): 309 - 317.

Wang Y, Yang J, Zhang R, et al., 2018. Synthesis of Climate, Soil Factors, and Nitrogen Management Practices Affecting the Responses of Wheat Productivity and Nitrogen Use Efficiency to Nitrogen Fertilizer in China [J]. Sustainability, 10 (10): 1 - 10.

Williamson O E, 1975. Markets and hierarchies: Analysis and antitrust implications [M]. New York: Free Press.

Winck B R, Vezzani M, Dieckow J, et al., 2017. carbono e nitrognio nas fraes granulomtricas da matria orgnica do solo, em sistemas de culturas sob plantio direto (1) [J]. Revista Brasileira de Ciência do Solo, 41: e0160537.

Wolf Christopher, 2003. Custom Dairy Heifer Grower Industry Characteristics and Contract Terms [J]. Journal of Dairy Science, 86 (9): 3016 - 3022.

Wu Y Y, Xi X C, Tang X, et al., 2018. Policy distortions, farm size, and the overuse of agricultural chemicals in China [J]. Proceedings of the National Academy of Sciences of the United States of America, 115 (25): 7010 – 7015.

Xu Hanxiao, Bei Ma, Qiang Gao, 2021. Assessing the Environmental Efficiency of Grain Production and Their Spatial Effects: Case Study of Major Grain Production Areas in China. Front Environ, 9: 774343.

Xu X, He P, Pampolino M F, et al., 2019. Spatial variation of yield response and fertilizer requirements on regional scale for irrigated rice in China [J]. Scientific reports 9: 3589.

Yang H, 2006. Resource management, soil fertility and sustainable crop production: Experiences of China. Agriculture [J]. Ecosystems & Environment, 116 (1 – 2): 27 – 33.

Yang J, Huang Z, Zhang X, et al., 2013. The rapid rise of cross-regional agricultural mechanization services in China [J]. American Journal of Agricultural Economics, 95 (5): 1245 – 1251.

Yansui Liu, Yang Zhou, 2021. Reflections on China's food security and land use policy under rapid urbanization [J]. Land Use Policy, 109: 105699.

You H, 2016. Impact of urbanization on pollution-related agricultural input intensity in Hubei, China [J]. Ecological Indicators, 62 (3): 249 – 258.

Young A A, 1928. Increasing returns and economic progress. The Economic Journal, 38 (152): 527 – 542.

Yu Y, Hu Y, Gu B, et al., 2021. Reforming smallholder farms to mitigate agricultural pollution [J]. Environmental Science and Pollution Research, 29 (10): 13869 – 13880.

Zhang C, Hu R, Shi G, et al., 2015. Overuse or underuse? An observation of pesticide use in China [J]. Science of the Total Environment, 538: 1 – 6.

Zhang W, Qian C, Carlson K M, et al., 2021. Increasing farm size to improve energy use efficiency and sustainability in maize production [J]. Food and Energy Security, 10 (1): 1 – 12.

Zhang X. Davidson, Eric A, et al., 2015. Managing nitrogen for sustainable development. Nature, 528: 51 – 59.

Zhou Y, Li Y, Xu C, 2020. Land consolidation and rural revitalization in China: Mechanisms and paths [J]. Land Use Policy, 91 (6): 104379.

Zhu GR, 2009. Structural character and formation mechanism of Baidi gold deposit in Ceheng, Guizhou. Guizhou Geol, 26: 177 – 179, 184.

Zhu Y, Waqas M A, Li Y, et al., 2017. Large-scale farming operations are win-win for grain production, soil carbon storage and mitigation of greenhouse gases [J]. Journal of Cleaner Production, 172 (2): 2143 – 2152.

Zhuang X, Li Z, Zheng R, et al., 2021. Research on the Efficiency and Improvement of Rural Development in China: Based on Two-Stage Network SBM Model [J]. Sustainability, 13 (5): 1 – 21.

图书在版编目（CIP）数据

生产环节外包对农业绿色发展的影响研究 ：基于经济、环境与技术效益的评价 / 畅倩，赵敏娟著. -- 北京 ：中国农业出版社，2024. 11. -- ISBN 978-7-109-32745 -0

Ⅰ. F303.4

中国国家版本馆 CIP 数据核字第 2025K3F882 号

生产环节外包对农业绿色发展的影响研究

SHENGCHAN HUANJIE WAIBAO DUI NONGYE LÜSE FAZHAN DE YINGXIANG YANJIU

中国农业出版社出版

地址：北京市朝阳区麦子店街 18 号楼

邮编：100125

责任编辑：何　玮　　　文字编辑：李　雯

版式设计：小荷博睿　　责任校对：张雯婷

印刷：北京中兴印刷有限公司

版次：2024 年 11 月第 1 版

印次：2024 年 11 月北京第 1 次印刷

发行：新华书店北京发行所

开本：700mm×1000mm　1/16

印张：14

字数：250 千字

定价：68.00 元